ullstein

Das Buch

Der Bewerbungsklassiker in aktualisierter Version: Dieses Buch hilft allen, sich auf Einstellungstests, Assessment-Center und Vorstellungsgespräche für einen Ausbildungsplatz vorzubereiten. Die Autoren haben die typischen Übungen und Testfragen zusammengestellt. Wer manche Situationen zu Hause schon einmal geübt hat, kann seine Schwächen rechtzeitig ausbügeln, weiß besser Bescheid und kann der Prüfung selbst mit größerer Gelassenheit entgegensehen. Das Buch bietet die optimale Grundlage für jede Testvorbereitung und enthält über 1500 Fragen und Antworten, Mustertests, psychologische Tipps sowie »Crashkurse« in den Bereichen Deutsch, Mathematik und Politik.

Die Autoren

Peter J. Schneider ist Diplom-Handelslehrer und als Oberstudienrat an einer Berufs- und Fachoberschule tätig. Außerdem ist er Prüfer für die IHK.
Manfred Zindel ist ebenfalls Diplom-Handelslehrer. Als Oberstudiendirektor leitet er eine Berufsschule und ein Wirtschaftsgymnasium.
Roland Lötzerich ist Diplom-Ökonom und lehrt als Oberstudienrat an verschiedenen Fachoberschulen und Berufsfachschulen.

Peter J. Schneider
Manfred Zindel
Roland Lötzerich

Den Einstellungstest bestehen

Das erfolgreiche Testtraining

- Über 1500 Fragen und Antworten
- Mustertests
- Tipps und Tricks für die Tests
- Psychologische Hilfen

Ullstein

Besuchen Sie uns im Internet:
www.ullstein-taschenbuch.de

Komplett aktualisierte Neuausgabe im Ullstein Taschenbuch auf Basis der 15. Auflage der Originalausgabe
1. Auflage Mai 2010

Umschlaggestaltung: HildenDesign, München
Titelabbildung: © George Diebold Photography / Iconica / Getty Images

Zeichnungen: Dieter Tonn, Bovenden
Satz: Dörlemann Satz, Lemförde
Gesetzt aus der Candida der Fa. Berthold auf dem SINIX-System
Papier: Pamo Super von Arctic Paper Mochenwangen GmbH
Druck und Bindearbeiten: CPI – Ebner & Spiegel, Ulm
Printed in Germany
ISBN 978-3-548-37348-5

Inhaltsverzeichnis

Vorwort

Klasse!

»Wir bedanken uns für Ihr Interesse an unserem Haus und laden Sie zu einem Einstellungstest ein ...«

»... in einem Vorstellungsgespräch würden wir Sie gern näher kennen lernen ...«

»... freuen uns, Sie zu einem Assessment-Center begrüßen zu können ...«

So oder ähnlich könnte die Mitteilung lauten, auf die Sie so ungeduldig gewartet haben.

Glückwunsch, Sie haben es geschafft, die erste Hürde ist genommen. Aus der sicherlich großen Zahl von Bewerbungsschreiben kam Ihres in die engere Wahl, oder Sie haben in der persönlichen oder telefonischen Anfrage einen so guten Eindruck hinterlassen, dass man Sie näher kennen lernen will. Viele junge Menschen haben den gleichen Wunschberuf, daher sind einige Berufszweige hoffnungslos überlaufen. Auf einen Ausbildungsplatz kommt oftmals eine große Zahl von Bewerbern.

Doch Sie haben einen ersten ganz wichtigen Schritt gemacht, denn Sie haben sicherlich schon einige Bewerber hinter sich gelassen.

Glück gehabt? Ja, sicherlich – doch vor allem: Gut gemacht. Denn auf diese Leistung können Sie schon stolz sein. Doch nun wird es ja erst richtig ernst.

Der Stress geht weiter – cool bleiben und durchstarten

Ein schriftlicher Test – und wenn Sie diesen geschafft haben, wartet ein Vorstellungsgespräch oder gleich ein mündlicher Eignungstest oder neuerdings immer öfter ein Assessment-Center auf Sie.

Prüfung bedeutet Angst, Stress – das ist natürlich. Dennoch:

Bleiben Sie cool und starten Sie durch.

Bereiten Sie sich so früh wie möglich optimal vor. Machen Sie sich fit für die Tests und trainieren Sie die Vorstellungs-(Einstellungs-)gespräche oder Assessment-Center. Das frischt Ihr Wissen auf und gibt Ihnen die notwendige Selbstsicherheit.

Tricksen Sie die Tester aus

Gehen Sie strategisch vor, überlassen Sie nichts dem Zufall.

»Wer aufgehört hat, besser zu werden, der hat aufgehört, gut zu sein«, nach diesem Motto sollten Sie

- Ihr schulisches Wissen auffrischen oder ergänzen,
- Wissenslücken schließen,
- Ihre Allgemeinbildung verbessern,
- Eignungs- und Leistungstests analysieren und einüben,
- spezielle berufsbezogene Tests kennen lernen,
- die Prüfungssituation simulieren,
- sich in Persönlichkeitstests und Assessment-Centern richtig verhalten,
- sich gut auf Tests und Vorstellungsgespräche vorbereiten,
- die Angst vor den Tests oder Vorstellungsgesprächen abbauen und
- sich intensiv vorbereiten und damit Erfolg haben.

Dieses Buch ist nicht trocken und langweilig. Eine Vorbereitung mit ihm macht sogar Spaß, denn es ist quasi ein Quizmaster, der Ihnen Fragen stellt. Sie haben die Wahl zwischen verschiedenen Antworten und können sich so testen. Das können Sie allein oder auch mit Ihrem Freund oder Ihrer Freundin zusammen machen – Sie werden sehen, das macht sogar Spaß.

Auch aus Fehlern kann man lernen, denn Sie erhalten am Ende eines Fragenkomplexes jeweils die richtige Antwort.

Neben den Musterlösungen finden Sie in diesem Buch aber auch Regeln für Deutsch, Kurzinformationen zu Wirtschaft und Politik und Lösungswege für Rechnen und Geometrie. Für die häufig gestellten Eignungs-, Leistungs- und berufsbezogenen Tests erhalten Sie Anweisungen, wie Sie die Aufgaben am besten bewältigen.

Immer öfter müssen sich Ausbildungsplatzbewerber auch den Assessment-Centern unterziehen. Eine moderne Testform mit dem Ziel, Schlüsselqualifikationen zu checken.

Zahlreiche Tipps sollen Ihnen helfen, die Testsituation besser zu bewältigen. Und letztendlich können Sie sich anhand der Literaturhinweise Bücher in Bibliotheken ausleihen oder das eine oder andere kaufen, um sich auf einem Gebiet, auf dem Sie sich noch nicht so fit fühlen, weiterzubilden.

Schlüsselqualifikationen – der Einstieg zum Aufstieg

Unsere Wirtschaft befindet sich im Umbruch. Neue Technologien bestimmen die Unternehmensabläufe, das Internet revolutioniert die Kommunikation, die Welt wächst zusammen und bewirkt durch Globalisierung eine wachsende Wirtschaftskraft. Neue Werte wie Kommunikation, Kundenfreundlichkeit, Teamfähigkeit und andere werden zunehmend wichtiger. Immer mehr Menschen arbeiten in Dienstleistungen, immer weniger in der Produktion.

Neue Berufe, wie die der Informationstechnologie und viele andere, verlangen flexible und dynamische

Arbeitnehmer. Früher konnte man ein Großteil seines Lebens von seinem in der Ausbildung erworbenen Wissen zehren, vielleicht hier und da einen Kurs belegen, und schon war man fit. Und heute? Die technische Entwicklung nimmt in einem rasanten Tempo zu, das Wissen veraltet in wenigen Jahren. Daher wird die Schlüsselqualifikation »Lernbereitschaft« zunehmend wichtiger. Die Arbeitnehmer müssen zudem räumlich möglichst mobil sein. Sie sollen in der Arbeitszeit flexibel und vor allem lernwillig und allem Neuen gegenüber aufgeschlossen sein. Dazu kommen neue Arbeitsformen, mit denen man die Produktivität erhöhen will. Diese erfordern Teamfähigkeit und andere menschliche Qualifikationen – Schlüsselqualifikationen.

»Schlüsselqualifikationen?«, werden Sie sich fragen. »Was ist das??« Es sind die menschlichen Eigenschaften, die »magischen« Fähigkeiten, die von den Bewerbern erwartet werden, weil sie für die Arbeitnehmer der Zukunft immer wichtiger werden. Weil sie so wichtig sind, werden sie auch in den Einstellungstests und Vorstellungsgesprächen getestet. Ein besonderes Test-Instrument für Schlüsselqualifikationen ist das Assessment-Center. Schlüsselqualifikationen öffnen Ihnen die Tür zur Ausbildung, sie sind der Schlüssel zu Ihrer Karriere.

Und die Allgemeinbildung zählt nicht mehr? Natürlich sind Kenntnisse in Deutsch, Englisch, Rechnen und den anderen Fächern noch wichtig. Gute Leistungen zeigen hier ja auch, dass Sie über Schlüsselqualifikationen wie z. B. Lernbereitschaft, Durchsetzungsvermögen und Belastbarkeit verfügen. Wenn Sie gute Noten in Deutsch und Fremdsprachen haben, sind Sie sicherlich auch in gewissem Grade kommunikationsfähig. Ihr Kenntnisstand in der Allgemeinbildung wird oftmals auch in den Einstellungstests geprüft. Solche Testaufgaben finden Sie im Teil I »Allgemeinwissen« dieses Buches.

Wird in den Tests auch nach Kenntnissen in Englisch oder anderen Fremdsprachen und EDV gefragt? Für den größten Teil der Berufe nicht. Dies verwundert, denn gerade Englisch ist die wichtige Fremdsprache, auf die immer mehr Wert gelegt wird, und EDV-Kenntnisse werden für immer mehr Berufe ein Basisinstrument. In Englisch achtet man – ähnlich wie im Fach Datenverarbeitung – aber mehr auf die Noten und Zusatzkurse (z. B. AGs oder Volkshochschulkurse usw.). Noch gibt es nur wenige Betriebe, die diese Bereiche in Tests abfragen. Es könnte natürlich durchaus sein, dass Sie in einem Vorstellungsgespräch bei einer exportorientierten Firma durchaus mal ein paar Sätze Englisch sprechen müssen. Ähnlich könnte ein Bewerber für einen IT-Beruf, wie z. B. Fachinformatiker, IT-Systemelektroniker oder Informationskaufmann, auch seine Kenntnisse am PC demonstrieren müssen.

Es gibt zahlreiche Schlüsselqualifikationen. Welche von den Betrieben für wünschenswert erachtet werden, hängt sicherlich von der Art und Größe der Betriebe, von der Mitarbeiterstruktur, davon, wie ein Betrieb geführt wird und wie die Zusammenarbeit geregelt ist, und der Art der Kunden ab. Dennoch werden einige Schlüsselqualifikationen nahezu von allen Firmen gefordert. Die Top Ten der Schlüsselqualifikationen werden hier vorgestellt:

Schlüssel-qualifikation	**Beschreibung**
Teamfähigkeit (Kooperations-fähigkeit)	Sie wird am häufigsten genannt. In zahlreichen Betrieben wird in Teams gearbeitet. Daher ist diese Schlüssel-qualifikation in den letzten Jahren immer wichtiger geworden. Team-

Schlüssel-qualifikation	**Beschreibung**
	arbeit hat zwei Vorteile: Der Betrieb arbeitet wirtschaftlicher und die Motivation der Mitarbeiter wird verbessert. Bei der Teamarbeit helfen sich die Mitarbeiter gegenseitig und ergänzen sich. Sie nutzen ihre unterschiedlichen Stärken, denn keiner weiß und kann alles. Aber aufgepasst: Teamfähig zu sein heißt nicht, die eigene Identität ganz aufzugeben und sich der Gruppe immer und überall unterzuordnen. Die Vorteile der Teamarbeit würden dann verloren gehen. Man soll auf die Mitarbeiter eingehen, deren gute Ideen erkennen und aufnehmen, aber auch den eigenen Standpunkt darstellen und eigene Ideen einbringen, ohne die anderen zu unterdrücken. Teamfähigkeit erfordert Toleranz, d. h. Nachsichtigkeit gegenüber anderen Menschen, Überzeugungskraft, d. h., andere von seiner Meinung überzeugen zu können.
Kommunikationsfähigkeit	Immer wichtiger wird die Fähigkeit, mit Lieferanten und vor allem mit Kunden zu kommunizieren. Kommunikationsfähigkeit besitzt, wer sich gegenüber anderen klar und deutlich mitteilen kann, sich nicht nur selbst gern reden hört, sondern

Schlüssel-qualifikation	Beschreibung
	auch anderen aktiv zuhören kann. Kommunikationsfähigkeit wird von vielen Faktoren beeinflusst, wie z. B. Wortschatz, Lautstärke, Sprachgeschwindigkeit, Tonfall. In Betrieben gibt es wenige Stellen, wo Kommunikationsfähigkeit nicht nützlich ist. Besonders aber für solche Arbeitskräfte, die ständig Kontakt mit Kunden oder Lieferanten haben, ist eine gute Kommunikationsfähigkeit entscheidend für den beruflichen Erfolg.
Kontakt-freudigkeit	Sie hängt eng mit Kommunikations- und Teamfähigkeit zusammen. Kontaktfreudig ist, wer ohne Probleme auf andere zugehen und sie ansprechen kann. Alle Sachbearbeiter in den Betrieben, die viel mit Kunden zu tun haben, können nur einen guten Job machen, wenn sie kontaktfreudig sind. Ein Bankauszubildender, der Hemmungen hat, zwanglos ein Kundengespräch zu beginnen, weil er Angst vor Zurückweisung hat, hatte nicht die allerglücklichste Hand bei der Wahl seiner Ausbildungsstelle. Kontaktfreudige Menschen sind von sich überzeugt. Im Auftreten und Verhalten strahlen sie Selbstsicherheit aus.

Schlüsselqualifikation	Beschreibung
Flexibilität	... ist auch eine sehr wichtige Eigenschaft. Über sie verfügt, wer sich wechselnden Situationen und Anforderungen gut anpassen kann. In Wirtschaft und Gesellschaft finden ständig Veränderungen statt. Was heute noch richtig war, ist morgen schon überholt. Sich immer wieder in neue Aufgabengebiete einzuarbeiten gehört zum betrieblichen Alltag. Auch der Wunsch, den Arbeitsplatz zu wechseln oder den Sprung in die berufliche Selbständigkeit zu wagen, ist ein Zeichen von Flexibilität. Ebenfalls wird von dem Ausbildungsplatzsuchenden, der an seinem Wohnort keine Stelle findet, flexibles Handeln verlangt, wenn er nur durch einen Wohnortwechsel seine Probleme lösen kann. Flexibel sollte man auch in der Gestaltung der Arbeitszeiten sein, die später dem Betriebsablauf angepasst werden.
Einfühlungsvermögen	Es ist notwendig für den Umgang mit Kunden, Lieferanten, aber auch mit den Mitarbeitern, denn ohne Einfühlungsvermögen ist die Arbeit im Team schwierig. Diese Schlüsselqualifikation hat, wer sich in Mitmenschen gut hineinversetzen und

Schlüssel-qualifikation	Beschreibung
	ihr Fühlen und Denken nachvollziehen kann. Nur wer einfühlsam ist, kann auf andere Mitarbeiter gut eingehen, sie motivieren und erfolgreich in Gruppen arbeiten. Einfühlungsvermögen ist eine wichtige Schlüsselqualifikation für alle, die es mit Kunden zu tun haben und z. B. Verkaufsgespräche führen müssen.
Belastbarkeit	Am Arbeitsplatz ist man immer wieder besonderen Stresssituationen ausgesetzt, sei es durch Kunden, Lieferer, Vorgesetzte, Mitarbeiter oder durch Notsituationen, in denen man cool bleiben und schnell handeln und entscheiden muss. Wer diesen Stresssituationen nicht gewachsen ist, wer sich aufregt und die Nerven verliert, der macht Fehler, die den Betrieb unter Umständen teuer zu stehen kommen. Stress haben Sie in Prüfungssituationen, Einstellungstests, Vorstellungsgesprächen und Assessment-Centern noch mehr als bei Klassenarbeiten. Wer hier nicht cool bleibt, der wird auch später im Betrieb in Stresssituationen nicht cool bleiben und dadurch nicht rational und abgewogen entscheiden können.

Schlüsselqualifikation	**Beschreibung**
Lernbereitschaft	Gerade weil sich die Wirtschaft so schnell wandelt, wird heute Gelerntes bald wieder veraltet sein. Daher ist es für gute Mitarbeiter unumgänglich, dass sie sich laufend weiterbilden, bereit sind, Neues zu lernen, und sich notwendige Informationen selbst erarbeiten können. »Lernen lernen« ist eines der wichtigsten Bildungsziele überhaupt. Und wer als Auszubildender meint, sich nach seiner Lehre erst einmal auf seinen Lorbeeren ausruhen zu können, irrt gewaltig. Für Betriebe sind solche Arbeitskräfte nur noch bedingt brauchbar.
Selbständigkeit	... beweist, wer ohne Hilfe und Kontrolle gute Arbeit leistet. Wer erwartet, dass ihm ständig jemand sagt, was er tun soll, ist nicht selbständig. Selbständigkeit setzt Eigeninitiative voraus. Sich auf eine Aufgabe konzentrieren zu können und sich nicht so leicht entmutigen zu lassen ist hierbei wichtig. Fehlende Informationen zu beschaffen und neue Lösungswege zu finden hat auch etwas mit dieser Qualifikation zu tun. Wer unselbständiges Handeln gewohnt ist und z. B. nur auf Druck der Eltern handelt, wird es auch in seiner Berufsausbildung und seinem späteren Arbeitsleben schwer haben.

Schlüssel-qualifikation	Beschreibung
Logisches und abstraktes Denken und räumliches Vorstellungs-vermögen	Besonders in den modernen Berufen der Informationstechnologie, aber auch für zahlreiche technische Berufe ist die Gabe, logisch denken zu können, wichtig. Benötigt wird hier auch der Azubi, der sich Gegenstände, deren Form und Anordnungen vor seinem »inneren Auge« gut vorstellen kann, der leicht theoretische Zusammenhänge erkennt.
Kritikfähigkeit	... hat, wer gut Kritik annehmen und in einer angemessenen Form auch Kritik äußern kann. Nur wer sich für Kritik öffnet und über sie nachdenkt, kann sich ändern oder bessern. Wer nach einer Kritik in tiefste Traurigkeit versinkt oder meint, nur die anderen machen Fehler, der will sich gar nicht verbessern.

Wie arbeiten Sie mit diesem Buch?

Lesen Sie sich zuerst immer die Vorabinformationen, die Regeln oder Musterlösungen oder die »Fakten im Überblick« durch – falls sie vorhanden sind. Danach beantworten Sie eine möglichst große Anzahl von Fragen. Erst dann vergleichen Sie Ihre Lösungen mit den Musterlösungen. Nicht nach jeder Aufgabe nachsehen, dann können Sie unbewusst die Lösung der nächsten Frage mitlesen. Sehen Sie nie vorher bei den Lösungen nach, sonst täuschen Sie sich selbst. Kreuzen Sie die Nummern an, die Sie nicht beantworten konnten, und wiederholen Sie diese Aufgaben nach einiger Zeit. Wenn Sie große Lücken auf einem bestimmten Gebiet entdecken, dann sollten Sie dieses Gebiet vertiefen. Literaturhinweise finden Sie jeweils zu Anfang der Kapitel.

Wenn Sie üben wollen ...
Jeder Mensch ist anders, doch irgendwie denken wir doch auch gleich. Lernpsychologen haben herausgefunden: Der Mensch behält

- 10 % von dem, was er liest,
- 20 % von dem, was er hört,
- 33 % von dem, was er z. B. als Film o. Ä. sieht,
- 50 % von dem, was er sieht und hört,
- 70 % von dem, was er selbst sagt, und
- 90 % von dem, was er selbst ausführt.

Überlegen Sie doch einmal, ob Sie Ihr Lernen umstellen, um erfolgreicher zu werden.

Jetzt aber ran!
Wir wünschen Ihnen viel Spaß bei der Vorbereitung und viel Erfolg im Test.
Ihr Autorenteam
Schneider/Zindel/Lötzerich

Tipps für Testsituationen

»Die nächste Prüfung ist die schwerste.« Da von Ihrem Einstellungstest sehr viel für Sie abhängen kann, ist es verständlich, wenn Sie mit großer Anspannung und Nervosität in diese Prüfung gehen. Nachfolgende Ratschläge sollen Ihnen helfen, diese nervliche Belastung etwas abzubauen, denn je ruhiger und selbstbewusster Sie in eine Prüfung gehen, umso erfolgreicher werden Sie sein.

Die Zeit vor dem Test

Je mehr Informationen Sie über den bevorstehenden Eignungstest bekommen können, desto gezielter können Sie sich darauf vorbereiten.

Von den Unternehmen selbst können Sie bestenfalls etwas über die Art der Prüfung erfahren: Klassische Aufgaben des Allgemeinwissens und/oder Eignungs- und Leistungstests, Assessment-Center oder Persönlichkeitstests erwarten Sie. Versuchen Sie also, jemanden zu befragen, der schon einmal an einer Prüfung in dem betreffenden Betrieb teilgenommen hat! Aber Vorsicht: Die Aufgaben wechseln häufig.

Informieren Sie sich auch von heute an durch Presse, Funk und Fernsehen über das aktuelle Tagesgeschehen in aller Welt. Bei Eignungsprüfungen – speziell in Aufsatzthemen –, vor allem aber beim Vorstellungsgespräch werden gern Fragen zu aktuellen Ereignissen gestellt.

Wenn Sie dieses Buch gründlich durcharbeiten, merken Sie selbst, wo Sie noch Schwächen ausbügeln müssen. Nutzen Sie in solchen Fällen die Literaturtipps zur Weiterbildung und Übung.

Keine Medikamente

Gehen Sie ausgeruht und nicht mit nüchternem Magen zu Prüfungen. Vermeiden Sie nach Möglichkeit auch, Tabletten zu nehmen. Bei Beruhigungsmitteln besteht die Gefahr, dass Sie dem Prüfungsablauf zu gleichgültig gegenüberstehen und nicht mehr klar denken können.

Leistungssteigernde Mittel können oberflächlich machen.

In den meisten leistungssteigernden Mitteln, die Sie in Apotheken kaufen können, ist Amphetamin enthalten. Dieses Präparat soll die sympathische Aktivität steigern, indem es den Körper anregt, zusätzlich Noradrenalin freizusetzen. Es kann dadurch schon zu einer Mobilisierung der Kraftreserven im Körper kommen. Gleichzeitig kann aber das Amphetamin zu einer Selbstüberschätzung führen. Sie werden »gelöst«, und es fehlt Ihnen die notwendige kritische Reflexion. Dadurch kann Ihr Testergebnis negativ beeinflusst werden, denn Sie sollen sich ja optimal konzentrieren und den Test nicht oberflächlich und lässig absolvieren.

Wenn möglich, keine Beruhigungsmittel!

In vielen Beruhigungsmitteln ist Baldrianwurzel enthalten. Dieser Stoff senkt den Blutdruck, und es tritt tatsächlich eine Beruhigung ein. Doch dies führt üblicherweise zu einem Leistungsabfall. Eine gewisse nervöse Erregung gehört zu einer Prüfungssituation, damit auch alle Reserven mobilisiert werden. Mit Beruhigungsmitteln wird diese Erregung unterdrückt, man wird müde, kann sich nicht mehr gut konzentrieren und wird schwächer in der Leistung.

Der beste Abbau der Nervosität ist das Wissen, dass Sie stark genug sind, diesen Test zu schaffen. Dieses Selbstvertrauen baut die extreme Nervosität ab, erhält aber die Spannung, zu der auch eine natürliche Nervosität vor dem Test gehört. Sie behalten Ihre Leistungskraft und den Leistungswillen, sind munter und gut. Dieses Buch will dazu beitragen, Sie so fit zu machen, dass Sie mit diesem notwendigen Selbstvertrauen in die Tests gehen.

Diese Ausführungen gelten übrigens auch für die Tipps für das Vorstellungsgespräch (siehe Seite 459ff.).

Die Prüfung selbst

Bevor Sie mit der Arbeit beginnen, lesen Sie die Aufgabenstellungen sehr genau durch. Ein einziges übersehenes Wort kann manchmal entscheidend für die richtige Antwort sein. Dies trifft vor allem auf die »Multiple-Choice-Fragen«, also solche mit Auswahlantworten, zu.

Stellen Sie sich darauf ein, dass die Zeitvorgaben sehr knapp bemessen sind. Ein zügiges Arbeiten ist daher notwendig. Aber selbst dann werden Sie häufig nicht alle Aufgaben bearbeiten können. Das ist aber üblich und wird oft nicht anders erwartet. Also nicht nervös werden, wenn Sie nicht alle Aufgaben schaffen.

Halten Sie sich nicht zu lange an der Bearbeitung einzelner Aufgaben auf. Lassen Sie lieber eine Aufgabe, die Sie auf Anhieb nicht lösen können, zunächst aus und gehen Sie zur nächsten über. Sie verlieren sonst zu viel kostbare Zeit. Sollten Sie früher als verlangt fertig sein, versuchen Sie, die ausgelassenen Aufgaben in einem zweiten Anlauf zu lösen – notfalls erraten Sie die Ergebnisse. Vor Versuchen, bei anderen abzuschreiben, wird jedoch gewarnt. Sie lenken ab, kosten viel Zeit, und es ist nicht gesagt, dass der Nachbar wirklich schlauer ist.

Machen Sie sich zum Grundsatz, die vorgegebene Zeit voll auszunutzen und nicht früher als nötig abzugeben. So mancher Fehler, der sich in der ersten Bearbeitungsrunde eingeschlichen hat, lässt sich in einem zweiten Durchgang noch beheben.

Die Zeit nach dem Test

- Wenn Sie die Prüfung bestanden haben, gratulieren wir Ihnen. Aber häufig entscheidet nicht allein ein Test über eine Einstellung. Vielmehr werden die erfolgreichen Prüfungskandidaten zu einem Vorstellungsgespräch geladen, auf das Sie sich auch gut vorbereiten sollten (siehe hierzu Seite 459ff.).
- Wenn Sie einen ablehnenden Prüfungsbescheid bekommen haben, nehmen Sie sich die Sache nicht so zu Herzen. Es ist heutzutage normal, dass speziell Ausbildungsplatzsuchende viele Prüfungen über sich ergehen lassen müssen, bevor es einmal klappt. Nicht selten ist das Verhältnis von Ausbildungsstellen und Bewerbern 1:10 und schlechter, sodass auch fähige Bewerber nicht unbedingt zu den Testsiegern gehören müssen.
- Trösten Sie sich auch damit, dass Sie aus nicht bestandenen Prüfungen lernen können. Haben Sie gemerkt, dass Ihnen die Rechenaufgaben Schwierigkeiten bereiteten, sollten Sie die Sache nicht auf sich beruhen lassen. Gezielte Übungen, so z. B. mit diesem Buch, helfen Ihnen, das nächste Mal besser abzuschneiden.
- Denken Sie auch daran, dass Sie durch häufigere Prüfungen bald zu den »alten Hasen« gehören. Belastende Prüfungsüberraschungen werden Ihnen dann nicht mehr so leicht passieren.

I. ALLGEMEINWISSEN

Deutsch und Sprachbeherrschung — *Vorwort und Literaturtipp*

Deutschkenntnisse braucht jeder! Sie sind für die meisten Berufsbilder wichtig. Das ist auch der Grund, warum sie besonders häufig in Einstellungstests überprüft werden. Leider gibt es viele Regeln und Eigenarten auf dem Gebiet der deutschen Sprache, die es zu beachten gilt. An dieser Tatsache hat auch die neue Rechtschreibreform, die diesem Deutschteil zu Grunde liegt, wenig geändert.

Literatur für weitergehende Informationen:
☛ Bibliographisches Institut (Hrsg.), Duden. Die deutsche Rechtschreibung, Dudenverlag, Mannheim 2006, 24. Auflage
Zur Neuregelung der Rechtschreibung ab 2006 s. auch:
➨ www.ids-mannheim.de
➨ www.rechtschreibrat.com

➨ Tipp:
- Arbeiten Sie nach Möglichkeit alle Kapitel durch. Das gilt besonders für die Rechtschreibung und die Zeichensetzung. Den »Mut zur Lücke« sollten Sie sich hierbei nicht leisten, da Deutschkenntnisse besonders häufig Testbestandteile sind.
- In Zweifelsfällen können Sie die angegebene Literatur zu Rate ziehen. Bewährt hat sich der Duden. Aber auch preiswertere Konkurrenzbücher erfüllen ihren Zweck.
- Da die Regeln der Rechtschreibung und Zei-

chensetzung sehr zahlreich sind, sollten Sie sich dieses Kapitel mehrere Male anschauen. Die Regeln prägen sich dann leichter ein.

- Was für Sie sicherlich ungewohnt ist: Die Rechtschreibreform gesteht Ihnen in einigen Fällen eine Wahlmöglichkeit zu.
- Wissen Sie nicht, ob Wörter getrennt oder zusammengeschrieben werden, dann schreiben Sie die Wortkombinationen im Zweifelsfall getrennt.

Deutsch und Sprachbeherrschung	*Verschiedene Stolpersteine der Rechtschreibung*

1	statt oder stadt?

Ergänzen Sie: Industriesta-, Gaststä-e, Lagerstä-e, sta-kundig, Sta-halter, Sta-halle, Sta-kreis, sta-geben, Sta-staat, sta-bekannt, sta-haft.

2	wider oder wieder?

Ergänzen Sie: W-derhall, w-derholen, sich w-dersetzen, W-dersehen, W-derschein, W-derwahl, w-derfahren, w-derlegbar, W-derbeginn, zuw-der, W-dergeburt.

3	das oder dass?

Ergänzen Sie: Da- Parkhaus, da- am Stadtrand steht, ist überfüllt. Ich hoffe, da- du morgen kommst.

Ich bin sicher, da- es gelingt. Ist da- da- Auto, da- du kaufen wolltest? Da- ist da- Bild, da- mir gefällt.

4	end oder ent?

Ergänzen Sie: en-lassen, en-schließen, en-los, un- en-lich, En-spannung, En-stufe, en- geistert, en-gültig, En-punkt, En-mün- digung.

5	seid oder seit?

Ergänzen Sie: Wir hoffen, dass ihr sei- gestern wie- der zusammen sei-. Sei- willkommen! Erst sei- kurzer Zeit. Sei- ihr alle da? Sei- alters her.

6	tod oder tot?

Ergänzen Sie: to-ernst, to-schießen, to-lachen, to- traurig, to-frieren, to-müde, to-blass, to-krank.

7	-lich oder -ig?

Ergänzen Sie: herz-, adel-, fröh-, mehl-, bild-, kränk-, klein-, mög-, schwindel-.

8	ss oder ß?

Ergänzen Sie: Flu-, Schlu-, Ma-, rei-en, Schlo-, Klo-, ha-en, Wa-er, mu-, hei-.

9	Zwei oder drei gleiche Buchstaben?

Ergänzen Sie: Mitt-ag, Fluss-and, Flanell-appen, denn-och, Ballett-änzer, Stoff-etzen, Dritt-el, Schiff-ahrt, Tee-rnte.

10	Einige wichtige Einzelfälle (Auswahl)!

- ph – f: Gra-ik, Mikro-on, Del-in, Geogra-ie
- gh – g: -etto, Jo-urt, Spa-etti
- th - t: Pan-er, -unfisch, Ka-ode

Die Lösungen zu den Aufgaben 1–10 (Verschiedene Stolpersteine der Rechtschreibung) siehe S. 72 ff.

Deutsch und Sprachbeherrschung	*Groß- und Kleinschreibung*

11	Tageszeiten: groß oder klein?

Entscheiden Sie: gestern (m)ittag, heute (m)orgen, (m)ontags, am (a)bend, (m)ittags, vorgestern (n)acht, (s)onntagabends.

12	Mal oder mal: groß oder klein?

Entscheiden Sie: unzählige (m)ale, alle(m)al, ein ander(m)al, etliche (m)ale, jedes (m)al, beim nächsten (m)al, dieses (m)al.

13	Recht oder recht: groß oder klein?

Entscheiden Sie: (r)echt und billig, völlig (r)echt, sich im (r)echt befinden, ohne (r)echt, nichts (r)echt machen, von (r)echts wegen, nach (r)echt und Gewissen.

14	Ableitungen aus Eigennamen: groß oder klein?

Entscheiden Sie: die (b)rechtschen Dramen, der (s)chweizer Käse, die (b)erliner Bevölkerung, die (r)heinische Stadt, die (m)ecklenburger Landschaft, (b)adischer Wein.

15	Substantivierte Adjektive: groß oder klein?

Entscheiden Sie: der (e)inzelne, alles (w)eitere, nicht das (g)eringste, das (g)leiche tun, auf (f)olgendes hinweisen, als (e)rster am Ziel, der (n)ächste in der Reihe, der erste (b)este.

16	Paarformeln: groß oder klein?

Entscheiden Sie: (g)roß und (k)lein, (a)rm und (r)eich, (j)ung und (a)lt, (d)ick und (d)ünn.

17	Adjektive in festen Ausdrücken: groß oder klein?

Entscheiden Sie: die (e)rste Hilfe, das (s)chwarze Brett, der (w)eiße Tod, die (s)chwarze Liste, (h)eiliger Abend, (d)reißigjähriger Krieg, (k)önigliche Hoheit.

18	Persönliche Anreden in Briefen, Klassenarbeiten u. a.: groß oder klein?

Entscheiden Sie:
- »Kirsten, leider habe ich (d)ein Buch vergessen.«
- Aus einem Brief: »Liebe Kirsten, lieber Sven, vielen Dank für (e)uren Brief. Ich konnte (e)uch leider nicht früher schreiben.«
- »Sehr geehrter Herr Faupel, herzlichen Dank für (i)hr Geschenk, das (s)ie mir vor zwei Wochen geschickt haben.«

19	Farb- und Sprachbezeichnungen: groß oder klein?

Entscheiden Sie: in (r)ot, bei (g)rün, auf (s)panisch, in (d)eutsch, (r)oter Stoff, etwas (s)chwarz auf (w)eiß haben.

20	Nach Doppelpunkt: groß oder klein?

Entscheiden Sie:
- Wir hatten es schon geahnt: (d)er Zug kam schon wieder verspätet.
- Er kam erst nachts nach Hause: (w)ie immer betrunken.
- Sie kam unpünktlich zur Schule: (w)as sehr selten war.

21	Zahlwörter: groß oder klein?

Entscheiden Sie:
- Wir kauften (f)ünf Brötchen. In Englisch hat sie eine (f)ünf.
- Sie ist über (d)reißig. Addieren Sie jetzt die (d)reißig.
- Wir sehen das Auto zum (e)rsten Mal. Am (e)rsten des Monats war die Zahlung fällig.

Die Lösungen zu den Aufgaben 11–21 (Groß- und Kleinschreibung) siehe S. 75ff.

Deutsch und Sprachbeherrschung	*Getrennt- und Zusammenschreibung*

22	Verbindungen von zwei Verben (Tätigkeitswörtern): getrennt oder zusammen?

Entscheiden Sie: in der Schule sitzen?bleiben, schreiben?lernen, einkaufen?gehen, im Morast stecken?bleiben, während des Vortrags stecken?bleiben.

23	Verbindungen von Substantiv (Hauptwort) und Verb (Tätigkeitswort): getrennt oder zusammen?

Entscheiden Sie: (r)ad?fahren, (l)eid?tun, (b)escheid?geben, (s)tand?halten, (a)uto?fahren, (k)opf?stehen.

24	Verbindungen von Adjektiv (Eigenschaftswort) und Verb (Tätigkeitswort): getrennt oder zusammen?

Entscheiden Sie: Gemüse klein?schneiden, die Speisen warm?machen, das Auto blank?putzen, den Arbeiter krank?schreiben, den Trend hoch?rechnen.

25	Verbindungen von Adverb (Umstandswort) und Verb (Tätigkeitswort): getrennt oder zusammen?

Entscheiden Sie: Silben aneinander?fügen, aufeinander?zugehen, den Schokoriegel auseinander?brechen, rückwärts?fahren, rückwärts?einparken.

26	Wortverbindungen mit dem Verb (Tätigkeitswort) »sein« und mit »irgend-«: getrennt oder zusammen?

Entscheiden Sie: zurück?sein, freundlich?sein, hier?sein, sein?lassen, irgend?etwas, irgend?jemand, irgend?wo, irgend?wie.

27	Wortverbindungen mit Partizipien (Mittelwörtern): getrennt oder zusammen?

Entscheiden Sie: nahe?stehende Häuser, Laub?tragende Bäume, Rat?suchende Menschen.

28	Wortverbindungen von Adjektiven (Eigenschaftswörtern): getrennt oder zusammen?

Entscheiden Sie: blau?grau, schwarz?rot, taub?stumm, blau?äugig, letzt?endlich, wiss?begierig.

Die Lösungen zu den Aufgaben 22–28 (Getrennt- und Zusammenschreibung) siehe S. 79ff.

Deutsch und Sprachbeherrschung	*Kommasetzung*

29	Sätze mit »und« bzw. »oder«: Wohin mit dem Komma?

Entscheiden Sie:
- Der Zug ist eben pünktlich eingetroffen und er wird abends weiter nach Kassel fahren.
- Dürfen wir in den nächsten Tagen bei ihnen vorbeikommen oder sollten wir noch ein paar Tage warten?
- Wir müssen unsere Schuld bezahlen und zwar sofort.
- Sie hatte großes Glück und das gleich am ersten Tag.

30	Infinitivsätze (Grundformsätze), wenn sie mit »als«, »anstatt«, »außer«, »ohne«, »statt« und »um« eingeleitet werden: Wohin mit dem Komma?

Entscheiden Sie:
- Er wollte sich freinehmen um auf das Fest zu gehen.
- Etwas Schöneres als auf den Berg zu steigen konnte er sich nicht vorstellen.

- Die alte Frau ging ohne auf den Verkehr zu achten über die Kreuzung.
- Statt Hausaufgaben zu machen lief er in der Stadt umher.
- Außer an den Strand zu gehen nahm er sich für das Wochenende nichts vor.

31	Sätze mit den hinweisenden Wörtern »darauf« bzw. »daran« oder den Wortgruppen »die beiden« bzw. »ist es«: Wohin mit dem Komma?

Entscheiden Sie:
- Wir hoffen darauf einen schönen Tag zu erleben.
- Unser Sohn Alexander dachte nicht daran seine Hausaufgaben sorgfältig zu machen.
- Die beiden Handwerker Herr Kraft und Herr Greb werden bei Ihnen vorbeikommen.
- Sein wichtigstes Ziel ist es Ihnen zu gefallen.
- Daran seinen Nachbarn zu helfen dachte er nicht.

32	Sätze mit Aufzählungen: Wohin mit dem Komma?

Entscheiden Sie:
- Sie fuhr mit einem teuren schnellen Sportwagen.
- Wir hatten ein kurzes interessantes Gespräch.
- Der Koch wird das Gemüse putzen das Obst waschen.
- Es war ein kühler feuchter und kurzer Sommer.

33	Haupt- und Nebensätze: Wohin mit dem Komma?

Entscheiden Sie:

- Er machte das Licht an weil es draußen schon dunkel war.
- Dass sie in den Ferien verreisen wollte davon wusste er nichts.
- Er kam weil die Straßen so glatt waren verspätet zur Kinovorstellung.
- Er fuhr morgens zur Arbeit sein Kollege kam später.

34	Infinitivsätze (Grundformsätze) mit »zu«: Wohin mit dem Komma?

Entscheiden Sie:

- Ich empfehle Ihnen den neuen Wagen morgen zu bestellen.
- Wir haben es leider versäumt Sie rechtzeitig zu benachrichtigen.
- Wir bitten dich uns zu helfen.
- Der Lehrer verlangt von den Schülern die Hausaufgaben nachzuholen.

35	Adjektivgruppen (Gruppen von Eigenschaftswörtern): Wohin mit dem Komma?

Entscheiden Sie:

- Die Bienen fleißig und lebhaft schwirrten um die Blüten herum.
- Der Schmuck kostbar und teuer sollte dringend wieder in den Tresor gebracht werden.
- Er hoffte auf einen guten Sommer heiß und trocken.
- Wir bevorzugen Wein leicht und mild.

36	Appositionen (Beifügungen): Wohin mit dem Komma?

Entscheiden Sie:

- Helga Schubert die Opernsängerin hatte dieses Jahr große Erfolge bei ihren Auftritten.
- Meiner Freundin einem großen Fan seiner Musik schenkte der Künstler eine Eintrittskarte.
- Das Buch gab er Karsten seinem Freund.
- Die Zahlungsbelege legte er Herrn Faupel vor dem Chef der Buchhaltung.

37	Wohnungs- und Datumsangaben: Wohin mit dem Komma?

Entscheiden Sie:

- Der Steuerberater Koch Kassel Töpfenhofweg 36 hat für uns die Steuererklärung erstellt.
- Herr Willmann ist von Elgershausen Steinbünne 10 nach Baunatal Lange Straße 16 umgezogen.
- Das Tennisturnier wird am Montag dem 5. September übertragen.
- Unser Techniker wird Sie am Mittwoch dem 23. März in Ihrer Wohnung aufsuchen.

38	Anreden und Ausrufe: Wohin mit dem Komma?

Entscheiden Sie:

- Herr Meier können Sie mir das aktuellste Buch mitbringen?
- Oh das tut aber weh!

- Bitte komm sehr pünktlich!
- Hör doch endlich einmal zu, Alexander!

Die Lösungen zu den Aufgaben 29–38 (Kommasetzung) siehe S. 82 ff.

Deutsch und Sprachbeherrschung	*Übung zur Wiederholung*

Aufgabe	Die Aufgaben 39 bis 71 sind Bestandteile eines Briefes. Schreiben Sie jeweils den Buchstaben der richtigen Alternative in das Kästchen.			Lösung
39	a Elgershausen, den 20. Januar 2009 Liebe	b Elgershausen		a
40	a Birgit, erst	b Birgit,		b
41	a Heute habe ich mich	b heute		b
42	a endlich entschlossen,	b entlich entschlossen,	c endlich endschlossen,	a
43	a dir zu schreiben. Am zweiten Januar fuhren wir das erste	b Dir		a
44	a Mal mit einem	b mal		a

Aufgabe	Die Aufgaben 39 bis 71 sind Bestandteile eines Briefes. Schreiben Sie jeweils den Buchstaben der richtigen Alternative in das Kästchen.	Lösung
45	a finnischen · b Finnischen Schiff nach	a
46	a Hellsinki. · b Hellsinky. · c Helsinki. Um auf diesem	c
47	a konfortablen, · b konvortablen, · c komfortablen,	c
48	a rasanten · b rassanden · c rasanden Fährschiff unser	a
49	a heiser-sehntes · b heißer-sehntes · c heiss er-sehntes · d heiß er-sehntes Reiseziel zu erreichen, war eine	b
50	a zweitägige · b Zweitägige · c zwei tägige Überfahrt notwendig. Zum	a
51	a schlafen · b Schlafen konnten wir eine kleine	b
52	a Kabiene · b Cabine · c Kabine benutzen. Des	c
53	a nachts · b Nachts hörten wir allerdings das	a

!

b

Aufgabe	Die Aufgaben 39 bis 71 sind Bestandteile eines Briefes. Schreiben Sie jeweils den Buchstaben der richtigen Alternative in das Kästchen.			Lösung
54	a brummen der	b Brummen		b
55	a Schiffsmotoren,	b Schiffmotoren		a
56	a das uns aber wenig störte. Einige	b dass		a
57	a Male besuchten wir zum	b male		a
58	a essen ein	b Essen		b
59	a Restorant, in dem sich	b Restaurant,	c Resstaurant	b
60	a Groß und Klein traf und recht teure Gerichte	b groß und klein		a
61	a serfiert wurden. Letztendlich war die	b servirt	c serviert	c
62	a Schifffahrt aber sehr angenehm. Nachdem wir Helsinki	b Schiffahrt	c Schiff Fahrt	a

Aufgabe	Die Aufgaben 39 bis 71 sind Bestandteile eines Briefes. Schreiben Sie jeweils den Buchstaben der richtigen Alternative in das Kästchen.	Lösung
63	a Sonntag Abend — b Sonntag abend — c Sonntag-abend erreicht hatten,	
64	a vuhren — b fuhren — c furen wir zu einem sehr schön gelegenen Hotel,	b
65	a das — b dass uns für 4 Tage aufnahm. Insgesamt gefiel uns die Fahrt so gut,	a
66	a das — b dass wir sie	b
67	a jeder Zeit — b jederzeit	b
68	a wider-machen — b wieder-machen — c wieder machen würden.	c
69	a Gruß und Kuß, — b Gruss und Kuss, — c Gruß und Kuss,	c
70	a dein dich — b Dein dich — c Dein Dich liebender Julius	a

Aufgabe	Die Aufgaben 39 bis 71 sind Bestandteile eines Briefes. Schreiben Sie jeweils den Buchstaben der richtigen Alternative in das Kästchen.		Lösung
71	a PS: Bitte antworte bald.	b Bitte,	

Die Lösungen zu den Aufgaben 39–71 (Übung zur Wiederholung) siehe S. 87.

Deutsch und Sprachbeherrschung	*Schreibweise oft benutzter Fremdwörter*

Wie schreibt man folgende Wörter richtig?

Aufgabe	vorgeschlagene Schreibweisen (a)	(b)	(c)	(d)	Lösung
72	abreagieren	apreagieren	abreagiren	abrehagieren	a
73	alfabetisch	alphabetisch	alfabetysch	alphabethisch	b
74	Alkoholyker	Allkoholiker	Alkoholiker	Alkoholicker	c
75	Atmosphäre	Atmosfäre	Athmosfäre	Atmosfere	a
76	Beßtseller	Bästseller	Bestseler	Bestseller	d
77	Biblyothekar	Bibliothekar	Bybliothekar	Bibliotekar	b
78	Bungalow	Bungalof	Bungaloh	Bungallow	a
79	Choffeur	Schoffeur	Chaufeur	Chauffeur	d
80	dellegieren	delegyren	delegieren	dälegieren	c

Aufgabe	vorgeschlagene Schreibweisen (a)	(b)	(c)	(d)	Lösung
81	Depression	Däpression	Depresion	Depressyon	a
82	Desain	Design	Desein	Disain	b
83	Diskotek	Disskothek	Diskothek	Dyskothek	c
84	Emmigrant	Emygrant	Emigrant	Emygrand	c
85	Embryo	Embrio	Ämbryo	Empryo	a
86	Festival	Fästival	Festyval	Festifal	a
87	flexipel	fläxibel	flexibel	flexybel	c
88	frappand	frappant	frapant	frapand	b
89	Guverneur	Gouverneur	Gouferneur	Goufernör	b
90	Haluzination	Halluzynation	Haluzinazion	Halluzination	d
91	Helikopter	Hälikopter	Helykopter	Helikoppter	a
92	Immobilyen	Imobillen	Immobilien	Immobylien	c
93	Importieren	Importiren	Importyren	Immportieren	a
94	Indyviduum	Indivydum	Individum	Individuum	d
95	Juwelier	Juwellier	Juwelyr	Juhwelier	a
96	Konschtruktion	Konstruktion	Konstrukzion	Konstrucktion	b
97	Konwersation	Konwährsation	Konfersation	Konversation	d

Aufgabe	vorgeschlagene Schreibweisen (a)	(b)	(c)	(d)	Lösung
98	Conzentrat	Konzäntrat	Konzentrat	Konnzentrad	c
99	Leichtathletyk	Laichtathletik	Leichtathletik	Leichtatletik	c
100	Liberalismuß	Liberalismus	Liberalißmus	Lieberalismus	b

Die Lösungen zu den Aufgaben 72–100 (Schreibweise oft benutzter Fremdwörter) siehe S. 87.

Deutsch und Sprachbeherrschung	*Informationsmaterial zuordnen*

Welches Informationsmaterial für welches Informationsbedürfnis?

Bearbeitungshinweis:
Ordnen Sie einem bestimmten Informationsbedarf das Informationsmaterial (Informationsquelle) zu, das Auskunft gibt über die gewünschte Information. In der folgenden Tabelle ist in der Lösungsspalte jeweils der Buchstabe einzutragen, der die gewünschte Informationsquelle benennt.

Beispiel:
Um zu erfahren, welches die richtige Schreibweise des Wortes »Ingenieur« ist (Informationsbedarf), kann man im Duden (Informationsquelle) nachschauen. In das Lösungsfeld ist der Buchstabe »b« einzutragen.

	Informationsbedarf ➡	Lösung	⬅ Informationsquelle	
101	die korrekte Schreibweise des Wortes »Ingenieur«	b	mathematische Formelsammlung	a
102	Weltrekord im Dauermaschineschreiben	g	Duden	b
103	Gesellschafter der Firma Moll OHG	j	Speisekarte	c
104	Lehrsatz des Pythagoras	a	Fahrplan	d
105	Übersetzung des Wortes »bridge«	h	Grundgesetz	e
106	Belastung eines Grundstücks mit einer Hypothek	i	Beipackzettel	f
107	Telefonnummer von Herrn Christian Budig in Kassel	L	Guinness-Buch der Rekorde	g
108	Grundrechte der Bundesrepublik	e	Dictionary	h
109	Garzeit von Naturreis	k	Grundbuch	i
110	Nebenwirkungen des Schmerzmittels Aspirin	f	Handelsregister	j
111	Abfahrtzeit des Zuges nach Dresden	d	Kochbuch	k
112	Preis einer Tagessuppe im Restaurant Grüner Frosch	c	Auskunft	l

Die Lösungen zu den Aufgaben 101–112 (Informationsmaterial zuordnen) siehe S. 87.

Deutsch und Sprachbeherrschung	*Wörter ergänzen*

Welcher gemeinsame Wortanfang oder welches gemeinsame Wortende ist sinnvoll?

Bearbeitungshinweis:
Im ersten Teil dieser Aufgabe ist immer ein Wort zu finden, das den jeweiligen drei Begriffen sinnvoll vorangestellt werden kann.

Beispiel:

Hand…	…ball	…schuhe	…creme

Im zweiten Teil der Aufgabe ist ein Wort gefragt, welches an die jeweilige Begriffsreihe angehängt werden kann. Bitte vermerken Sie die Lösungswörter in den jeweiligen Kästchen. (Bei einigen Aufgaben gibt es mehrere richtige Lösungswörter. Im Lösungsteil ist aber jeweils nur ein Wort genannt.)

Teil 1

113	Gold	…fisch	…raub	…ring
114	Luft	…druck	…zug	…schlange
115	Apfel	…kuchen	…kern	…mus
116	Industrie	…betrieb	…kaufmann	…spionage

117	Wasser	...kampf	...arbeit	...fest
118	Dorf	...teich	...kirche	...trottel
119	Film	...star	...riss	...rolle
120	Polizei	...beamter	...schutz	...gewalt
121	Regen	...schirm	...pfütze	...schauer
122	Zahn	...spange	...arzt	...stein
123	Vogel	...nest	...feder	...futter
124	Hunde	...leine	...napf	...kuchen
125	Rad	...lenker	...weg	...tour
126	Muschel	...kette	...taucher	...suppe
127	Tisch	...bein	...decke	...sitte

Teil 2

128	Fenster...	Noten...	Garten...	bank
129	Kinder...	Schlaf...	Hand...	wagen

130	Garten…	Korb…	Kinder…	stall
131	Pralinen…	Hut…	Papp…	schachtel
132	Sonder…	Atom…	Haus…	müll
133	Mutter…	Fremd…	Blinden…	sprache
134	Raum…	Atem…	Geld…	not
135	Speise…	Land…	Ansichts…	karte
136	Schul…	Musik…	Geld…	note
137	Theater…	Land…	Fahr…	karte
138	Regen…	Fernseh…	Lampen…	schirm
139	Domino…	Ziegel…	Gallen…	stein
140	Fleischer…	Brot…	Taschen…	messer
141	Feld…	Angst…	Oster…	hase
142	Säge…	Getreide…	Wasser…	mühle

Die Lösungen zu den Aufgaben 113–142 (Wörter ergänzen) siehe S. 88.

Deutsch und Sprachbeherrschung	*Die Bedeutung von Abkürzungen erkennen*

Welche Bedeutung haben die folgenden Abkürzungen?

Nr.	Abkürzung	Bedeutung	Nr.	Abkürzung	Bedeutung
143	Abt.	Abteilung	158	ggf.	gegebenenfalls
144	AG	Aktiengesellschaft	159	ha	Hektar
145	Bhf.	Bahnhof	160	HGB	Handelsgesetzbuch
146	DAG		161	IHK	Industrie- und Handelskammer
147	DIHT		162	Ing.	Ingenieur
148	dpa	Deutsche Presseagentur	163	jun., jr.	junior
149	DRK	Deutsches Rotes Kreuz	164	Kfz	Kraftfahrzeug
150	EDV	Elektronische Datenverarbeitung	165	Krs.	Kreis
151	ev.	eingetragener Verein	166	z. Zt.	zur Zeit
152	F.D.P.	Freie Demokratische Partei	167	log	Logarithmus
153	FKK	Freikörperkultur	168	lt.	Laut
154	f.	folgende	169	MdB	
155	fr		170	MG	Maschinengewehr
156	Gebr.	Gebrüder	171	n. Chr.	nach Christus
157	GG	Grundgesetz	172	NOK	

Nr.	Abkürzung	Bedeutung	Nr.	Abkürzung	Bedeutung
173	OB	Oberbürgermeister	**178**	Sek.	Sekunden
174	OP	Operation	**179**	sog.	sogenannt
175	p.a.		**180**	TH	Technische Hochschule
176	PDS		**181**	UFO	unbekanntes Flugobjekt
177	rd.		**182**	WDR	Westdeutscher Rundfunk

Die Lösungen zu den Aufgaben 143–182 (Die Bedeutung von Abkürzungen erkennen) siehe S. 88.

Deutsch und Sprachbeherrschung	*Sinnverwandte Wörter finden*

Welches sind die richtigen sinnverwandten Wörter?

Bearbeitungshinweis:
Den vorgegebenen Ursprungswörtern sind die richtigen sinnverwandten Wörter zuzuordnen. Schreiben Sie hierzu die Kennziffern des jeweils passenden sinnverwandten Wortes in das Lösungsfeld. In den ersten beiden Zeilen finden Sie jeweils einen Mustereintrag.

Beispiel:
Dem Ursprungswort »Achtsamkeit« (Nr. 183) ist das sinnverwandte Wort »Behutsamkeit« (Nr. 195) zuzuordnen. Deshalb ist in der Lösungsspalte die Ziffer 195 zu vermerken.

Nr.	Ursprungswort	sinnverwandte Wörter	Lösung	Nr.	Ursprungswort	sinnverwandte Wörter	Lösung
183	Achtsamkeit	Massaker	**195**	**184**	drehen	Weggefährte	**197**
185	Gebot	ausbrechen	198	**186**	einvernehmlich	Anschrift	190
187	Künstler	arbeitsam	192	**188**	Borstenvieh	schummrig	201
189	Kälte	Kachel	194	**190**	dunkel	einmütig	188
191	Adresse	plätten	186	**192**	fliehen	Artist	185
193	Ehemann	aberkennen	184	**194**	Lösung	Frostwetter	196
195	entziehen	Behutsamkeit	193	**196**	Paradies	Flüssigkeit	199
197	Blutbad	kurbeln	183	**198**	fleißig	Weisung	187
199	prosaisch	Garten Eden	200	**200**	Fliese	nüchtern	189
201	bügeln	Schwein	191				

Die Lösungen zu den Aufgaben 183–201 (Sinnverwandte Wörter finden) siehe S. 89.

Deutsch und Sprachbeherrschung	*Bedeutung von Fremdwörtern erkennen*

Welche Bedeutung haben die folgenden Fremdwörter?

Nr.	Fremdwörter	Bedeutung	Nr.	Fremdwörter	Bedeutung
202	absurd	„bekloppt" abwegig	**216**	Halluzination	Ein-bilung
203	Affront	Skandal/ Beleidigung	**217**	Hospital	Krankenhaus
204	agieren	etwas machen	**218**	Index	Register
205	Bigamie	Doppel-ehe	**219**	Indiz	Hinweis
206	Broker	Makler	**220**	Jeton	Marke
207	Cash	Bar	**221**	Kalkül	Mutige Überlegung
208	Deal	Geschäft	**222**	Karambolage	Unfall
209	Degeneration		**223**	legal	erlaubt
210	Emotion	Gefühl	**224**	Level	Stufe
211	Exil	Verbannung	**225**	modifizieren	verändern
212	Fata Morgana	Einbildung/ Luftspiegelung	**226**	monetär	
213	flexibel	anpassungs-fähig	**227**	Nautik	
214	gehandikapt	~~behindert~~ benachteiligt	**228**	negieren	verneinen
215	Giralgeld		**229**	observieren	beobachten

Nr.	Fremdwörter	Bedeutung	Nr.	Fremdwörter	Bedeutung
230	Oldie	alte Sache „Klassiker"	236	Singular	Einzahl
231	paradox	widersprüchlich	237	transparent	durchsichtig
232	Qualifikation	Eignung	238	universell	allgemein, umfassend
233	reduzieren	verringern	239	vulgär	ordinär
234	rustikal	einfach	240	Windjammer	
235	Signum		241	Zoologe	Tierforscher

Die Lösungen zu den Aufgaben 202–241 (Bedeutung von Fremdwörtern erkennen) siehe S. 89.

Deutsch und Sprachbeherrschung	*Formulierungen verbessern*

Durch welche Formulierungen lassen sich die folgenden Sätze verbessern?

Bearbeitungshinweis:
Bei dieser Übung sind die vorgegebenen Sätze umzuformulieren. Die Sätze haben nämlich alle einen Schönheitsfehler. Statt Verben zu benutzen, wurde die »Hauptwörterei« (die Substantivierung) übertrieben.

Beispiel:
Beim Nachhausekommen wurde er durch einen Dieb überrascht.
Verbesserte Formulierung: Als er nach Hause kam, wurde er von einem Dieb überrascht.

Nr.	ursprüngliche Formulierung	verbesserte Formulierung
242	Die Speditionskosten werden dem Käufer ~~in Rechnung gestellt.~~	... berechnet
243	Bei der Bezahlung der Kaufsumme passierte uns ein Irrtum.	Uns passierte ein Irrtum, als wir die Kaufsumme bezahlten.
244	Die pünktliche Beendigung der Arbeiten ist nicht möglich.	Es ist nicht möglich, die Arbeit früher zu beenden
245	Die komplette Aufarbeitung des Schriftverkehrs wird sich verzögern.	Es wird dauern, bis der Schriftverkehr komplett aufgearbeitet ist.
246	Beim Betanken des Autos wurde ihm schwindlig.	Als er sein Auto betankte, wurde ihm schwindelig.
247	Die sofortige Vorführung des Staubsaugers wurde von dem Kunden gewünscht.	Der Kunde wünschte die sofortige Vorführung des Staubsaugers.
248	Die unrechtmäßige Aneignung des Fahrrads durch den Dieb geschah gestern.	Gestern eignete sich der Dieb das Fahrrad unrechtmäßig an.

Nr.	ursprüngliche Formulierung	verbesserte Formulierung
249	Die baldige Bekanntmachung des Unternehmenszusammenschlusses war die Wunschvorstellung aller Vertragspartner.	Die Vertragspartner wünschen eine baldige Bekanntmachung des Unternehmenszusammenschlusses.
250	Erst nach Ablauf der Frist soll die Übergabe des Geldes erfolgen.	Die Übergabe des Geldes erfolgt nach Ablauf der Frist
251	Die Inhaftierung des Täters erfolgte unmittelbar nach Tatausführung.	Der Täter wurde unmittelbar nach der Tatausführung inhaftiert.

Die Lösungen zu den Aufgaben 242–251 (Formulierungen verbessern) siehe S. 89f.

Deutsch und Sprachbeherrschung	*Den richtigen Fall finden*

Wie heißt der richtige Fall?

Bearbeitungshinweis:
In den folgenden Sätzen sind die in den Klammern stehenden Textteile in den richtigen Fall zu bringen, so dass sie sich in die Satzlücken einfügen.

Beispiel:
Ich werde im Winter mit (mein Freund) in den Schiurlaub fahren.
Der Satz muss heißen: Ich werde im Winter mit meinem Freund in den Schiurlaub fahren.

Nr.	zu ergänzende Sätze	umzugestaltende Textteile
252	Wegen des schlechten Wetters blieben wir gestern zu Hause.	das schlechte Wetter
253	An einem frostigen Wintertag kam es an der Kreuzung zu einem schweren Zusammenstoß	ein frostiger Wintertag ein schwerer Zusammenstoß
254	Es bedurfte eines guten Ein..., um den Jugendlichen in seinem Verhalten zu verstehen.	ein gutes Einfühlungsvermögen sein Verhalten
255	Der Schaffner verdächtigte die blonde Frau des Schwarzfahrens	das Schwarzfahren
256	Das anfliegende Flugzeug wurde wegen eines Unwetters auf einen Nachbarflugplatz umgeleitet.	ein Unwetter ein Nachbarflugplatz
257	Auf Grund meines verstauchten Beines kann ich heute nicht kommen.	mein verstauchtes Bein
258	Sie bekam von ihrem Freund zum Geburtstag einen Blumenstrauß	ihr Freund ein Blumenstrauß

Nr.	zu ergänzende Sätze	umzugestaltende Textteile
259	Sie schätzten ihn wegen ______	sein großzügiges Wesen
260	Wegen ______ wirst du von der Feierstunde ausgeschlossen.	dein unmögliches Verhalten
261	Ich habe mein Fahrrad an ______ verliehen wegen ______	ein Schulfreund seine starke Gehbehinderung

Die Lösungen zu den Aufgaben 252–261 (Den richtigen Fall finden) siehe S. 90.

Deutsch und Sprachbeherrschung	*Argumente finden*

262	Welche Argumente lassen sich anführen?

Bearbeitungshinweis:
Der folgende Text betrifft die betriebliche Arbeitsteilung. Ihre Aufgabe besteht darin, sich den Text gründlich durchzulesen und alle Vorteile und Nachteile der Arbeitsteilung zu erfassen und aufzuschreiben.

Reportage:
»Schokoladenweihnachtsmänner frisch vom Fließband«

Reporter: »Guten Tag, meine lieben Hörerinnen und Hörer, ich melde mich live aus der Schokoladenfabrik WILKA in Köln. Heute will ich Sie über die Herstellung von Schokoladenweihnachtsmännern informieren, die hier minütlich tausendfach vom Fließband gehen. Dreihundert fleißige Arbeiter sind an der Herstellung beteiligt. Eine davon ist Uta Öde. Auf meiner linken Seite steht der Betriebsleiter des Werks, Herr Streng. Kommen wir zur ersten Frage an Sie, Herr Streng: Wie wird in Ihrem Werk gearbeitet, damit minütlich mehr als tausend Weihnachtsmänner verkaufsfertig hergestellt werden können?«
Herr Streng: »Also, in unserem Betrieb wird die Arbeit auf alle 300 Mitarbeiter aufgeteilt. Durch diese Arbeitsteilung können wir z. B. den Artikel ›Weihnachtsmann‹ in Massen produzieren.«
Reporter: »Welche Vorteile sehen Sie noch in der Form der Arbeitsteilung?«
Herr Streng: »Durch Arbeitsteilung führt jeder Arbeiter für längere Zeit immer dieselbe Tätigkeit aus, somit bekommt er darin Routine und arbeitet leistungsfähiger.«
Reporter: »Frau Öde, Sie arbeiten am Band, was sagen Sie dazu?«
Uta Öde: »Klar wird so mehr hergestellt, aber betrachten Sie mal meine tägliche Arbeit, sie wird auf wenige Handgriffe reduziert. Dadurch wird die Arbeit schnell eintönig, und die Freude an der Arbeit geht langsam verloren. Oft fühle ich mich nach der Arbeit niedergeschlagen und habe Kopfschmerzen.«
Herr Streng: »Hier möchte ich bemerken, dass die persönlichen Fähigkeiten jedes Arbeiters berücksichtigt werden, wir ›schneiden‹ sozusagen die Arbeit auf ihn zu.«

Uta Öde: »Meine Arbeit besteht darin, dass ich Zucker mit Vanille vermische und ca. hundertmal pro Minute in kleine Blechdosen fülle – aber den fertigen Weihnachtsmann sehe ich nicht. Vielmehr verliere ich den Bezug zum Endprodukt, da ich nur eine Teilarbeit verrichte.«
Reporter: »Herr Streng, sehen Sie noch weitere Vorteile der Arbeitsteilung trotz dieser Nachteile?«
Herr Streng: »Ja – durch die Arbeitsteilung werden Arbeitsvorgänge vereinfacht. Somit können wir viele ungelernte und angelernte Arbeitskräfte beschäftigen.«
Uta Öde: »Moment mal – dadurch, dass ich so einseitig ausgebildet bin, kann ich Probleme bekommen, wenn ich diesen Job mal verliere. Denn wo finde ich eine Arbeit, bei der genau diese einseitige Tätigkeit gefordert wird?«
Reporter: »Lassen Sie uns zum Schluss kommen – was geben Sie unseren Hörern auf den Weg?«
Herr Streng: »Dank der Arbeitsteilung sehe ich eine Verbesserung der Konkurrenzfähigkeit unseres Betriebs.«
Uta Öde: »Ich befürchte, dass durch die Arbeitsteilung meine Arbeitskraft zunehmend durch Maschinen ersetzbar wird, denn für solch einfache Handgriffe braucht man keinen denkenden Menschen!«
Reporter: »Ab heute weiß man den Schokoladenmann zu schätzen, vielen Dank für das Gespräch!«

Quelle: Schmidt, S., unveröffentlichtes Manuskript, 1997

Ich sehe folgende Vorteile der betrieblichen Arbeitsteilung:

____

____

____

____

Ich sehe folgende Nachteile der betrieblichen Arbeitsteilung:

____

____

____

____

Die Lösungen zur Aufgabe 262 (Argumente finden) siehe S. 91.

Deutsch und Sprachbeherrschung	*Richtige Aussagen erkennen*

263	Welche Aussagen zu dem Text sind richtig?

Bearbeitungshinweis:
Nur einige der folgenden Aussagen geben den Inhalt des nachstehenden Textes wieder. Andere Aussagen enthalten keine Informationen zum Text oder sind falsch.

Ihre Aufgabe besteht darin, die richtigen Aussagen zu erkennen und anzukreuzen.

Vom Trabbi zum Golf

Wer kennt ihn nicht, den kleinen knatternden Zweitakter aus Zwickau? In Beige oder Babyblau belebte er die Straßen der früheren DDR, mit wenig PS, recht gemächlich, dafür etwas stinkend aus dem Auspuff, wenig Zubehör, die Karosse aus »Plaste«. Er war ein Renner, zwar nicht auf der Straße, aber in den Verkaufszahlen.

Lange mussten die damaligen Käufer auf ihn warten. Er hatte viele Jahre Lieferzeit. Die westdeutschen PKW, die an den Trabbis vorbeirasten, hatten erheblich mehr Extras, verschiedene Farben zur Auswahl, sie waren schneller, bequemer, sicherer und sie hatten längst nicht so lange Lieferzeiten wie die Trabbis. Sie hatten aber einen Nachteil: Da sie immer weiterentwickelt wurden, hatten ihre Besitzer nach einer bestimmten Zeit ein altes Modell. Das konnte den Ostdeutschen nicht passieren – ihr Trabbi wurde über viele Jahre hin unverändert gebaut und auch gekauft.

In der damaligen DDR (und in den Ostblockländern) gab es bis zur Wiedervereinigung einen **Verkäufermarkt**, der auch in Westdeutschland etwa bis Ende der fünfziger Jahre bestand. Auf diesem Markt bestand eine sehr große Nachfrage, die durch ein viel zu kleines Angebot nicht ausgeglichen wurde. Durch diesen Nachfrageüberhang hatte der Verkäufer die weit stärkere Machtposition. In dieser Situation waren für die Industriebetriebe die Probleme die Bereiche Beschaffung, Produktion und Finanzierung. Da die Käufer froh waren, die Produkte zu bekommen, verlief der Absatz problemlos. Für den Trabbi wurden ja sogar lange Lieferzeiten in Kauf genommen.

Nach der Wiedervereinigung wandelte sich in den neuen Bundesländern der Verkäufermarkt rasch in einen **Käufermarkt**. Hier hatten die Verbraucher nun die Auswahl aus einem Überangebot. Beschaffung und Produktion waren für die Unternehmen keine Engpässe mehr. Auf einmal stand der Käufer im Mittelpunkt. Er war der König. Er musste umworben werden, denn er hat die Auswahl unter vielen

Produkten, die ständig verbessert und den Kundenwünschen angepasst wurden. In den sechziger Jahren mussten auch die westdeutschen Unternehmen weg von der Produktionsorientierung und hin zur Marktorientierung umdenken. Der Absatz war der Engpass und rückte in den Mittelpunkt.

Quelle: Schneider u. a., Entscheidungsfeld Betrieb, Darmstadt 2007, S. 245, S. 123

	Aussagen zum Text	**Lösung**
a	In der ehemaligen DDR gab es bis zur Wiedervereinigung einen Käufermarkt.	☐
b	In einem Verkäufermarkt machen die Unternehmen höhere Gewinne als in einem Käufermarkt.	☐
c	In einem Käufermarkt haben die Verbraucher die Auswahl aus einem Überangebot von Waren.	☐
d	In den fünfziger Jahren mussten die Unternehmen umdenken. Es erfolgte ein Wandel von der Produktionsorientierung hin zur Marktorientierung.	☐
e	Auf einem Verkäufermarkt besteht ein Nachfrageüberhang, der durch ein zu kleines Angebot nicht ausgeglichen wird.	☐
f	Auf einem Käufermarkt muss der Kunde umworben werden. Er ist hier der König.	☐

Die Lösungen zur Aufgabe 263 (Richtige Aussagen erkennen) siehe S. 91.

Deutsch und Sprachbeherrschung	*Textlücken füllen*

264	Welche Wörter passen in die Textlücken?

Bearbeitungshinweis:
Der folgende Text ist unvollständig. Er enthält an einigen Stellen Lücken. Ihre Aufgabe besteht darin, sich die Wörter zu überlegen, die in die Textlücken passen. Notieren Sie diese Wörter in dem rechten Seitenfeld.

Text	**fehlende Wörter**
Mobil – auch morgen Die Mobilität von (a) und Gütern rückt immer mehr in den Mittelpunkt des täglichen (b) . Sie dient nicht nur dem Wohlstand einer Gesellschaft, sondern auch dem Grundbedürfnis der Menschen nach individueller (c) . Aber was für den einen die notwendige Voraussetzung für unsere arbeitsteilige Industriegesellschaft und unsere Lebensqualität ist, stellt sich dem anderen als (d) bedrohlicher (e) dar. Die Statistik spricht eine deutliche (f) . Etwa 50 % des Verkehrsaufkommens werden durch das Freizeitverhalten hervorgerufen. Andererseits verschwenden Auto-	(a) (b) (c) (d) (e) (f)

Text	fehlende Wörter
fahrer im innerstädtischen Verkehr bis zu 30 % an Zeit bei der Suche nach einem (g) . 50 % der LKW fahren (h) auf den Straßen und verursachen Staus, Stress, Umweltverschmutzung und Lärm. Fachleute schätzen die Kosten aus Staus und Stressfahrten in Deutschland auf jährlich über 50 Millionen Euro. Die Schlussfolgerung daraus: Der (i) braucht ein neues Qualitätsniveau, das Sicherheit, Umweltverträglichkeit und Wirtschaftlichkeit vereint, damit auch künftig die erforderliche (j) gesichert ist.	(g) (h) (i) (j)

Quelle: Daimler Benz (Hrsg.), Technologie 96, Stuttgart 1996, S. 22

Die Lösungen zur Aufgabe 264 (Textlücken füllen) siehe S. 91.

Deutsch und Sprachbeherrschung	*Meinungen beurteilen*

265	Welche Meinung ist richtig?

Bearbeitungshinweis:
Die Meinungen von zwei Auszubildenden, die in dem folgenden Gespräch zum Ausdruck kommen, sind zu beurteilen. Notwendig ist, dass Sie eine persönliche Stellungnahme abgeben.

Steffen K. »... erst der 22. Juni und schon wieder pleite. Gerade noch 10 Euro in der Tasche und nichts mehr auf dem Konto ... Kannst du mir mal was pumpen? Du sparst doch immer so viel. Kriegst das Geld am 1. Juli wieder. Verlass dich drauf, ehrlich.«

Sven M. »Vom Wirtschaften haste wohl im Unterricht nichts mitgekriegt. Kannst doch nur das ausgeben, was du hast. Musst dir die Mäuse einteilen und auch mal etwas zurücklegen – für Notzeiten zum Beispiel oder wenn du was Besonderes vorhast ...«

Steffen K. »Mensch hör auf, mir was vorzupredigen. An deiner Sparsamkeit ginge die Wirtschaft echt kaputt. Woher sollte dein Lohn kommen, wenn alle so dächten wie du? Vom Sparen und vom Geiz kann kein Betrieb leben und kein Arbeiter bezahlt werden ... weil er dann ja nichts zu produzieren braucht ...

Das Ganze musst du doch als Kreislauf sehen. Motto: Tausche Arbeit gegen Geld und Geld gegen Ware ... An der Stelle hast du ja wohl in der Schule gepennt, oder?«

Sven M. »Ist ja schon gut, der eine konsumiert, der andere spart das Geld dafür. Aber mal ehrlich: Angewiesen bist du ja doch auf mich ...«

Steffen K. »... aber du auch auf mich ...«

Sven M. »... hier hast du 20 Euro, aber: Wiedersehen macht Freude, auch beim Geld. Denk dran: Am 1. Juli ist Zahltag – diesmal noch ohne Zinsen.«

(Quelle: Lötzerich u. a., Spiegelbild der Wirtschaft, Darmstadt 2000, S. 184)

- Nur die Meinung von Steffen K. ist richtig.
  Begründung:

  ____

  ____

  ____

- Nur die Meinung von Sven M. ist richtig.
  Begründung:

  ____

  ____

  ____

- Die Meinungen von beiden sind richtig.
  Begründung:

  ____

  ____

  ____

Die Lösungen zur Aufgabe 265 (Meinungen beurteilen) siehe S. 91f.

Deutsch und Sprachbeherrschung	*Aussagen von Schaubildern erkennen*

266	Welche Aussagen (Informationen) enthalten Schaubilder? (1)

Bearbeitungshinweis:
Entscheiden Sie, welche Informationen aus dem folgenden Schaubild zu entnehmen sind. Die zutreffenden Informationen sind im Lösungsfeld zu markieren.

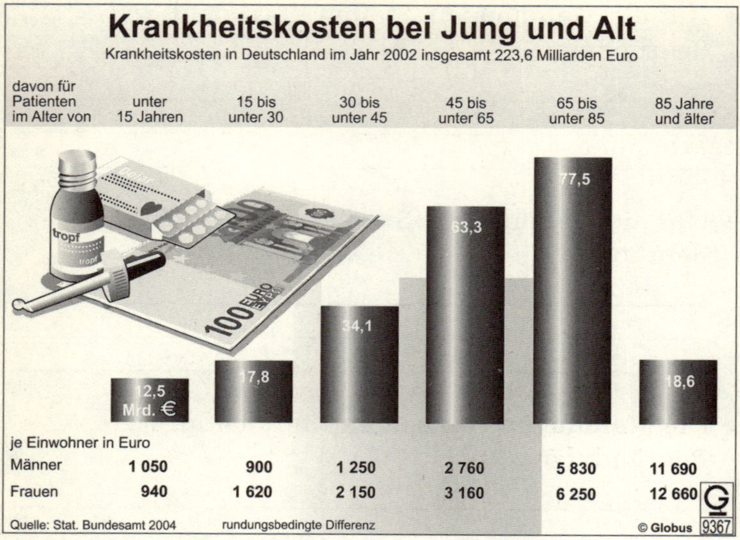

Nr.	Information	Lösung
a	Die höchsten Krankheitskosten fallen für Patienten im Alter zwischen 65 und 85 Jahren an.	☐
b	Je älter die Patienten sind, desto höher sind die Krankheitskosten, die sie verursachen.	☐
c	Die Krankheitskosten von Frauen liegen in fast allen Altersgruppen über denen der Männer.	☐
d	Jüngere Männer verursachen mehr Krankheitskosten als Frauen.	☐

Die Lösungen zur Aufgabe 266 (Aussagen von Schaubildern erkennen [1]) siehe S. 92.

267	Welche Aussagen (Informationen) enthalten Schaubilder? (2)

Bearbeitungshinweis:
Notieren Sie auch hier, welche der folgenden Informationen dem Schaubild zu entnehmen sind. Richtige Aussagen sind im Lösungsfeld zu markieren.

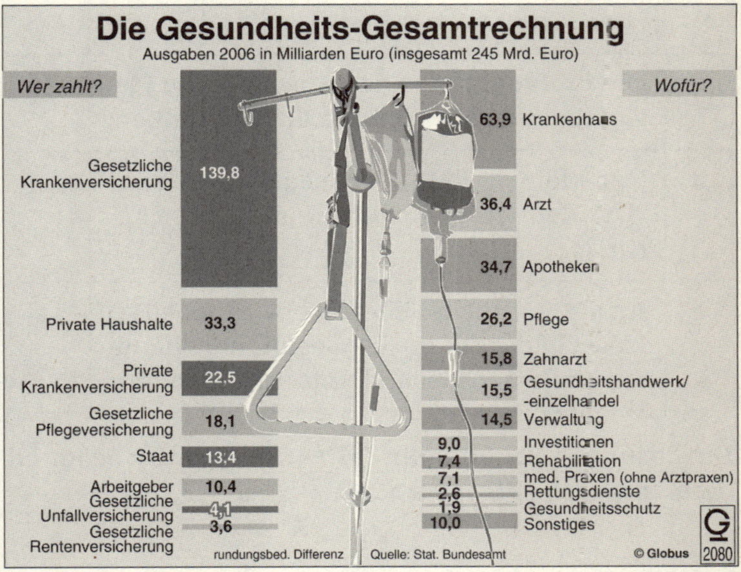

Nr.	Informationen	Lösung
a	Die Gesundheitsgesamtabrechnung gibt Antwort auf die Fragen »Wer zahlt?« und »Für welche Personenkreise fallen die Ausgaben an?«.	☐
b	Den mit Abstand größten Teil der Gesundheitsausgaben zahlen die gesetzlichen Krankenkassen.	☐
c	Die größte Summe der Ausgaben im Gesundheitswesen fließt an die Apotheken.	☐
d	Der kleinste Teil der Ausgaben stammt von der gesetzlichen Rentenversicherung.	☐
e	An die Apotheken fließen etwa doppelt so viele Gelder wie an das Gesundheitshandwerk und den Gesundheitseinzelhandel.	☐

Die Lösungen zur Aufgabe 267 (Aussagen von Schaubildern erkennen [2]) siehe S. 92.

Deutsch und Sprachbeherrschung	*Aussagen von Schaubildern erkennen*

Bearbeitungshinweis:
Schreiben Sie vier Aussagen auf, die dem folgenden Schaubild zu entnehmen sind.

Formulieren Sie außerdem eine eigene Überschrift, die zu dem Inhalt des Schaubildes passt.

268	Wie können die Aussagen zu folgendem Schaubild lauten?

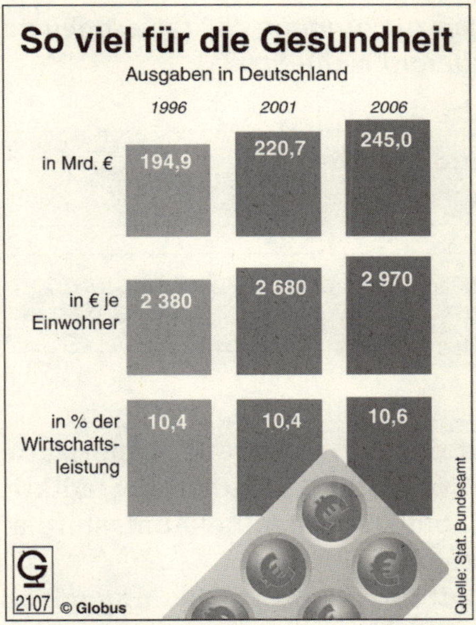

	Meine Aussagen zum Schaubild
1	
2	
3	
4	

Meine Überschrift zum Schaubild

Die Lösungen zur Aufgabe 268 (Aussagen von Schaubildern formulieren) siehe S. 92.

Deutsch und Sprachbeherrschung	*Lösungen*

Lösungen: Verschiedene Stolpersteine der Rechtschreibung

1 statt oder stadt?

Industriestadt, Gaststätte, Lagerstätte, stadtkundig, Statthalter, Stadthalle, Stadtkreis, stattgeben, Stadtstaat, stadtbekannt, statthaft

Lösungshinweis:

- stadt im Sinne von Siedlung mit »dt«;
- statt im Sinne von Stelle mit »tt«.

2 wider oder wieder?

Widerhall, wiederholen, sich widersetzen, Wiedersehen, Widerschein, Wiederwahl, widerfahren, widerlegbar, Wiederbeginn, zuwider, Wiedergeburt

Lösungshinweis:

- wieder im Sinne von nochmals mit »ie«;
- wider im Sinne von gegen nur mit »i«.

3 das oder dass?

Das Parkhaus, das am Stadtrand steht, ist überfüllt. Ich hoffe, dass du morgen kommst. Ich bin sicher, dass es gelingt. Ist das das Auto, das du kaufen wolltest? Das ist das Bild, das mir gefällt.

Lösungshinweis:

Lässt sich dieses oder welches einsetzen, schreibt man »das«. In allen anderen Fällen »dass«.

4 end oder ent?

entlassen, entschließen, endlos, unendlich, Entspannung, Endstufe, entgeistert, endgültig, Endpunkt, Entmündigung

Lösungshinweis:

- Ist ent Vorsilbe, dann mit »t«.
- Ist end abgeleitet von Ende, dann mit »d«.

5 seid oder seit?

Wir hoffen, dass ihr seit gestern wieder zusammen seid. Seid willkommen! Erst seit kurzer Zeit. Seid ihr alle da? Seit alters her.

Lösungshinweis:

- seid im Sinne von sein mit »d«;
- seit im Sinne einer Zeitangabe mit »t«.

6 tod oder tot?

todernst, totschießen, totlachen, todtraurig, totfrieren, todmüde, todblass, todkrank

Lösungshinweis:

- Zusammengesetzte Verben (Tätigkeitswörter) werden im Allgemeinen mit »tot« gebildet.
- Zusammengesetzte Adjektive (Eigenschaftswörter) werden im Allgemeinen mit »tod« gebildet.

7 -lich oder -ig?

herzlich, adelig, fröhlich, mehlig, bildlich, kränklich, kleinlich, möglich, schwindelig

Lösungshinweis:
Wenn der Wortstamm auf »l« endet (z. B. Adel), wird »ig«, sonst »lich« angehängt.

8 ss oder ß?
Fluss, Schuss, Maß, reißen, Schloss, Kloß, hassen, Wasser, muss, heiß
Lösungshinweis:
- Nach kurzen Vokalen wird »ss« geschrieben (z. B. Schloss).
- Nach langen Vokalen (z. B. Kloß) wird »ß« geschrieben.
- Nach einem Doppellaut (ei, ai, eu, äu) wird weiterhin »ß« geschrieben (z. B. heiß).

9 Zwei oder drei gleiche Buchstaben?
Mittag, Flusssand, Flanelllappen, dennoch, Balletttänzer, Stofffetzen, Drittel, Schifffahrt, Teeernte
Lösungshinweis:
- Treffen drei gleiche Buchstaben in zusammengesetzten Wörtern aufeinander, bleiben alle Buchstaben erhalten (z. B. Schifffahrt).
- Bei Wörtern, die nicht als Zusammensetzung zu verstehen sind (z. B. Drittel), gilt die Regel nicht.
- Zum besseren Verständnis können Bindestriche gesetzt werden (z. B. Tee-Ernte).

10 Wie werden die vorstehenden Einzelfälle geschrieben?
Beide Schreibweisen sind möglich. Es kann also sowohl nach den alten als auch nach den neuen Rechtschreibregeln geschrieben werden. Der Schreibende hat eine Wahlmöglichkeit.

Lösungen: Groß- und Kleinschreibung

11 Tageszeiten: groß oder klein?

gestern Mittag, heute Morgen, montags, am Abend, mittags, vorgestern Nacht, sonntagabends

Lösungshinweis:

- Großgeschrieben werden Tageszeiten in Verbindung mit Adverbien (Umstandswörtern) wie heute, gestern, morgen, übermorgen (z. B. gestern Mittag).
- Wochentage und Zeitangaben, an deren Ende ein »-s« oder »-es« gehängt wurde, werden kleingeschrieben.
- Werden Wochentag und Tageszeit in einem Wort als Adverb zusammengefügt, wird kleingeschrieben (z. B. sonntagabends).
- Kann man vor Wochentagen und Zeitangaben einen Artikel setzen, so werden sie großgeschrieben (z. B. am [an dem] Abend).

12 Mal oder mal: groß oder klein?

unzählige Male, allemal, ein andermal, etliche Male, jedes Mal, beim nächsten Mal, dieses Mal

Lösungshinweis:

- Als Substantiv (Hauptwort) wird »Mal« großgeschrieben. Der Plural (Mehrzahl) lautet »Male« (z. B. etliche Male).
- Die Verbindung von »mal« mit Zahladjektiven (Eigenschaftswörtern) wird klein- und zusammengeschrieben (z. B. allemal).

13 recht oder Recht?

recht und billig, völlig recht, sich im Recht befinden, ohne Recht, nichts recht machen, von Rechts wegen, nach Recht und Gewissen

Lösungshinweis:

- Kleinschreibung von recht erfolgt, wenn es richtig bedeutet (z. B. recht und billig).
- Großschreibung erfolgt, wenn Recht Gerechtigkeit bedeutet (z. B. von Rechts wegen). Steht ein Artikel (Geschlechtswort, wie z. B. »das Recht«) oder eine Präposition (Verhältniswort, wie z. B. »im Recht«) davor, dann erfolgt auch Großschreibung.

14 Eigennamen: groß oder klein?

die brechtschen Dramen/die Brecht'schen Dramen, der Schweizer Käse, die Berliner Bevölkerung, die rheinische Stadt, die Mecklenburger Landschaft, badischer Wein.

Lösungshinweis:

- Ableitungen von geografischen Eigennamen mit der Endung »-er« werden großgeschrieben (z. B. die Berliner Bevölkerung).
- Adjektivische (auf einem Eigenschaftswort beruhende) Ableitungen, die auf »-isch« oder »-sch« enden, werden kleingeschrieben (z. B. badischer Wein).
- Bei Ableitungen von Personennamen auf »-sch« kann man einen Apostroph setzen, um die Grundform des Namens zu verdeutlichen. Dann wird der Name groß geschrieben.

15 Substantivierte Adjektive: groß oder klein?

der Einzelne, alles Weitere, nicht das Geringste, das Gleiche tun, auf Folgendes hinweisen, als Erster am Ziel, der Nächste in der Reihe, der erste Beste

Lösungshinweis:

Substantivierte Adjektive (Eigenschaftswörter, die von einem Hauptwort abgeleitet wurden) werden grundsätzlich großgeschrieben.

Aber:

- Substantive, an welche die Endung »-s« oder »-ens« angehängt wurde, werden kleingeschrieben, da sie ihre Nähe zum Substantiv verloren haben (z. B. anfangs, angesichts, namens, rechtens).
- Substantive in festen Wortverbindungen werden großgeschrieben (z. B. sich in Acht nehmen, in Bezug auf).

16 Paarformeln: groß oder klein?

Groß und Klein, Arm und Reich, Jung und Alt, Dick und Dünn

Lösungshinweis:

Paarformeln werden immer großgeschrieben.

17 Adjektive in festen Ausdrücken: groß oder klein?

die E/erste Hilfe, das S/schwarze Brett, der W/weiße Tod, Heiliger Abend, Dreißigjähriger Krieg, Königliche Hoheit

Lösungshinweis:

- Bei festen Ausdrücken aus Adjektiv und Substantiv kann das Adjektiv sowohl groß als auch kleingeschrieben werden.

- Ausnahmen gibt es vor allem bei Titeln (z. B. Königliche Hoheit), besonderen Kalendertagen (z. B. Heiliger Abend) und historischen Ereignissen (z. B. Dreißigjähriger Krieg).

18 Persönliche Anrede: groß oder klein?

- »Kirsten, leider habe ich dein Buch vergessen.«
- Aus einem Brief: »Liebe Kirsten, lieber Sven, vielen Dank für E/euren Brief. Ich konnte E/euch leider nicht früher schreiben.«
- »Sehr geehrter Herr Faupel, herzlichen Dank für Ihr Geschenk, das Sie mir vor zwei Wochen geschickt haben.«

Lösungshinweis:

- Die Anredepronomen »du« und »ihr« werden im Allgemeinen kleingeschrieben. In Briefen kann auch großgeschrieben werden.
- Redet man aber jemanden mit »Sie« an, so werden auch die Anredefürwörter großgeschrieben.

19 Farb- und Sprachbezeichnungen: groß oder klein?

in Rot, bei Grün, auf Spanisch, in Deutsch, roter Stoff, etwas schwarz auf weiß haben

Lösungshinweis:

- Farb- und Sprachbezeichnungen werden in Verbindung mit Präpositionen (Verhältniswörtern) großgeschrieben (z. B. in Deutsch).
- Ohne Präpositionen werden die Farb- und Sprachbezeichnungen kleingeschrieben (z. B. roter Stoff).

20 Nach Doppelpunkt: groß oder klein?

- Wir hatten es schon geahnt: Der Zug kam schon wieder verspätet.
- Er kam spät nach Hause: wie immer betrunken.
- Sie kam unpünktlich zur Schule: was sehr selten war.

Lösungshinweis:

- Folgt nach dem Doppelpunkt ein vollständiger Satz, so wird das erste Wort großgeschrieben.
- Folgt nach dem Doppelpunkt ein unvollständiger Satz, wird klein weitergeschrieben, vorausgesetzt, das erste Wort ist kein Substantiv (Hauptwort).

21 Zahlwörter: groß oder klein?

- Wir kauften fünf Brötchen. In Englisch hat sie eine Fünf.
- Sie ist über dreißig. Addieren Sie jetzt die Dreißig.
- Wir sehen das Auto zum ersten Mal. Am Ersten des Monats war die Zahlung fällig.

Lösungshinweis:

Zahlwörter werden nur dann großgeschrieben, wenn sie substantiviert sind.

Lösungen: Getrennt- und Zusammenschreibung

22 Verbindungen von Verben: getrennt oder zusammen?

in der Schule sitzen bleiben / sitzenbleiben, schreiben lernen, einkaufen gehen, im Morast stecken bleiben, während des Vortrags stecken bleiben/steckenbleiben.

Lösungshinweis:
Verbindungen zweier Verben werden in der Regel getrennt geschrieben. Bei übertragener Bedeutung (z. B. in der Schule sitzen bleiben/sitzenbleiben) kann auch zusammengeschrieben werden.

23 Verbindungen von Substantiv und Verb: getrennt oder zusammen?

Rad fahren, leidtun, Bescheid geben, standhalten, Auto fahren, kopfstehen.

Lösungshinweis:

- Verbindungen von Substantiven und Verben werden getrennt geschrieben, wenn der substantivische Bestandteil erhalten geblieben ist.
- Ist der substantivische Bestandteil dagegen verblasst, wird zusammengeschrieben (z. B. standhalten).

24 Verbindungen von Adjektiv und Verb: getrennt oder zusammen?

Gemüse klein schneiden/kleinschneiden, die Speisen warm machen/warmmachen, die Schuhe blank putzen/blankputzen, den Arbeiter krankschreiben, den Trend hochrechnen.

Lösungshinweis:

- Ist ein Bestandteil der Verbindung ein einfaches Adjektiv, so kann zusammen oder getrennt geschrieben werden (Beispiel: warm machen oder warmmachen).
- Entsteht bei der Verbindung von Adjektiv und Verb eine neue Gesamtbedeutung, so wird zusammengeschrieben, wie bei krank-

schreiben (= für arbeitsunfähig erklären), kürzertreten (= sich einschränken).

- Kann das betreffende Adjektiv aber nicht gesteigert werden, so ist zusammenzuschreiben (z. B. wird das Wort »hochrechnen« zusammengeschrieben, weil es keine Steigerungsform wie etwa »höher rechnen« gibt).

25 Verbindung von Adverb (Umstandswort) und Verb (Tätigkeitswort): getrennt oder zusammen?

Silben aneinanderfügen, aufeinander zugehen, den Schokoriegel auseinanderbrechen, rückwärtsfahren, rückwärts einparken.

Lösungshinweis:

Zusammensetzungen aus Adverb und Verb werden zusammengeschrieben, wenn das Adverb stärker betont wird (aneinanderfügen). Wird dagegen das Verb stärker betont, wird getrennt geschrieben (rückwärts einparken).

26 Verbindungen mit dem Verb (Tätigkeitswort) »sein« und mit »irgend-«: getrennt oder zusammen?

zurück sein, freundlich sein, hier sein, sein lassen/seinlassen, irgendetwas, irgendjemand, irgendwo, irgendwie

Lösungshinweis:

- Wortverbindungen mit dem Verb »sein« werden getrennt geschrieben. Einzige Ausnahme: sein lassen/seinlassen.
- Wortverbindungen mit »irgend-« werden zusammengeschrieben.

27 Wortverbindungen mit Partizipien (Mittelwörtern): getrennt oder zusammen?

nahe stehende/nahestehende Häuser, Laub tragende/laubtragende Bäume, Rat suchende/ratsuchende Menschen.

Lösungshinweis:

Wortverbindungen mit Partizipien können in der Regel sowohl zusammen als auch getrennt geschrieben werden, es sei denn, das zugrundeliegende Verb wird grundsätzlich zusammengeschrieben (z. B. teilnehmend *wegen*: teilnehmen).

28 Wortverbindungen von Adjektiven (Eigenschaftswörtern): getrennt oder zusammen?

blaugrau, schwarzrot, taubstumm, blauäugig, letztendlich, wissbegierig

Lösungshinweis:

- Gleichartige Adjektive schreibt man zusammen.
- Zusammengeschrieben wird auch, wenn ein Teil des zusammengesetzten Adjektivs kein selbständiges Wort darstellt (blauäugig wird z. B. zusammengeschrieben, da kein eigenständiges Wort »äugig« existiert).

Lösungen: Kommasetzung

29 Sätze mit »und« bzw. »oder«: Wohin mit dem Komma?

- Der Zug ist eben pünktlich eingetroffen (,) und er wird abends weiter nach Kassel fahren.
- Dürfen wir in den nächsten Tagen bei Ihnen vorbeikommen (,) oder sollten wir noch ein paar Tage warten?

- Wir müssen unsere Schuld bezahlen , und zwar sofort.
- Sie hatten großes Glück, und das gleich am ersten Tag.

Lösungshinweis:
Mit »und« bzw. »oder« verbundene Hauptsätze werden i. d. R. nicht durch ein Komma getrennt. Um die Gliederung der Satzverbindung deutlich zu machen, kann man jedoch ein Komma setzen.
Merke besonders: Vor »und zwar« oder »und das« wird immer ein Komma gesetzt.

30 Infinitivsätze (Grundformsätze), die mit »als«, »anstatt«, »außer«, »ohne«, »statt« und »um« eingeleitet werden: Wohin mit dem Komma?

- Er wollte sich freinehmen, um auf das Fest zu gehen.
- Etwas Schöneres, als auf den Berg zu steigen, konnte er sich nicht vorstellen.
- Die alte Frau ging, ohne auf den Verkehr zu achten, über die Kreuzung.
- Statt Hausaufgaben zu machen, lief er in der Stadt umher.
- Außer an den Strand zu gehen, nahm er sich für das Wochenende nichts vor.

Lösungshinweis:
Infinitivgruppen, die mit »als«, »anstatt«, »außer«, »ohne«, »statt« und »um« eingeleitet werden, müssen mit einem Komma abgetrennt werden.

31 Sätze mit hinweisenden Wörtern oder Wortgruppen: Wohin mit dem Komma?

- Wir hoffen darauf, einen schönen Tag zu erleben.

- Unser Sohn Alexander dachte nicht daran, seine Hausaufgben sorgfältig zu machen.
- Die beiden Handwerker, Herr Kraft und Herr Greb, werden bei Ihnen vorbeikommen.
- Sein wichtigstes Ziel ist es, Ihnen zu gefallen.
- Daran, seinen Nachbarn zu helfen, dachte er nicht.

Lösungshinweis:

Bei Infinitivgruppen (der Infinitiv ist die Grundform eines Verbs) muss ein Komma gesetzt werden, wenn diese durch hinweisende Wörter (z. B. dabei, dafür, darauf, darum, davon) oder durch hinweisende Wortgruppen (z. B. die beiden, es ist) angekündigt werden.

32 Sätze mit Aufzählungen: Wohin mit dem Komma?

- Sie fuhr mit einem teuren, schnellen Sportwagen.
- Wir hatten ein kurzes, interessantes Gespräch.
- Der Koch wird das Gemüse putzen, das Obst waschen.
- Es war ein kühler, feuchter und kurzer Sommer.

Lösungshinweis:

In Aufzählungen werden gleichrangige Wörter und Wortgruppen durch ein Komma voneinander abgetrennt.

33 Haupt- und Nebensätze: Wohin mit dem Komma?

- Er machte das Licht an, weil es draußen schon dunkel war (nachgestellter Nebensatz).
- Dass sie in den Ferien verreisen wollte, davon wusste er nichts (vorangestellter Nebensatz).

- Er kam, weil die Straßen so glatt waren, verspätet zur Kinovorstellung (eingeschobener Nebensatz).
- Er fuhr morgens zur Arbeit, sein Kollege kam später (zwei Hauptsätze).

Lösungshinweis:

- Vor- und nachgestellte Nebensätze werden durch ein Komma abgetrennt.
- Eingeschobene Nebensätze werden von Kommas eingeschlossen.
- Zwei Hauptsätze werden durch ein Komma getrennt.

34 Infinitivsätze mit »zu«: Wohin mit dem Komma?

- Ich empfehle Ihnen (,) den neuen Wagen morgen zu bestellen.
- Wir haben es leider versäumt (,) Sie rechtzeitig zu benachrichtigen.
- Wir bitten dich (,) uns zu helfen.
- Der Lehrer verlangt von den Schülern (,) die Hausaufgaben nachzuholen.

Lösungshinweis:

Bei Infinitivgruppen ist die Kommasetzung (fast immer) freigestellt, siehe aber 30. Ein Komma kann gesetzt werden, um die bestehende Gliederung eines Satzes zu verdeutlichen.

35 Adjektivgruppen: Wohin mit dem Komma?

- Die Bienen, fleißig und lebhaft, schwirrten um die Blüten herum.
- Der Schmuck, kostbar und teuer, sollte dringend wieder in den Tresor gebracht werden.
- Er hoffte auf einen guten Sommer, heiß und trocken.
- Wir bevorzugen Wein, leicht und mild.

Lösungshinweis:

- Eingeschobene Adjektivgruppen werden durch Kommas eingeschlossen.
- Nachgestellte Adjektivgruppen werden durch ein Komma abgetrennt.

36 Appositionen: Wohin mit dem Komma?

- Helga Schubert, die Opernsängerin, hatte dieses Jahr große Erfolge bei ihren Auftritten.
- Meiner Freundin, einem großen Fan seiner Musik, schenkte er eine Eintrittskarte.
- Das Buch gab er Karsten, seinem Freund.
- Die Zahlungsbelege legte er Herrn Faupel vor, dem Chef der Buchhaltung.

Lösungshinweis:

- Appositionen werden durch Kommas eingeschlossen.
- Am Satzende werden Appositionen durch ein Komma abgetrennt.

37 Wohnungs- und Datumsangaben: Wohin mit dem Komma?

- Der Steuerberater Koch, Kassel, Töpfenhofweg 36 (,) hat für uns die Steuererklärung erstellt.
- Herr Willmann ist von Elgershausen, Steinbünne 10 (,) nach Baunatal, Lange Straße 16 (,) umgezogen.
- Das Tennisturnier wird am Montag, dem 5. September (,) übertragen.
- Unser Techniker wird Sie am Mittwoch, dem 23. März (,) in Ihrer Wohnung aufsuchen.

Lösungshinweis:

- Mehrteilige Wohnungs- und Datumsangaben werden durch Kommas getrennt.
- In mehrteiligen Wohnungs- und Datumsanga-

ben kann das abschließende Komma auch entfallen.

38 Anreden und Ausrufe: Wohin mit dem Komma?

- Herr Meier, können Sie mir das aktuellste Buch mitbringen?
- Oh, das tut aber weh!
- Bitte (,) komm sehr pünktlich!
- Hör doch endlich einmal zu, Alexander!

Lösungshinweis:

- Das Komma steht nach Anreden und Ausrufen, wenn diese am Anfang eines Satzes stehen.
- Stehen sie am Schluss eines Satzes, grenzt das Komma die Anrede gegenüber den anderen Satzteilen ab.

Lösungen: Übung zur Wiederholung

39 a – **40** b – **41** b – **42** a – **43** a, b – **44** a – **45** a – **46** c – **47** c – **48** a – **49** b, d– **50** a – **51** b– **52** c – **53** b – **54** b – **55** a – **56** a – **57** a – **58** b – **59** b – **60** a – **61** c – **62** a – **63** c – **64** b – **65** a – **66** b – **67** b – **68** c – **69** c – **70** a, c – **71** a, b

Lösungen: Schreibweise oft benutzter Fremdwörter

72 a – **73** b – **74** c – **75** a – **76** d – **77** b – **78** a – **79** d – **80** c – **81** a – **82** b – **83** c – **84** c – **85** a – **86** a – **87** c – **88** b – **89** b – **90** d – **91** a – **92** c – **93** a – **94** d – **95** a – **96** b – **97** d – **98** c – **99** c – **100** b

Lösungen: Informationsmaterial zuordnen

101 b – **102** g – **103** j – **104** a – **105** h – **106** i – **107** l – **108** e – **109** k – **110** f – **111** d – **112** c

Lösungen: Wörter ergänzen

113 Gold…, **114** Luft…, **115** Apfel…, **116** Industrie…, **117** Klassen…, **118** Dorf…, **119** Film…, **120** Polizei…, **121** Regen…, **122** Zahn…, **123** Vogel…, **124** Hunde…, **125** Fahrrad…, **126** Muschel…, **127** Tisch…, **128** …bank, **129** …wagen, **130** …stuhl, **131** …schachtel, **132** …müll, **133** …sprache, **134** …not, **135** …karte, **136** …noten, **137** …karte, **138** …schirm, **139** …steine, **140** …messer, **141** …hase, **142** …mühle

Lösungen: Die Bedeutung von Abkürzungen erkennen

143 Abteilung, **144** Aktiengesellschaft, **145** Bahnhof, **146** Deutsche Angestellten - Gewerkschaft, **147** Deutscher Industrie- und Handelstag, **148** Deutsche Presse-Agentur, **149** Deutsches Rotes Kreuz, **150** Elektronische Datenverarbeitung, **151** evangelisch, **152** Freie Demokratische Partei, **153** Freikörperkultur, **154** folgende Seite, **155** Franc, **156** Gebrüder, **157** Grundgesetz, **158** gegebenenfalls, **159** Hektar, **160** Handelsgesetzbuch, **161** Industrie- und Handelskammer, **162** Ingenieur, **163** Junior, **164** Kraftfahrzeug, **165** Kreis, **166** zur Zeit, **167** Logarithmus, **168** laut, **169** Mitglied des Bundestags, **170** Maschinengewehr, **171** nach Christus, **172** Nationales Olympisches Komitee, **173** Oberbürgermeister, **174** Operation[ssaal], **175** pro anno, **176** Partei des Demokratischen Sozialismus, **177** rund, **178** Sekunde, **179** so genannt/sogenannt, **180** Technische Hochschule, **181** unbekanntes Flugobjekt, **182** Westdeutscher Rundfunk

Lösungen: Sinnverwandte Wörter finden

183/195, **184/**197, **185/**198, **186/**190, **187/**192, **188/**201, **189/**194, **190/**188, **191/**186, **192/**185, **193/**184, **194/**196, **195/**193, **196/**199, **197/**183, **198/**187, **199/**200, **200/**189, **201/**191

Lösungen: Bedeutung von Fremdwörtern erkennen

202 widersinnig, **203** Beleidigung, **204** tätig sein, **205** Doppelehe, **206** Makler, **207** Bargeld bzw. Barzahlung, **208** Handel bzw. Geschäft, **209** Entartung, **210** Gemütsbewegung, **211** Verbannungsort, **212** Luftspiegelung, **213** beweglich bzw. anpassungsfähig, **214** benachteiligt, **215** Buchgeld, **216** Sinnestäuschung, **217** Krankenhaus, **218** Register, **219** Anzeichen, **220** Spielmarke, **221** Überlegung, **222** Zusammenstoß, **223** gesetzlich erlaubt, **224** Rang bzw. Stufe, **225** abändern, **226** die Finanzen betreffend, **227** Schifffahrtskunde, **228** verneinen **229** beobachten, **230** alter Schlager, **231** widersinnig, **232** Befähigung, **233** vermindern, **234** ländlich-einfach, **235** Zeichen, **236** Einzahl, **237** durchscheinend, **238** umfassend, **239** gewöhnlich bzw. ordinär, **240** großes Segelschiff, **241** Tierwissenschaftler

Lösungen: Formulierungen verbessern

242 Die Speditionskosten werden dem Käufer berechnet.

243 Wir haben uns geirrt, als wir die Kaufsumme bezahlten.

244 Es ist nicht möglich, die Arbeit pünktlich zu beenden.

245 Es wird noch einige Zeit dauern, bis der Schriftverkehr komplett aufgearbeitet ist.

246 Als er das Auto betankte, wurde ihm schwindlig.
247 Der Kunde wünschte, dass der Staubsauger sofort vorgeführt wurde.
248 Gestern eignete sich der Dieb das Fahrrad unrechtmäßig an.
249 Die Vertragspartner wünschen, dass der Unternehmenszusammenschluss bald bekannt gemacht wird.
250 Erst wenn die Frist abgelaufen ist, soll das Geld übergeben werden.
251 Unmittelbar nachdem die Tat ausgeführt war, wurde der Täter inhaftiert.

Lösungen: Den richtigen Fall finden

252 Wegen des schlechten Wetters blieben wir gestern zu Hause.
253 An einem frostigen Wintertag kam es an der Kreuzung zu einem schweren Zusammenstoß.
254 Es bedurfte eines guten Einfühlungsvermögens, um den Jugendlichen in seinem Verhalten zu verstehen.
255 Der Schaffner verdächtigte die blonde Frau des Schwarzfahrens.
256 Das anfliegende Flugzeug wurde wegen eines Unwetters auf einen benachbarten Flugplatz umgeleitet.
257 Auf Grund meines verstauchten Beines kann ich heute nicht kommen.
258 Sie bekam von ihrem Freund zum Geburtstag einen Blumenstrauß.
259 Sie schätzten ihn wegen seines großzügigen Wesens.
260 Wegen deines unmöglichen Verhaltens wirst du von der Feierstunde ausgeschlossen.
261 Ich habe mein Fahrrad an einen Schulfreund verliehen wegen seiner starken Gehbehinderung.

262 *Lösungen: Argumente finden*

Vorteile der betrieblichen Arbeitsteilung:

- Massenproduktion wird möglich.
- Arbeitnehmer bekommt Routine und wird leistungsfähiger.
- Ungelernte und angelernte Arbeitskräfte lassen sich beschäftigen.
- Verbesserung der Konkurrenzfähigkeit.

Nachteile der betrieblichen Arbeitsteilung:

- Arbeit wird auf wenige Handgriffe reduziert.
- Bezug zum Endprodukt geht verloren.
- Einseitige Ausbildung, die einen Arbeitsplatzwechsel erschwert.
- Es besteht die Gefahr, dass Menschen durch Maschinen ersetzt werden.

263 *Lösungen: Richtige Aussagen erkennen*

Richtig sind die Aussagen b, c, e und f.

264 *Lösungen: Textlücken füllen*

Die fehlendenWörter sind:
a – Personen, b – Lebens, c – Freiheit, d – Ursache, e – Umweltbelastung, f – Sprache, g – Parkplatz, h – leer, i – Verkehr, j – Mobilität.

265 *Lösung: Meinungen beurteilen*

Richtig ist eigentlich die Meinung von beiden. Einerseits sind Sparprozesse notwendig, da Geld für notwendige Investitionen auch bereitstehen sollte. Andererseits sollte natürlich auch Geld ausgegeben werden, da eine größere Nachfrage sich auch positiv auf die Beschäftigungssituation einer Wirtschaft auswirken kann.

266	*Lösungen: Aussagen von Schaubildern erkennen (1)*

Zutreffende Aussagen, die man dem Schaubild entnehmen kann, sind: a, c, d.

267	*Lösungen: Aussagen von Schaubildern erkennen (2)*

Zutreffende Aussagen, die man dem Schaubild entnehmen kann, sind: b, d, e.

268	*Lösungen: Aussagen von Schaubildern formulieren*

a) Mögliche Aussagen zum Schaubild:
   1. Die Ausgaben für die Gesundheit sind in den letzten Jahren um ca. 11 % gestiegen.
   2. Von 2001 bis 2006 sind die Gesundheitsausgaben je Einwohner von 2680 € auf 2970 € gestiegen.
   3. Gemessen an der Wirtschaftsleistung nehmen die Gesundheitsausgaben zu.
   4. Die Gesundheit in Deutschland verschlingt immer mehr Geld.

b) Mögliche Überschrift zum Schaubild:
   »Teure Gesundheit«

Rechnen	*Vorwort und Literaturtipp*

Dieser Teil ist so aufgebaut, dass Sie – abgesehen von der Dezimalrechnung – am Anfang eines jeden Kapitels eine Beispielaufgabe mit einem Lösungsweg und der entsprechenden Musterlösung vorfinden.

Danach folgen Übungsaufgaben, die Sie ohne Taschenrechner lösen sollten, denn in den Prüfungen sind diese meist nicht erlaubt. Hilfreiche Tipps sind mit dem Hinweis »➡ **TIPP**« gekennzeichnet.

Literatur für weitergehende Studien

☛ Schüler-Rechenduden, Bibliographischer Verlag, Mannheim

☛ Hübner, K., Schülerhilfe Mathematik: Bruchrechnen, Falken, Niedernhausen

☛ CD-ROM, Mathe lernen Schritt für Schritt, Bruchrechnen u. Prozentrechnen, Klett, Stuttgart

☛ weitere Tipps: www.top-bewerbung.de

Rechnen	*Dezimalrechnung*

1	5,83 + 104,005 + 0,172 + 1816,01 + 325,10 + 0,27

- [X] a 2251,387
- [ ] b 2251,477
- [ ] c 2251,342
- [ ] d 22513,87

2	36,78 + 0,012 + 123,74 – 326,05 + 18,639 + 327,85 – 1,408

- [ ] a 179,671
- [ ] b 179,6
- [ ] c 179,491
- [X] d 179,563

3 0,02 · 0,005

- a 0,0001
- b 0,001
- c 0,01
- d 0,00001

4 0,0015 : 0,03

- a 0,05
- b 0,005
- c 0,0005
- d 0,00005

5 80 : 0,016

- a 0,5
- b 5
- c 500
- d 5000

6 95330,961 € : 126,38

- a 754,32 €
- b 754,31 €
- c 75,43 €
- d 7543,22 €

7 1674 : 0,001

- a 167400
- b 1674000
- c 16740
- d 1672

8 1682 – 15,4 · 3,06

- a 1634,876
- b 5099,796
- c 1210,76
- d 1639,976

9	Schreiben Sie $4\frac{3}{8}$ als Dezimalzahl!

a 4,125 | c 4,375
b 4,75 | d 4,38

10	Schreiben Sie $3\frac{2}{3}$ als Dezimalzahl!

a 3,333 | c 3,667
b 3,32 | d 3,23

11	$\frac{4}{5}$: 0,0004

a 3,2 | c 200
b 20 | d 2000

12	0,015 : 0,3 + 1,02

a 6,02 | c 0,01136
b 1,07 | d 1,52

13	$7 + 8 \cdot 4 - 2$

a 37 | c 30
b 58 | d 23

14	Wie oft ist $\frac{2}{7}$ in 12 enthalten?

a 41,379 | c 3,43
b 4,2 | d 42

9 - 6 + 20

15	32 : 4 – 2 · 3 + 2 · 10

☐ a 200 ☐ c 80

☒ b 22 ☐ d 800

Die Lösungen zu den Aufgaben 1–15 (Dezimalrechnung) siehe S. 146.

Rechnen	*Bruchrechnung*

Haben Sie die Regeln noch nicht vergessen?

1 Addition und Subtraktion von Brüchen

1.1 Addition und Subtraktion gleichnamiger Brüche

Beispiele:
Addition
$\frac{1}{3} + \frac{1}{3} = \frac{2}{3}$ Zähler addieren
Subtraktion
$\frac{2}{3} - \frac{1}{3} = \frac{1}{3}$ Zähler subtrahieren, Nenner bleibt gleich

Gleichnamige Brüche werden addiert (oder subtrahiert), indem man die Zähler addiert (oder subtrahiert) und der Summe den gemeinsamen Nenner gibt.

1.2 Addition und Subtraktion ungleichnamiger Brüche

Beispiele:
Addition
$\frac{1}{3} + \frac{1}{4} = \frac{7}{12} = \left(\frac{4}{12} + \frac{3}{12}\right) \rightarrow$ gemeinsamer Nenner
Subtraktion
$\frac{1}{3} - \frac{1}{4} = \frac{1}{12} = \left(\frac{4}{12} - \frac{3}{12}\right) \rightarrow$ gemeinsamer Nenner

Ungleichnamige Brüche müssen vor der Addition oder Subtraktion auf den gleichen Nenner gebracht werden. Anschließend wird ebenso wie bei gleichnamigen Brüchen vorgegangen.
Ein **Bruch** wird mit einer **gemischten Zahl** addiert, indem man diese zuerst in einen unechten Bruch umwandelt, beide Brüche auf den gleichen Nenner bringt und dann die Zähler addiert.

Übungsaufgaben

16 $\frac{1}{3}+\frac{4}{3}$ ✓

- [ ] a $= \frac{4}{3} = 1\frac{1}{3}$
- [ ] c $= \frac{3}{5}$
- [x] b $= \frac{5}{3} = 1\frac{2}{3}$
- [ ] d $= \frac{4}{9}$

17 $\frac{2}{4}+\frac{3}{7}$ $\frac{14}{28}$ $\frac{12}{28} = \frac{26}{28} = \frac{13}{14}$

- [ ] a $= \frac{27}{28}$
- [x] c $= \frac{13}{14}$ ✓
- [ ] b $= \frac{5}{11}$
- [ ] d $= \frac{6}{28}$

18 $\frac{23}{39}-\frac{15}{39}$

- [x] a $= \frac{8}{39}$
- [ ] c $= \frac{38}{39}$
- [ ] b $= \frac{7}{39}$
- [ ] d $= \frac{9}{39}$ ✓

19 $\frac{4}{15}+\frac{1}{5} \rightarrow \frac{3}{15}$

- [ ] a $= \frac{5}{20}$
- [x] c $= \frac{7}{15}$ ✓
- [ ] b $= \frac{5}{15}$
- [ ] d $= \frac{5}{5}$

20	$\frac{1}{4} + 3\frac{1}{5}$

- [ ] a $= 3\frac{8}{20}$
- [ ] b $= 3\frac{1}{9}$
- [ ] c $= \frac{11}{20}$
- [X] d $= 3\frac{9}{20}$

21	$\frac{5}{6} - \frac{5}{12}$

- [ ] a $= \frac{1}{2}$
- [X] b $= \frac{5}{12}$
- [ ] c $= \frac{4}{12}$
- [ ] d $= 0$

22	$3\frac{3}{4} + 2\frac{1}{3}$

- [ ] a $= \frac{95}{12} = 7\frac{11}{12}$
- [ ] b $= \frac{94}{12} = 7\frac{5}{6}$
- [ ] c $= \frac{35}{12} = 2\frac{11}{12}$
- [X] d $= \frac{73}{12} = 6\frac{1}{12}$

23	$\frac{7}{8} + \frac{3}{5}$

- [ ] a $= \frac{4}{3} = 1\frac{1}{3}$
- [ ] b $= \frac{10}{40} = \frac{1}{4}$
- [ ] c $= \frac{9}{40}$
- [X] d $= 1\frac{19}{40}$

Die Lösungen zu den Aufgaben 16–23 (Bruchrechnung) *siehe S. 146.*

2 Die Multiplikation von Brüchen

2.1 Ein Bruch wird mit einer ganzen Zahl multipliziert, indem man den Zähler mit der ganzen Zahl multipliziert und den Nenner beibehält.

> Beispiel:
> $\frac{1}{4} \cdot 3 = \frac{1 \cdot 3}{4} = \frac{3}{4}$

2.2 Ein Bruch wird mit einem Bruch multipliziert, indem man Zähler und Nenner miteinander multipliziert.

Beispiel: $\frac{1}{2} \cdot \frac{1}{4} = \frac{1 \cdot 1}{2 \cdot 4} = \frac{1}{8}$
$\frac{9}{11} \cdot \frac{5}{6} = \frac{9 \cdot 5}{11 \cdot 6} = \frac{\not{9}^{3} \cdot 5}{11 \cdot \not{6}_{2}} = \frac{15}{22}$

Kürzen Sie unbedingt vor der Multiplikation!

2.3 Ein Bruch wird mit einer gemischten Zahl multipliziert, indem man die gemischte Zahl in einen unechten Bruch umwandelt und dann die Zähler und die Nenner jeweils miteinander multipliziert.

Beispiel: $\frac{1}{2} \cdot 1\frac{1}{2} = \frac{1}{2} \cdot \frac{3}{2} = \frac{1 \cdot 3}{2 \cdot 2} = \frac{3}{4}$
$\frac{2}{5} \cdot 4\frac{3}{8} = \frac{2}{5} \cdot \frac{35}{8} = \frac{\not{2}^{1} \cdot \not{35}^{7}}{\not{5}_{1} \cdot \not{8}_{4}} = \frac{7}{4} = 1\frac{3}{4}$

Übungsaufgaben

24	$\frac{5}{8} \cdot 7$ $\frac{35}{8}$

- [ ] a $\frac{35}{40}$
- [ ] b $\frac{33}{8}$
- [ ] c $\frac{12}{8}$
- [x] d $4\frac{3}{8}$

25 $\frac{3}{5} \cdot \frac{1}{3}$

a $\frac{4}{15}$

b $\frac{3}{8}$

c $\frac{4}{8}$

d $\frac{1}{5}$

26 $\frac{3}{8} \cdot \frac{16}{27}$

a $\frac{2}{9}$

b $\frac{48}{216}$

c $\frac{19}{35}$

d $\frac{8}{18}$

27 $\frac{3}{4} \cdot \frac{2}{5}$

a $\frac{5}{20} = \frac{1}{4}$

b $\frac{4}{10} = \frac{2}{5}$

c $\frac{3}{10}$

d $\frac{5}{9}$

28 $\frac{5}{8} \cdot 2\frac{1}{5}$

a $1\frac{3}{8}$

b $\frac{13}{40}$

c $\frac{10}{40} = \frac{1}{4}$

d $1\frac{14}{40} = 1\frac{7}{20}$

29 $\frac{17}{11} \cdot \frac{10}{9}$

a $\frac{27}{20}$

b $\frac{170}{20}$

c $1\frac{71}{99}$

d $2\frac{71}{99}$

30	$\frac{4}{9} \cdot 4\frac{1}{2}$

- a $\frac{13}{11}$
- b 2
- c $\frac{16}{18}$
- d $\frac{8}{9}$

31	$5\frac{3}{7} \cdot 4\frac{2}{3}$

- a $20\frac{6}{21}$
- b 26
- c $25\frac{8}{21}$
- d $25\frac{1}{3}$

32	$9\frac{1}{3} \cdot 1\frac{1}{2}$

- a $9\frac{1}{6}$
- b $\frac{28}{3}$
- c 14
- d $\frac{56}{9}$

33	$4\frac{2}{3} \cdot 1\frac{1}{2}$

- a 11
- b $\frac{17}{5}$
- c 7
- d $\frac{9}{28}$

34	$7\frac{1}{4} \cdot 2\frac{3}{5}$

- a $\frac{13}{9}$
- b $\frac{13}{20}$
- c $\frac{378}{20}$
- d $18\frac{17}{20}$

Die Lösungen zu den Aufgaben 24–34 (Bruchrechnung) siehe S. 146.

3 Die Division von Brüchen

3.1 Ein Bruch wird durch eine ganze Zahl dividiert, indem man den Nenner des Bruches mit der ganzen Zahl multipliziert.

> Beispiel:
>
> $$\frac{1}{2} : 2 = \frac{1}{2 \cdot 2} = \frac{1}{4}$$

3.2 Ein Bruch wird durch einen anderen Bruch dividiert, indem man den ersten Bruch mit dem Kehrwert des zweiten multipliziert.

> Beispiele:
>
> $$\frac{1}{2} : \frac{1}{2} = \frac{1 \cdot 2}{2 \cdot 1} = \frac{2}{2} = \frac{1}{1} = 1$$
>
> $$\frac{5}{8} : \frac{3}{4} = \frac{5}{8} \cdot \frac{4}{3} = \frac{5 \cdot \not{4}^{1}}{\not{8}_{2} \cdot 3} = \frac{5}{6}$$

3.3 Ein Bruch wird durch eine gemischte Zahl dividiert, indem die gemischte Zahl zuerst in einen unechten Bruch verwandelt wird; dieser wird dann mit seinem Kehrwert mit dem ersten Bruch multipliziert.

> Beispiel:
>
> $$\frac{3}{4} : 1\frac{1}{2} = \frac{3}{4} : \frac{3}{2} = \frac{3}{4} \cdot \frac{2}{3} = \frac{2}{4} = \frac{1}{2}$$

Übungsaufgaben

35	$\frac{2}{5} : 2\frac{1}{4}$ ✓

☐ a $\frac{1}{10}$

☐ b $\frac{2}{20}$

☐ c $\frac{6}{48}$

☒ d $\frac{8}{45}$

36	$\frac{3}{9} : 3$

- a 1
- b $\frac{6}{9}$
- c $\frac{9}{27}$
- d $\frac{3}{27} = \frac{1}{9}$

37	$\frac{8}{24} : 6$

- a $\frac{48}{24}$
- b $\frac{1}{18}$
- c $\frac{14}{24}$
- d $\frac{8}{18}$

38	$\frac{9}{10} : \frac{5}{6}$

- a $\frac{45}{60}$
- b $\frac{3}{4}$
- c $1\frac{2}{25}$
- d $\frac{14}{60}$

39	$\frac{4}{7} : \frac{3}{4}$

- a $\frac{3}{7}$
- b $\frac{12}{16}$
- c $\frac{1}{3}$
- d $\frac{16}{21}$

40	$\frac{5}{6} : \frac{7}{8}$

- a $\frac{35}{48}$
- b $\frac{20}{21}$
- c $\frac{6}{7}$
- d $1\frac{1}{20}$

41	$\frac{4}{9} : \frac{3}{5} = \frac{4 \cdot 5}{9 \cdot 3} = \frac{20}{27}$ ✓

- ☒ a $\frac{20}{27}$
- ☐ b $1\frac{7}{20}$
- ☐ c $\frac{1}{4}$
- ☐ d $\frac{12}{45}$

42	$1\frac{1}{2} : \frac{7}{8} = \frac{3 \cdot 8}{2 \cdot 7} = \frac{24}{14}$ ✓

- ☐ a $\frac{7}{16}$
- ☒ b $1\frac{5}{7}$
- ☐ c $\frac{21}{16}$
- ☐ d $1\frac{5}{16}$

43	Bestimmen Sie den kleinsten gemeinsamen Nenner: $\frac{1}{2}; \frac{1}{4}; \frac{1}{9}; \frac{1}{12}$

- ☐ a 108
- ☐ b 864
- ☒ c 36
- ☐ d 144

44	Bestimmen Sie den kleinsten gemeinsamen Nenner: $1\frac{1}{2}; 3\frac{1}{4}; 5\frac{2}{5}$

- ☐ a 100
- ☐ b 10
- ☐ c 40
- ☒ d 20

45	Bestimmen Sie den kleinsten gemeinsamen Nenner: $\frac{1}{2}; \frac{1}{3}; \frac{2}{5}; \frac{3}{10}$

- ☐ a 150
- ☒ b 30
- ☐ c 15
- ☐ d 60

Die Lösungen zu den Aufgaben 35–45 (Bruchrechnung) siehe S. 146.

Rechnen	*Dreisatz*

Es gibt grundsätzlich drei verschiedene Dreisatzaufgaben, die zuerst jeweils an einem Beispiel erklärt werden sollen:

1 Einfacher Dreisatz mit geradem Verhältnis

Aufgabe: Die Spesen eines Handlungsreisenden betragen für 5 Tage 135,– Euro. Wie viele Spesen erhält er in 7 Tagen?

Lösung:

Bedingungssatz:

① Was ist GEGEBEN?	Für 5 Tage bekommt der Reisende 135,– Euro Spesen.
Was ist GESUCHT?	Für 7 Tage erhält der Reisende × Euro Spesen.

Fragesatz:

② 1. Satz	Wenn der Reisende für 5 Tage 135,– Euro Spesen bekommt,
③ 2. Satz	dann bekommt er für 1 Tag: $\frac{135,-}{5}$ Euro (den 5. Teil)
④ 3. Satz	und für 7 Tage: 7 × so viel $\frac{135,- \cdot 7}{5}$ = 189,– Euro.

Lösungshinweis: Zu ① In die ersten beiden Zeilen kommen die gegebenen Daten. Drei Größen sind bekannt, die vierte muss errechnet werden. Sie kommt an den Schluss der zweiten Zeile.

Die einzelnen Benennungen (Einheiten wie z. B. Euro, Tage, Meter usw.) stehen in den beiden Zeilen untereinander.

Zu ② Schreiben Sie den zu der gesuchten Größe gehörenden Wert auf den Bruchstrich:

$(\times = \frac{135,-}{})$.

Zu ③ Schließen Sie auf eine Einheit der gegebenen Größe:

$(\times = \frac{135,-}{5})$.

Zu ④ Schließen Sie von einer Einheit auf die gesuchte Größe:

$(\times = \frac{135,- \cdot 7}{5})$.

➡ **TIPP:**

- Bei einem Dreisatz mit geradem Verhältnis verändern sich die verschiedenen Größen in gleicher Richtung:

  je mehr ↑ … ↑ desto mehr

  oder: je weniger ↓ … ↓ desto weniger
- In einem solchen Verhältnis stehen u. a. folgende Wertepaare:

  Ware – Geld   Verbrauch – Kosten

  Arbeit – Lohn   Kapital – Zinsen
- Beim Dreisatz mit geradem Verhältnis wird beim Schluss auf eine Einheit dividiert, beim Schluss auf die gesuchte Größe wird multipliziert.
- Bei jedem Dreisatz wird von der gegebenen Zahl auf eine Einheit und dann auf die gesuchte Größe geschlossen.

Übungsaufgaben

46	1 kg Lachs kostet 18,20 Euro. Frau Meier kauft 318 Gramm; wie viel bezahlt sie?

- [ ] a 17,47 Euro
- [x] b 5,79 Euro
- [ ] c 57,23 Euro
- [ ] d 5,88 Euro

47	Ein Pkw verbraucht auf einer Strecke von 185 km 17,4 l bleifreies Normalbenzin. Welchem Verbrauch je 100 km entspricht das?

- [ ] a 10,6 l
- [ ] b 32,19 l
- [ ] c 9,5 l
- [x] d 9,41 l

48	$3\frac{1}{4}$ m Kabel kosten 29,50 Euro. Wie viel Euro kosten 2,8 m des gleichen Kabels?

- [x] a 25,42 Euro
- [ ] b 34,24 Euro
- [ ] c 25,45 Euro
- [ ] d 25,81 Euro

49	Ein Gardinenstoff kostet bei 150 cm Breite 16,95 Euro je Meter. Wie viel kostet ein Stoff gleicher Qualität je Meter, wenn er 1,6 m breit ist?

- [ ] a 1,81 Euro
- [ ] b 15,89 Euro
- [x] c 18,08 Euro
- [ ] d 0,18 Euro

50	$7\frac{1}{2}$ m eines Kostümstoffes kosten 255,75 Euro. Es werden 3 Kostüme aus diesem Stoff angefertigt, für die $2\frac{1}{2}$ m, $2\frac{1}{4}$ m und $2\frac{1}{5}$ m benötigt werden. Wie viel Euro kostet der gesamte Stoff?

☐ a 237,00 Euro

☐ b 275,99 Euro

☐ c 235,29 Euro

☐ d 236,99 Euro

51	Ein Hotel mit 90 Betten ist zu $\frac{2}{3}$ belegt und verkauft dabei je Woche 75 Flaschen Wein. Für die Hauptsaison von 14 Wochen ist es ausgebucht. Wie viele Flaschen Wein müssen für die Saison eingekauft werden?

☐ a 113 ☐ b 1575 ☐ c 1260 ☐ d 90

52	Das Betonieren einer Grube, die 8 m lang, $3\frac{1}{2}$ m breit und 2 m tief ist, kostet 8400,00 Euro. Wie viel kostet die gleiche Arbeit für eine Grube von $4\frac{1}{2}$ m × 2 m × $3\frac{1}{2}$ m Ausmaß?

☐ a 14933,33 Euro

☐ b 4050,00 Euro

☐ c 5512,50 Euro

☐ d 4725,00 Euro

53	Für die Herstellung von 100 Teilen werden 7,25 t Blech benötigt. Wie viel Blech muss für 120 Teile bereitgestellt werden?

☐ a 8,6 t ☐ b 8,7 t ☐ c 6,04 t ☐ d 6,45 t

54	Wie viel kosten 375 g, wenn ein Pfund 7,50 Euro kostet?

- [ ] a 5,63 Euro
- [ ] c 3,76 Euro
- [ ] b 2,81 Euro
- [ ] d 4,80 Euro

Die Lösungen zu den Aufgaben 46–54 (Dreisatz) siehe S. 146.

2 Einfacher Dreisatz mit umgekehrtem Verhältnis

Aufgabe: Für die Inventur wurden im vergangenen Jahr 12 Angestellte 20 Stunden eingesetzt. In wie viel Stunden ist die Inventur erledigt, wenn 15 Angestellte des Betriebes dieses Jahr mithelfen?

Lösung: Bedingungssatz:

① Was ist GEGEBEN?
12 Angestellte benötigen 20 Stunden
Was ist GESUCHT?
15 Angestellte benötigen × Stunden

Fragesatz:

② 1. Satz
Wenn 12 Angestellte 20 Stunden benötigen,

③ 2. Satz
dann benötigt 1 Angestellter 20 · 12 Stunden

④ 3. Satz
und 15 Angestellte benötigen $\frac{20 \cdot 12}{15} =$ 16 Stunden.

Lösungshinweis: (Vgl. auch die Erklärungen zur Lösung des einfachen Dreisatzes mit geradem Verhältnis.)

Zu ① In die ersten beiden Zeilen kommen die gegebenen Größen und die gesuchte Größe.

Zu ② Schreiben Sie den zu der gesuchten Größe gehörenden Wert auf den Bruchstrich: $(\times = \frac{20}{})$.

Zu ③ Schließen Sie auf eine Einheit:

$$(\times = \frac{20 \cdot 12}{})$$

Zu ④ Schließen Sie von einer Einheit auf die gesuchte Größe:

$$(\times = \frac{20 \cdot 12}{15})$$

➡ **TIPP:**

- Bei einem Dreisatz mit umgekehrtem Verhältnis verändern sich die verschiedenen Größen in entgegengesetzter Richtung:
  je mehr ↑ … desto weniger ↓
  oder: je weniger ↓ … desto mehr ↑
- In einem solchen umgekehrten oder indirekten Verhältnis stehen in der Regel unter anderem folgende Größen:
  Arbeiterzahl – Lohn bzw. Gewinnanteil
  Verbrauch – Vorrat
  Geschwindigkeit – Zeit
- Beim Dreisatz mit umgekehrtem Verhältnis wird beim Schluss auf die Einheit multipliziert.

Übungsaufgaben

55 12 Fliesenleger benötigen für das Fliesen eines Hallenbodens 25 Tage. Es fallen bei Arbeitsbeginn jedoch 2 Fliesenleger aus.
Wie viele Tage müssen für die Arbeit veranschlagt werden?

☐ a 20,83 ☒ b 30 ☐ c 20 ☐ d 15

56 Eine Kundin tauscht Kristallgläser um. Sie hatte ein Dutzend zu 7,50 Euro je Glas gekauft.
Wie viele Gläser bekommt sie, wenn sie sich für solche entscheidet, die pro Stück 9 00 Euro kosten?

☐ a 10 ☐ b 15 ☐ c 14 ☐ d 8

57 Klaus rechnet sich aus, dass er für einen Urlaub von 14 Tagen jeden Tag 42,00 Euro Taschengeld zur Verfügung hat.
Wie viel Euro kann er täglich ausgeben, wenn er 3 Wochen Urlaub macht?

☐ a 29,40 Euro ☐ c 28,00 Euro

☐ b 63,00 Euro ☐ d 32,67 Euro

58	Wie viele Stunden und Minuten benötigt ein Radamateur für eine Strecke von 174 km, wenn seine durchschnittliche Geschwindigkeit 20 km in der Stunde ist?

- [ ] a 5 Std., 22 Min.
- [ ] b 6 Std., 20 Min.
- [ ] c 7 Std., 30 Min.
- [ ] d 8 Std., 42 Min.

59	Für die Produktion von 4300 Teilen benötigen 16 Arbeiter 18 Tage. Wie viele Arbeiter müssen bereitgestellt werden, wenn der gleiche Auftrag in 12 Tagen erledigt sein muss?

- [ ] a 13
- [ ] b 14
- [ ] c 11
- [ ] d 24

Die Lösungen zu den Aufgaben 55–59 (Dreisatz) siehe S. 146f.

3 Der zusammengesetzte Dreisatz

Der zusammengesetzte Dreisatz besteht aus mehreren voneinander unabhängigen Dreisätzen.

Aufgabe: 36 Arbeitskräfte fertigen in 40 Arbeitstagen 144 Pkw-Motoren an.
Wie viele Arbeitnehmer (AN) müssen für einen Auftrag über die Anfertigung von 90 Motoren eingesetzt werden, wenn dafür eine Zeit von 60 Tagen zur Verfügung steht?

Lösung: ① 144 Pkw-Motoren – 40 Tage – 36 AN
90 Pkw-Motoren – 60 Tage – × AN

② 144 Pkw-Motoren – ✷ – 36 AN
90 Pkw-Motoren – ✷ – × AN

$$\times = \frac{36 \cdot 90}{144}$$

③ ✷ 40 Tage – 36 AN
60 Tage – × AN

$$\times = \boxed{\frac{36 \cdot 90}{144}} \cdot \boxed{\frac{40}{60}} =$$

④ $\times =$ <u>15 Arbeitnehmer (AN)</u>

Lösungshinweis:

Zu ① Bedingungs- und Fragesatz werden aufgestellt. Beachten Sie, dass die jeweils gleichen Größen untereinanderstehen und sich die gefragte Größe am Ende befindet.

Zu ② Der zusammengesetzte Dreisatz wird in einzelne einfache Dreisätze zerlegt. Die einzelnen Wertepaare werden der Reihe nach behandelt.

und ③ Das Zeichen ✷ deutet an, dass diese Größen jeweils unberücksichtigt bleiben.
Die auf dem Bruchstrich stehenden Zahlenwerte werden in allen folgenden Rechenschritten übernommen. Dabei kommt allerdings die gefragte Größe (hier 36 Arbeitskräfte) nur einmal in den Ansatz. Das Verfahren kann bei beliebig langen zusammengesetzten Dreisätzen angewandt werden.

④ Am Schluss wird der gefragte Wert errechnet. Vergessen Sie nicht zu kürzen.

➡ **TIPP:**
- Stellen Sie die gesuchte Größe an das Ende des Fragesatzes.
- Schreiben Sie die jeweils gleichen Größen untereinander.
- Lösen Sie den zusammengesetzten Dreisatz durch Aufteilen in mehrere einfache Dreisätze.
- Untersuchen Sie jeweils, ob es sich um einen Dreisatz mit geradem oder umgekehrtem Verhältnis handelt.

Übungsaufgaben

60	In 4 Monaten wurden von 250 Beschäftigten 2700 kg Farbe verbraucht. Wie viel Farbe brauchen 225 Arbeiter in 3 Monaten?

- [ ] a 2250 kg
- [ ] c 1725,7 kg
- [x] b 3240 kg
- [x] d 1822,5 kg

61	Für ein Bankguthaben von 9000,00 Euro erhält ein Sparer in 8 Monaten 210,00 Euro Zinsen. Wie viele Zinsen bekommt ein anderer Sparer bei gleichen Bedingungen für ein Guthaben von 10800,00 Euro in 5 Monaten gutgeschrieben?

- [ ] a 109,38 Euro
- [ ] c 280,00 Euro
- [ ] b 157,50 Euro
- [ ] d 403,20 Euro

62	10 Monteure verlegen in 5 Arbeitstagen zu je 8 Stunden 6000 m Kabel. Da sich zwei Monteure krankgemeldet haben, müssen die anderen eine Überstunde pro Tag machen. Wie viele Meter Kabel verlegen sie in 12 Arbeitstagen?

☐ a 4000 m ☐ c 12960 m

☐ b 277,77 m ☐ d 11520 m

63	Mit 20 Maschinen können in 5 Tagen zu je 8 Arbeitsstunden 10500 Werkstücke hergestellt werden. Wie viele Werkstücke können in 6 Tagen zu je 7 Arbeitsstunden mit nur 12 Maschinen hergestellt werden?

☐ a 11025 Stück ☐ c 6615 Stück

☐ b 7656,25 Stück ☐ d 10000 Stück

64	Eine Sportschule kauft für eine Mannschaft von 12 Personen, die 5 Tage bleiben wollen, 15 kg Gemüse. Da die Delegation jedoch aus 14 Personen besteht, die zudem einen längeren Aufenthalt in Aussicht gestellt haben, werden nochmals 13 kg gekauft. Wie lange reicht das Gemüse bei gleichem Speiseplan?

☐ a 11 Tage ☐ b $2\frac{1}{2}$ Tage ☐ c 3 Tage ☐ d 8 Tage

Die Lösungen zu den Aufgaben 60–64 (Dreisatz) siehe S. 147.

Rechnen	*Durchschnittsrechnung*

1 Einfacher Durchschnitt

Aufgabe: Ein Lebensmitteleinzelhandelsgeschäft hatte folgende Tageseinnahmen:

Montag	835,20 Euro	Donnerstag	1112,60 Euro
Dienstag	912,90 Euro	Freitag	1827,40 Euro
Mittwoch	865,70 Euro	Samstag	1264,60 Euro

Berechnen Sie die durchschnittliche Tageseinnahme:

Lösung:

$$\begin{array}{r} 835{,}20 \\ +\ 912{,}90 \\ +\ 865{,}70 \\ +\ 1\,112{,}60 \quad ① \\ +\ 1\,827{,}40 \\ +\ 1\,264{,}60 \\ \hline \underbrace{6818{,}40 : 6}_{②} = \underline{\underline{1\,136{,}40\ €}} \end{array}$$

Lösungshinweis: Zu ① Addieren Sie die einzelnen Werte.
Zu ② Dividieren Sie diese Summe durch die Anzahl der einzelnen Werte.

Einfacher Durchschnitt = $\dfrac{\textbf{Summe der einzelnen Werte}}{\textbf{Anzahl der Werte}}$

2 Gewogener Durchschnitt

Aufgabe: Eine Firma beschäftigt:
10 Arbeiter mit einem Stundenlohn von 18,70 Euro,
15 Arbeiter mit einem Stundenlohn von 20,80 Euro,
5 Arbeiter mit einem Stundenlohn von 23,50 Euro.
Welchen Durchschnittslohn zahlt die Firma pro Stunde?

Lösung:

$$
\overbrace{
\begin{array}{rl}
 & 10 \cdot 18{,}70\,€ = 187{,}00\,€ \\
② \; + & 15 \cdot 20{,}80\,€ = 312{,}00\,€ \\
 + & \;\,5 \cdot 23{,}50\,€ = \underline{117{,}50\,€}
\end{array}}^{①} \; ③
$$

$$
= 30 \qquad \underbrace{616{,}50\,€ \; : 30}_{④} = \underline{\underline{20{,}55\,€}}
$$

Lösungs-hinweis:

Zu ① Ermitteln Sie durch Multiplizieren den Gesamtwert jeder Größe (hier: Arbeiter mal Lohn).

Zu ② Ermitteln Sie die Gesamtmenge durch Addition der einzelnen Mengen.

Zu ③ Ermitteln Sie den Gesamtwert aller Größen durch Addition der einzelnen Gesamtwerte.

Zu ④ Dividieren Sie den Gesamtwert durch die Gesamtmenge aller Größen ②.

$$
\textbf{Gewogener Durchschnitt} = \frac{\textbf{Summe aller Produkte aus Menge und Wert}}{\textbf{Gesamtmenge}}
$$

Übungsaufgaben

65 In einem Geschäft wurden folgende Umsätze erzielt: Dienstag 2870,00 Euro, Mittwoch 2821,00 Euro, Donnerstag 3155,00 Euro, Freitag 3422,00 Euro, Samstag 4187,00 Euro.
Wie hoch war der durchschnittliche Tagesumsatz?

☐ a 3291,00 Euro
☐ b 3188,33 Euro
☐ c 3173,33 Euro
☐ d 3828,00 Euro

66 Ein Briefträger hat Montag 213, Dienstag 268, Mittwoch 245, Donnerstag 307, Freitag 501 und Samstag 470 Briefe ausgetragen.
Wie viele Briefe waren das durchschnittlich je Tag?

☐ a 336 ☐ b 400 ☐ c 420 ☐ d 334

67 50 l Wasser mit einer Temperatur von 60°C werden mit 20 l Wasser von 25°C vermischt.
Wie hoch ist die Temperatur der Mischung?

☐ a 70°C ☐ b 50°C ☐ c 60°C ☐ d 55°C

68 Berechnen Sie den Durchschnittspreis folgender Einkäufe für ein Kilogramm!
2440 kg je 2,10 Euro, 1810 kg je 1,85 Euro, 1650 kg je 1,60 Euro

☐ a 1,85 € ☐ b 1,88 € ☐ c 1,80 € ☐ d 1,75 €

Die Lösungen für die Aufgaben 65–68 (Durchschnittsrechnung) siehe S. 147.

Rechnen	*Verteilungsrechnung*

Mit Hilfe der Verteilungsrechnung können gegebene Größen in einzelne Teile zerlegt werden.

1 Verteilung mit gegebenem Verteilungsschlüssel

Aufgabe: Eine Erbschaft in Höhe von 144000,– Euro soll laut Testament wie folgt verteilt werden: Bruder Alfred bekommt 5 Teile, Schwester Berta 4 Teile und Cousine Cäcilie bekommt 1 Teil.
Wie viel Euro erhält jeder?

Lösung: ①, ④

A: 5 Teile · 14400,– € = 72000,– €
B: 4 Teile · 14400,– € = 57600,– € ⑤
C: 1 Teil · 14400,– € = 14400,– €

10 Teile 144000,– €
② ③ 144000,– € : 10 = 14400,– €
Betrag für 1 Teil

Lösungshinweis:
Zu ① Ermitteln Sie die einzelnen Teile und schreiben Sie diese untereinander.
Zu ② Addieren Sie die Teile.
Zu ③ Ermitteln Sie die Summe für einen Teil, indem Sie den gesamten zu verteilenden Betrag durch die Anzahl der Teile dividieren.
Zu ④ Multiplizieren Sie die Anzahl der

jeweiligen Teile mit dem ermittelten Wert für einen Teil.

Zu ⑤ Machen Sie die Probe, indem Sie die in Schritt ④ ermittelten Ergebnisse addieren.

➡ **TIPP:** Ist der Verteilungsschlüssel in Brüchen angegeben, so muss der Hauptnenner gesucht werden. Die Zähler der Brüche ergeben dann die jeweiligen Teile, z.B.:

$$A = \frac{1}{2} = \frac{3}{6} = 3 \text{ Teile}$$

$$B = \frac{1}{6} = \frac{1}{6} = 1 \text{ Teil}$$

$$C = \frac{1}{3} = \frac{2}{6} = 2 \text{ Teile}$$

$$= 6 \text{ Teile}$$

2 Verteilung mit zu errechnendem Verteilungsschlüssel

Aufgabe: Drei Gesellschafter betreiben gemeinsam eine GmbH. A ist mit 30000,– Euro, B mit 75000,– Euro und C mit 45000,– Euro beteiligt. Im Gesellschaftsvertrag wurde festgelegt, dass der Jahresreingewinn im Verhältnis der Kapitaleinlagen zu verteilen sei. Im vergangenen Geschäftsjahr wurde ein Reingewinn von 120000,– Euro erzielt. Wie viel Euro Gewinn erhält jeder der drei Gesellschafter?

Lösung: ① ②

	Anteile	Teile		Gewinnanteil
Gesellschafter A:	30000,–	2	· 12000,– € =	24000,– €
Gesellschafter B:	75000,–	5	· 12000,– € =	60000,– €
Gesellschafter C:	45000,–	3	· 12000,– € =	36000,– €
		10 Teile	=	120000,– €

120000,– € : 10 = 12000,– € (= 1 Teil)

③

Lösungshinweis:

Zu ① Ermitteln Sie die Größen, die als Verteilungsgrundlage dienen, und schreiben Sie diese untereinander.

Zu ② Dividieren Sie diese Größen durch den größten gemeinsamen Teiler. Dadurch erhalten Sie das kleinste ganzzahlige Verhältnis. Hier ist dies 15000. Sie erhalten 2, 5, 3 Teile.

③ Mit diesem Verteilungsschlüssel verfahren Sie bei Ihrem weiteren Lösungsweg wie bei der Verteilung mit gegebenen Verteilungsschlüsseln.

Übungsaufgaben

69 An den Baukosten für eine neue Sporthalle in Höhe von 2,4 Millionen Euro beteiligt sich die Stadt zu $\frac{1}{4}$, das Land trägt $\frac{1}{3}$, der Bund $\frac{1}{6}$ und eine »Bürgerinitiative Sportzentrum« übernimmt den Rest.
Wie viel Euro trägt die Bürgerinitiative?

- a 400000,00 Euro
- b 1000000,00 Euro
- c 800000,00 Euro
- d 600000,00 Euro

70 Der Nettoerlös aus einem Verbesserungsvorschlag von 7888,50 Euro, den drei Arbeitskollegen zusammen eingereicht haben, soll gemäß ihren eingebrachten Ideen im Verhältnis von A = 3, B = 2, C = 4 aufgeteilt werden.
Wie viel Euro bekommt A?

- a 876,50 Euro
- b 2629,50 Euro
- c 1753,00 Euro
- d 1972,13 Euro

71 Drei Erben lassen ihre Erbschaft versteigern. Danach wird der Reinerlös von 250950,00 Euro im Verhältnis A = 2, B = 1, C = 0,5, wie im Testament festgelegt, aufgeteilt.
Wie viel Euro erhält B?

- a 71700,00 Euro
- b 35850,00 Euro
- c 83650,00 Euro
- d 143400,00 Euro

72	Ein Gewinn von 70551,00 Euro ist an drei Teilhaber eines Geschäftes wie folgt zu verteilen: A bekommt $\frac{3}{5}$, B $\frac{1}{4}$ und C den Rest. Wie viel Euro bekommt C?

- [ ] a 10582,65 Euro
- [ ] b 3527,55 Euro
- [ ] c 17637,75 Euro
- [ ] d 23517,00 Euro

73	Drei Freunde haben im Lotto 150501,00 Euro gewonnen. Sie wollen den Gewinn im Verhältnis ihrer Einlagen aufteilen. Wie viel Euro bekommt B, wenn A 1,80 Euro, B 2,60 Euro und C 0,80 Euro als Einlage geleistet haben?

- [ ] a 5788,50 Euro
- [ ] b 23154,00 Euro
- [ ] c 72250,50 Euro
- [ ] d 75250,50 Euro

74	Vier Bundesligafußballer kaufen zusammen ein Mietshaus, um ihr Geld anzulegen. Das Haus kostet 1948800,00 Euro. Der Torwart gibt $\frac{1}{5}$, der Abwehrspieler $\frac{1}{6}$, der Mittelfeldspieler $\frac{1}{3}$ und der Mittelstürmer den Rest. Wie viel Euro gibt der Mittelfeldspieler?

- [ ] a 324800,00 Euro
- [ ] b 389760,00 Euro
- [ ] c 649600,00 Euro
- [ ] d 584640,00 Euro

75 Am Ende einer Woche gibt ein Einzelhändler seinen vier Verkäuferinnen die versprochene Umsatzprämie von 306,00 Euro.
Wie viel Euro erhält Petra, wenn Elke $\frac{1}{4}$, Birgit $\frac{2}{5}$, Carla $\frac{1}{6}$ und Petra den Rest des Umsatzes erzielt hat?

- a 51,00 Euro
- b 5,10 Euro
- c 122,40 Euro
- d 56,10 Euro

76 Ein Gemeinschaftsprojekt wird von vier Personen getragen. A übernimmt $\frac{1}{4}$, B $\frac{1}{6}$ und C $\frac{2}{5}$ der Kosten. Die restlichen 39 127,00 Euro bezahlt D. Wie teuer ist das Gesamtprojekt?

- a 102 070,43 Euro
- b 167 687,14 Euro
- c 234 762,00 Euro
- d 213 420,00 Euro

77 Vier Personen lassen ein gemeinsam geerbtes Mietshaus renovieren. Die anfallenden Kosten von 18 270,00 Euro sollen im gleichen Verhältnis getragen werden, in dem auch die Mieteinnahmen aufgeteilt sind. A bekommt 860,00 Euro, B = 1 290,00 Euro, C = 430,00 Euro und D = 1 290,00 Euro Miete je Monat.
Wie viel Euro Renovierungskosten muss D bezahlen?

- a 6 090,00 Euro
- b 2 030,03 Euro
- c 6 112,64 Euro
- d 6 074,18 Euro

Die Lösungen zu den Aufgaben 69–77 (Verteilungsrechnung) siehe S. 147f.

Rechnen	*Prozentrechnung*

1 Einfache Prozentrechnung

Aufgabe: An den Einnahmen eines Champions-League-Spiels in Höhe von 240000,00 Euro wird die Mannschaft mit 8 % beteiligt.

Wie viel Prämie erhält sie?

In der Prozentrechnung gibt es drei Größen: den Prozentwert, den Prozentsatz und den Grundwert. Zwei dieser Größen müssen gegeben sein, um die dritte auszurechnen.

$$\text{Prozentwert} = \frac{\text{Grundwert} \cdot \text{Prozentsatz}}{100}$$

$$\text{Prozentsatz} = \frac{\text{Prozentwert} \cdot 100}{\text{Grundwert}}$$

$$\text{Grundwert} = \frac{\text{Prozentwert} \cdot 100}{\text{Prozentsatz}}$$

Lösung: Fragen Sie sich zuerst, welcher Wert gesucht ist. Dann schreiben Sie die Formel auf und setzen die Zahlen ein.

$$\text{Prozentwert} = \frac{\text{Grundwert} \cdot \text{Prozentsatz}}{100}$$

$$= \frac{240000 \cdot 8}{100}$$

$$= 2400 \cdot 8 = 19200{,}00 \text{ Euro}$$

Übungsaufgaben

78 Die Bundesrepublik Deutschland hat ca. 80 Millionen Einwohner. Davon sind ca. 55 % wahlberechtigt für die Wahl des Deutschen Bundestages. Wie viele Bürger haben bei einer Wahlbeteiligung von 81 % dann ihre Stimme abgegeben?

- a 33000000
- c 3564000
- b 35640000
- d 55500000

79 In der Bundesrepublik Deutschland sind von ca. 40 Millionen Arbeitnehmern im Jahresdurchschnitt ca. 3,5 % erkrankt.
Wie viele Personen sind das?

- a 140000000
- c 14000000
- b 140000
- d 1400000

80 Eine Ware wird für 8,00 Euro eingekauft und für 9,60 Euro verkauft.
Wie viel Prozent wurden auf den Einkaufspreis aufgeschlagen?

- a 120 %
- b 12 %
- c 20 %
- d 2 %

81 Ein Kfz-Händler gewährt einen Rabatt von $12\frac{1}{2}$ % auf den Kauf eines Pkw, das sind 2750,00 Euro.
Wie hoch ist der Normalpreis des Pkw?

a 22 000,00 Euro	c 34 375,00 Euro
b 22 540,00 Euro	d 22 200,00 Euro

82 Zurzeit leben auf der Erde schätzungsweise 6,8 Milliarden Menschen, davon rund 52 % in Asien.
Wie viele Menschen sind das?

a 3 536 000 000	c 3 536 000
b 35 360 000 000	d 353 600 000

83 Ein Pkw kostete bisher 24 580,00 Euro. Das Werk beschließt eine Preiserhöhung von 1,5 %. Nach vier Monaten wird der Preis nochmals um 2 % erhöht.
Wie viel Euro kostet der Pkw jetzt?

a 25 447,67 Euro	c 25 449,75 Euro
b 25 440,30 Euro	d 23 719,70 Euro

84 Sabine erhält eine monatliche Ausbildungsvergütung in Höhe von 600,00 €. Der Krankenversicherungsbeitrag liegt bei 14,9 %. Ihr eigener Anteil beträgt 7,9 %.
Wieviel Euro sind das?

a 89,40 Euro	c 47,70 Euro
b 4,77 Euro	d 8,94 Euro

85	Im Sommerschlussverkauf wird eine Jacke 20 % billiger angeboten. Die Preissenkung beträgt 36,00 Euro. Wie teuer war die Jacke vor dem Schlussverkauf?

- [ ] a 160,00 Euro
- [ ] b 180,00 Euro
- [ ] c 288,00 Euro
- [ ] d 72,00 Euro

Betrachten Sie das Schaubild und lösen Sie die Aufgaben 86 bis 88:

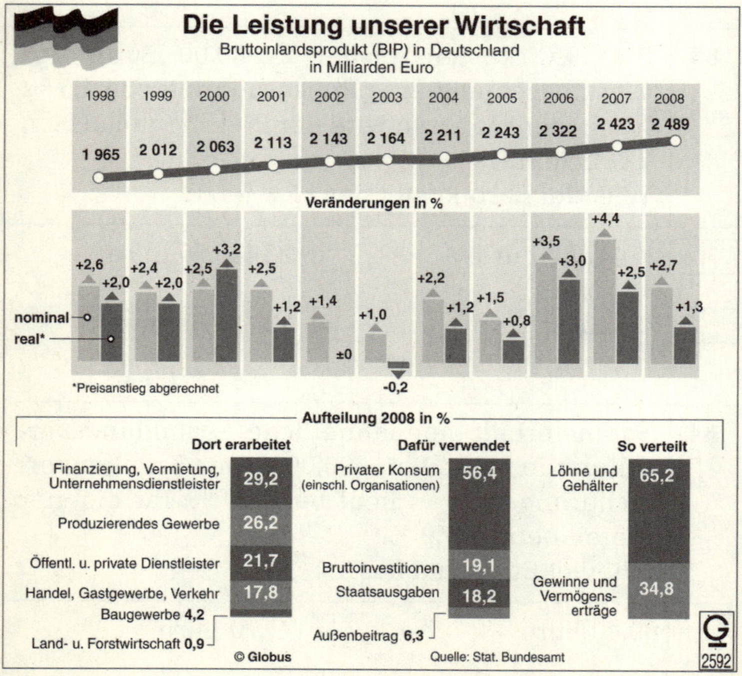

86	Um wie viel Prozent hat sich die Wirtschaftsleistung seit dem Jahr 2000 bis zum Jahr 2008 verändert?

- [ ] a +17,12 %
- [ ] b +20,65 %
- [ ] c +26,67 %
- [ ] d + 2,72 %

87	Wie hoch war die Gesamtleistung des produzierenden Gewerbes im Jahr 2008?

- [ ] a ca. 657 Millionen €
- [ ] b ca. 65,7 Milliarden €
- [ ] c ca. 0,657 Billionen €
- [ ] d ca. 657 Tausend €

88	Wie viel Euro entfielen dabei im Jahr 2008 auf die Lohn- und Gehaltsempfänger und wie viel auf die Unternehmer und Vermögensbesitzer?

- [ ] a 1 423 876 € und 1 065 124 €
- [ ] b 1 618 € und 871 €
- [ ] c 1 622 828 000 € und 866 172 000 €
- [ ] d 1 622 828 € und 866 172 €

Betrachten Sie das Schaubild und lösen Sie die Aufgaben 89 bis 91:

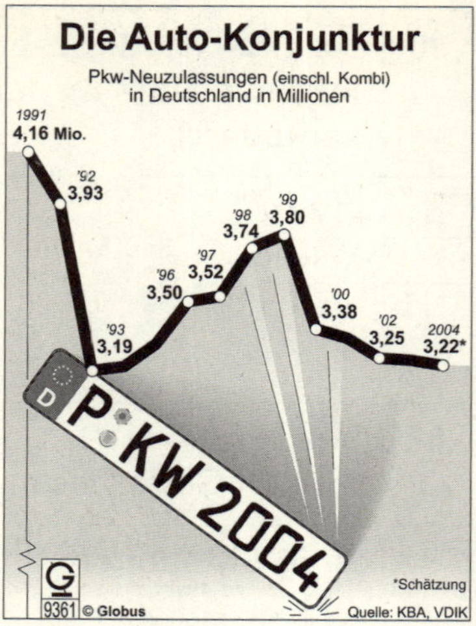

89	Um wie viel Prozent ist der Autoabsatz im Zeitraum von 1999 bis 2004 gefallen?

ca. ......%

90	Nehmen Sie an, dass jedes fünfte zugelassene Auto ein Kombi sei. Wie viele Kombis wären dann im Jahr 2004 zugelassen worden?

☐ a 644 ☐ b 6440 ☐ c 644000 ☐ d 64400000

91	Um wie viel hat sich der Absatz an PKW im Zeitraum von 1999 bis 2004 durchschnittlich pro Jahr verändert?

☐ a minus 116000

☐ b plus 22000

☐ c minus 145000

☐ d plus 145000

☐ e minus 58000

Betrachten Sie die Schaubilder und lösen Sie die Aufgaben 92 bis 95:

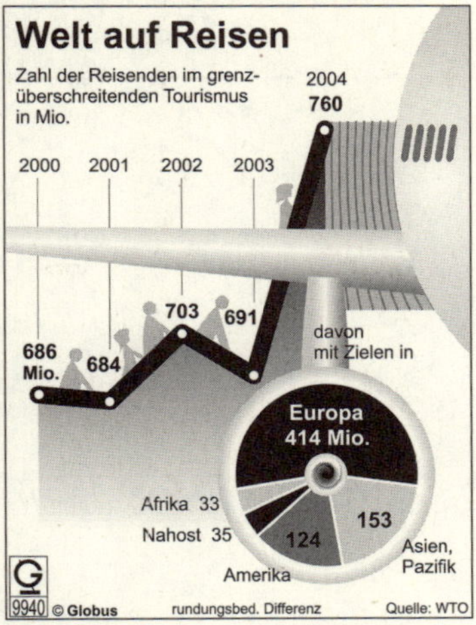

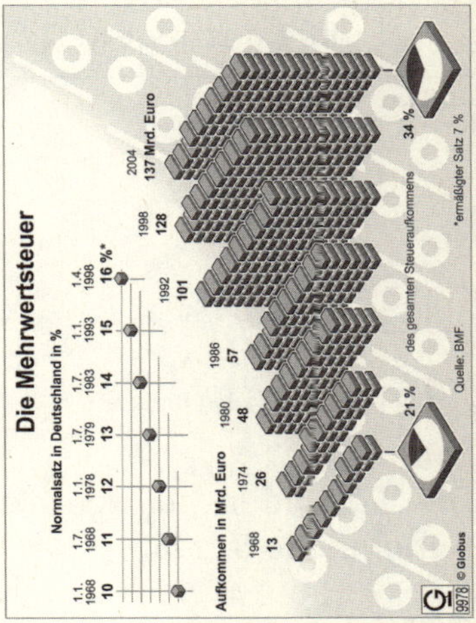

92	Um wie viel Prozent lag die Zahl der Reisenden im Jahr 2000 unter der des Jahres 2004?

a 9,73% b 10,78% c 90,25% d 89,22%

93	Wie hoch ist der Anteil der Reisenden, die im Jahr 2004 in Europa unterwegs waren?

a 45,54% b 83,33% c 54,47% d 89,22%

94	Um wie viel wären die Steuereinnahmen gestiegen, wenn die Mehrwertsteuer auf der Grundlage der Einnahmen des Jahres 2004 um 3 auf 19% erhöht worden wäre?

a um 4,11 Mio. Euro

c um 4110 Mio. Euro

b um 139,74 Mio. Euro

d um 17,13 Mio. Euro

95	Um wie viel Prozent sind die Einnahmen des Staates aus der Mehrwertsteuer von 1992 bis 2004 gestiegen?

- [ ] a um 26,27%
- [ ] b um 37%
- [ ] c um 35,64%
- [ ] d um 136,64%

Die Lösungen zu den Aufgaben 78–95 (Prozentrechnung) siehe S. 148.

2 Die Prozentrechnung auf Hundert (Prozentrechnung vom vermehrten Grundwert)

Aufgabe: Nach einer Lohnerhöhung von 5 % verdient ein Arbeitnehmer 2100,00 Euro brutto.

a) Wie hoch war der Lohn vor der Erhöhung?

b) Wie viel Euro beträgt die Lohnerhöhung?

➧ **TIPP:** Vorüberlegung: Die Gehaltserhöhung bezieht sich auf das alte Gehalt. Dieses (= Grundwert) ist 100 %. Folglich ist das um 5 % erhöhte Gehalt 105 % (= 2100,– Euro).

Man spricht in diesem Falle von einem »vermehrten Grundwert«.

Alter Lohn = Grundwert = 100 % | Lohnerhöhung = 5 %

Neuer Lohn = vermehrter Grundwert = 105 %

Lösung:

		②
Alter Lohn (Grundwert)	= 100 % = x €	
① + Lohnerhöhung	= 5 % = x €	
Neuer Lohn	= 105 % = 2100,00 €	
	③	

④

a) 105 % = 2100,00 €
100 % = x €

$$x = \frac{2100{,}00\ € \cdot 100\ \%}{105\ \%} = 2000{,}00\ €$$

b) 105 % = 2100,00 €
5 % = x €

$$x = \frac{2100{,}00\ € \cdot 5\ \%}{105\ \%} = 100{,}00\ €$$

Lösungshinweis:

Zu ① Entwickeln Sie ein Lösungsschema, in dem Sie vom alten Wert (Grundwert) über die Erhöhung zu dem neuen Wert (vermehrten Grundwert) kommen.

Zu ② Setzen Sie die in der Vorüberlegung ermittelten Prozentsätze in das Schema ein.

Zu ③ Tragen Sie zu dem vermehrten Grundwert die in der Aufgabe gegebene Summe ein.

Zu ④ Ermitteln Sie den (oder die) gesuchten Wert(e) mit Hilfe des Dreisatzes!

Übungsaufgaben

96	Herr Schröder rechnet sich aus, dass er bei Ratenzahlung eines Flachbildfernsehers 2629,80 Euro zu bezahlen hat. Das sind 8 % mehr als der Barverkaufspreis. Wie hoch ist dieser?

- [ ] a 2858,48 Euro
- [x] b 2435,00 Euro
- [ ] c 2419,42 Euro
- [ ] d 2419,00 Euro

97	Ein Rasenmäher kostet nach einer Preiserhöhung von 4,5 % 679,25 Euro. Wie viel Euro hat er vorher gekostet?

- [ ] a 642,69 Euro
- [ ] b 650,00 Euro
- [ ] c 654,00 Euro
- [ ] d 642,68 Euro

98	Herr Schulze verdient nach einer Gehaltserhöhung von 3 % brutto 2935,50 Euro. Wie viel Euro erhält er jetzt brutto mehr?

- [ ] a 85,50 Euro
- [ ] b 2850,00 Euro
- [ ] c 88,06 Euro
- [ ] d 88,07 Euro

99	Für die Kfz-Prämie muss man bei $\frac{1}{2}$-jährlicher Zahlungsweise $3\frac{1}{2}$ % mehr als bei jährlicher bezahlen. Wie hoch ist die Jahresprämie, wenn $\frac{1}{2}$-jährlich 567,80 Euro zu zahlen sind?

- [ ] a 547,93 Euro
- [ ] c 548,60 Euro
- [ ] b 1 097,20 Euro
- [ ] d 11 095,85 Euro

100	Eine junge Dame blickt nach dem Urlaub erschrocken auf die Waage. Sie wiegt jetzt 54,5 kg. Das ist eine Zunahme von genau 5 %. Wie viel hat sie vor dem dreiwöchigen Urlaub gewogen?

- [ ] a 57,37 kg
- [ ] c 51,78 kg
- [ ] b 51,90 kg
- [ ] d 52,00 kg

Die Lösungen zu den Aufgaben 96–100 (Prozentrechnung) siehe S. 148.

3 Die Prozentrechnung im Hundert (Prozentrechnung vom verminderten Grundwert)

Aufgabe: Eine Rechnung wird nach Abzug von 2,5 % Skonto mit 2681,25 Euro beglichen.

a) Wie hoch war der Rechnungsbetrag?

b) Wie hoch ist der Skontobetrag?

➧ **TIPP:** Vorüberlegung:
Der Skonto (2,5 %) wurde vom ursprünglichen Rechnungsbetrag abgezogen. Dieser (= Grundwert) ist 100 %. Folglich ist der um 2,5 % verminderte Barzahlungsbetrag 97,5 % (= 2681,25 Euro). Man spricht in diesem Falle von einem »verminderten Grundwert«.

Ursprünglicher Rechnungsbetrag = Grundwert = 100 %	
Skonto = 2,5 %	Barzahlungsbetrag = verminderter Grundwert = 97,5 %

Lösung:

②

①
Rechnungsbetrag (Grundwert)	100 % =	2750,00 €
⁄. Skonto	2,5 % =	68,75 €
Barzahlungsbetrag (verminderter Grundwert)	97,5 % =	2681,25 €

③ ⑤ ⑤ ⑥

④

a)
97,5 % = 2681,25 €
100 % = x €

wenn 97,5 % = 2681,25 € sind,

dann ist $1\ \% = \frac{2681{,}25}{97{,}5}$

und dann sind $100\ \% = \frac{2681{,}25 \cdot 100}{97{,}5} = 2750{,}- €$

b)
97,5 % = 2681,25 €
2,5 % = x €

wenn 97,5 % = 2681,25 € sind,

dann ist $1\ \% = \frac{2681{,}25}{97{,}5}$

und dann sind $2{,}5\ \% = \frac{2681{,}25 \cdot 2{,}5}{97{,}5} = 68{,}75\ €$

bzw. durch Subtraktion:
2750,00 € (Rechnungsbetrag, brutto)
-2681,25 €
68,75 € (Skonto)

Lösungshinweise: Zu ① Stellen Sie ein Lösungsschema auf, in dem Sie vom alten Wert (Grundwert) über den Abzug zu dem neuen Wert (verminderten Grundwert) gelangen!

Zu ② Setzen Sie die in der Vorüberlegung ermittelten Prozentsätze in das Schema ein!

Zu ③ Tragen Sie die in der Aufgabe gegebene Summe des verminderten Grundwertes ein.

Zu ④ Ermitteln Sie den (oder die) gesuchten Wert(e) mit Hilfe des Dreisatzes!

Zu ⑤ Tragen Sie die ermittelten Werte in das Lösungsschema ein!

Zu ⑥ Machen Sie möglichst die Probe!

Übungsaufgaben

101	Durch den Einbau einer modernen Filteranlage ist der Schadstoffausstoß eines Kraftwerkes um 35 % gesunken. Wie hoch war der Ausstoß, wenn jetzt noch monatlich 37,7 Tonnen in die Luft abgeleitet werden?

☐ a 172,4 t ☐ b 58 t ☐ c 60 t ☐ d 131,25 t

102	Die Belegschaft einer Eisenhütte wurde um 18 % reduziert. Wie viele Arbeitnehmer wurden vorher beschäftigt, wenn jetzt noch 574 dort arbeiten?

☐ a 103 ☐ b 577 ☐ c 473 ☐ d 700

103 Der Preis eines Navigationssystems mit Einbausatz beträgt im Herbst 1 052,94 Euro. Er war Anfang des Jahres um 5 % erhöht worden. Infolge technischer Neuerungen und eines starken Absatzrückganges wurde er jedoch im Sommer um 8 % gesenkt.
Wie teuer war das Gerät ursprünglich?

- a 1 021,35 Euro
- b 1 026,26 Euro
- c 1 090,00 Euro
- d 1 020,00 Euro

104 Herr Krause hat den Preis seines Gebrauchtwagens um 12,5 % heruntergehandelt. Der Wagen kostet danach 7 437,50 Euro.
Wie viel sollte er vorher kosten?

- a 6 507,81 Euro
- b 7 500,00 Euro
- c 6 611,00 Euro
- d 8 500,00 Euro

105 Ein PC kostet bei Barzahlung 15 % weniger als mit Ratenkauf. Der Barpreis beträgt 1 899,00 Euro. Wie viel kostet der PC mit Ratenkauf?

- a 2 234,12 Euro
- b 1 651,30 Euro
- c 1 780,00 Euro
- d 2 400,00 Euro

106 Die Preise für den Pkw XX wurden generell um 5 % erhöht. Kurz darauf wurde aber ein Sondermodell mit 12 % Rabatt zum Preis von 24 995,00 Euro angeboten. Wie teuer war der Pkw vor der Preiserhöhung?

☐ a 26 800,00 Euro

☐ b 28 403,00 Euro

☐ c 25 985,00 Euro

☐ d 27 050,87 Euro

Die Lösungen der Aufgaben 101–106 (Prozentrechnung) siehe S. 148.

Rechnen	*Zinsrechnung*

➡ **TIPP:** Wie Sie ja noch aus der Schule wissen, kann man mit der Zinsrechnung die Zinsen, das Kapital, die Tage oder den Prozentsatz ausrechnen, wobei drei der vier Größen immer gegeben sein müssen.
Wenn Sie in einer Prüfung nervös sind, können Sie die Formeln leicht verwechseln; deshalb merken Sie sich am besten folgenden Trick:

(Ich) kann prima tanzen →

k	z
p	100
t	360

Diese Anfangsbuchstaben schreiben Sie untereinander.
Dass bei der Zinsrechnung **Z**insen und die Zahlen **100** und **360** vorkommen, wissen Sie ebenfalls. Diese schreiben Sie neben den Strich. Wenn Sie jetzt die Formeln benötigen, halten Sie auf die jeweils gesuchte Größe den Zeigefinger und schreiben die Seite, auf der drei offene Zahlen bzw. Begriffe stehen, über und die Seite, auf der Sie eine Größe zuhalten, darunter – fertig sind die Formeln.

Übrigens steht »k« für Kapital, »p« für Prozent (Zinssatz), »t« für Tage und »z« für Zinsen.

Zur Übung: Schreiben Sie die Formeln für die Berechnung
- der Zinsen
- des Kapitals
- des Zinssatzes
- der Zinstage

auf!

Vergleichen Sie Ihre Formeln mit den nachfolgenden!

Gesucht: *Zinsen*

k ⓩ zuhalten
p 100
t 360

Formel:

$$z = \frac{k \cdot p \cdot t}{100 \cdot 360}$$

Gesucht: *Kapital*

zuhalten
ⓚ z
p 100
t 360

Formel:

$$k = \frac{z \cdot 100 \cdot 360}{p \cdot t}$$

Gesucht: *Zins-(Prozent-)satz*

k z
ⓟ 100
t 360
zuhalten

Formel:

$$p = \frac{z \cdot 100 \cdot 360}{k \cdot t}$$

Gesucht: *Tage*

k z
p 100
ⓣ 360
zuhalten

Formel:

$$t = \frac{z \cdot 100 \cdot 360}{k \cdot p}$$

Formel für Monatszinsen:

$$\text{Monatszinsen} = \frac{\text{Kapital} \cdot \text{Zinssatz} \cdot \text{Monate}}{100 \cdot 12}$$

Formel für Jahreszinsen:

$$\text{Jahreszinsen} = \frac{\text{Kapital} \cdot \text{Zinssatz} \cdot \text{Jahre}}{100}$$

➡ **TIPP:**
- In der kaufmännischen Zinsrechnung wird jeder Monat mit 30 Tagen (auch der Februar oder März) und das Jahr mit 360 Tagen gerechnet.
- In der Zinsrechnung wird die zweite Stelle hinter dem Komma
  - aufgerundet, wenn die nachfolgende Zahl 5 oder größer ist, und
  - abgerundet, wenn die nachfolgende Zahl 4 oder kleiner ist.

Übungsaufgaben

107 Wie viel Euro Zinsen bringen 2300,00 Euro bei 4 % Verzinsung in 42 Tagen?

- [ ] a 1,49 Euro
- [ ] c 10,74 Euro
- [ ] b 10,73 Euro
- [ ] d 60,85 Euro

108 Welches Kapital erbringt bei 5 % Verzinsung in 200 Tagen 31,68 Euro Zinsen?

- [ ] a 54454,54 Euro
- [ ] c 1140,48 Euro
- [ ] b 4561,92 Euro
- [ ] d 11404,80 Euro

109	16000,00 Euro bringen in 54 Tagen 126,00 Euro Zinsen. Wie hoch ist der Zinssatz?

☐ a 5,25 % ☐ b 15,3 % ☐ c 52,5 % ☐ d 1,53 %

110	Wie viele Tage war ein Kapital in Höhe von 7200,00 Euro angelegt, wenn es bei 4 % 64,00 Euro Zinsen brachte?

☐ a 800 ☐ b 80 ☐ c 120 ☐ d 75

111	Zu welchem Zinssatz bringen 2854,65 Euro in 8 Monaten 66,61 Euro Zinsen?

☐ a 3,6 % ☐ b 0,35 % ☐ c 3,5 % ☐ d 1,56 %

112	Ein Kapital von 20000,00 Euro wird bei einer Bank für 7 Jahre mit einem Zinssatz von 6,5 % festgelegt. Wie viel Euro Zinsen werden dem Sparer jährlich ausgezahlt?

☐ a 13000,00 Euro ☐ c 9100,00 Euro

☐ b 130,00 Euro ☐ d 1300,00 Euro

113	Herr X zahlt monatlich 80,00 Euro Zinsen für ein Kapital von 12000,00 Euro. Wie hoch ist der Zinssatz?

☐ a 9 % ☐ b 8 % ☐ c 7,6 % ☐ d 5 %

114	630,00 Euro bringen bei einem Zinssatz von 5 % in 125 Tagen wie viele Zinsen?

- a 109,30 Euro
- b 7,00 Euro
- c 90,72 Euro
- d 10,94 Euro

115	In der Zeit vom 12. 01. bis zum 2. 09. des gleichen Jahres haben 5000,00 Euro bei einer Verzinsung von 3,5 % wie viel Euro Zinsen erbracht?

- a 24,31 Euro
- b 82,64 Euro
- c 111,81 Euro
- d 97,22 Euro

116	Am 18. 08. nimmt ein Kaufmann einen Kredit von 9800,00 Euro auf. Der Zinssatz erhöht sich am 13. 09. von 9 % auf 10 %. Wie viel Euro muss er am 31. 12. einschließlich Zinsen zurückzahlen?

- a 325,25 Euro
- b 10 152,53 Euro
- c 10 147,63 Euro
- d 10 147,08 Euro

117	12 360,00 Euro wurden zu $9\frac{3}{4}$ % ausgeliehen und einschließlich Zinsen mit 12 594,33 Euro zurückgezahlt. Wie lange war das Kapital ausgeliehen?

- a 70 Tage
- b 68 Tage
- c 67 Tage
- d 72 Tage

118	Wie lange war ein Kapital in Höhe von 12500,00€ zu einem Zinssatz von 4,85% ausgeliehen, wenn es einschließlich Zinsen mit 13544,10€ zurückgezahlt wurde?

- [ ] a 720 Tage
- [ ] b 620 Tage
- [ ] c 520 Tage
- [ ] d 820 Tage

119	Wie viele Tage war ein Kapital von 10000,00€ zu einem Zinssatz von 5% ausgeliehen, wenn es mit 10500,00€ zurückgezahlt wird?

- [ ] a 450 Tage
- [ ] b 1000 Tage
- [ ] c 320 Tage
- [ ] d 500 Tage

120	Ein Kapital in Höhe von 5000,00€ wird zu 4,5% für 6 Jahre festgelegt. Welcher Betrag wird einschließlich Zinsen nach dieser Zeit zurückgezahlt?

- [ ] a 1350,00€
- [ ] b 5350,00€
- [ ] c 6350,00€
- [ ] d 5250,00€

121	Zu welchem Zinssatz bringen 4000,00€ in 60 Tagen 20,00€ Zinsen?

- [ ] a 3%
- [ ] b 12%
- [ ] c 9%
- [ ] d 5%

122	Wie viel Euro hatte ein Rentner zu 5 % jährlich angelegt, wenn er von den Zinsen monatlich 500,00 € abheben will, ohne das Kapital anzugreifen?

- [ ] a 150 000,00 €
- [ ] b 180 000,00 €
- [ ] c 120 000,00 €
- [ ] d 240 000,00 €

123	Hendrik hat 5000,00 € zu einem Zinssatz von 5,5 % für 4 Jahre festgelegt. Für wie viel € kann er sich am Ende des vierten Jahres davon ein gebrauchtes Auto kaufen? Die Zinsen werden jährlich berechnet und dem Betrag gutgeschrieben.

- [ ] a 5 871,21 €
- [ ] b 6 194,13 €
- [ ] c 6 923,45 €
- [ ] d 5 994,12 €

124	Am 21. 3. nimmt ein Geschäftsmann einen Kontokorrentkredit zu 9,5 % über 10 000,00 €. Am 30. 8. erhöht sich der Zinssatz um 1 %. Wie viel muss er mit Zinsen am 30. 12. zurückzahlen?

- [ ] a 10 419,58 €
- [ ] b 10 916,58 €
- [ ] c 10 769,58 €
- [ ] d 10 785,58 €

125	Zu wie viel Prozent war ein Kapital in Höhe von 30 000,00 € am 22. 1. geliehen, wenn es am 15. 12. des gleichen Jahres mit 31 268,00 € zurückgezahlt wurde?

- [ ] a 4,71 %
- [ ] b 3,21 %
- [ ] c 6,85 %
- [ ] d 7,225 %

Die Lösungen der Aufgaben 107–125 (Zinsrechnung) siehe S. 149.

Rechnen | *Lösungen*

Erklärung: In Klammern [ ] sind Ihnen Lösungshinweise gegeben.

Lösungen: Dezimalrechung

1 a – **2** d – **3** a – **4** a – **5** d – **6** a – **7** b – **8** a – **9** c – **10** c – **11** d – **12** b – **13** a – **14** d – **15** b

Lösungen: Bruchrechnung

16 b – **17** c – **18** a – **19** c – **20** d [= 69/20] – **21** b – **22** d – **23** d – **24** d – **25** d [= 3/15] – **26** a – **27** c [= 6/20] – **28** a [= 55/40] – **29** c – **30** b – **31** d – **32** c – **33** c – **34** d – **35** d – **36** d – **37** b – **38** c – **39** d – **40** b – **41** a – **42** b – **43** c – **44** d – **45** b

Lösungen: Dreisatz

46 b $\left[x = \frac{18{,}20 \cdot 318}{1\,000}\right]$

47 d $\left[x = \frac{17{,}4 \cdot 100}{185}\right]$

48 a $\left[x = \frac{29{,}50 \cdot 2{,}8}{3{,}25}\right]$

49 c $\left[x = \frac{16{,}95 \cdot 160}{150}\right]$

50 a $\left[2\frac{1}{2} + 2\frac{1}{4} + 2\frac{1}{5} = 6{,}95 \text{ m} \quad x = \frac{255{,}75 \cdot 6{,}95}{7{,}5} = 236{,}995 = 237{,}00 \text{ €}\right]$

51 b $\left[x = \frac{75 \cdot 90}{60} \cdot 14\right]$

52 d $\left[x = \frac{8\,400 \cdot 31{,}5}{56}\right]$

53 b $\left[x = \frac{7{,}25 \cdot 120}{100}\right]$

54 a $\left[x = \frac{375 \cdot 7{,}5}{500}\right]$

55 b $\left[x = \frac{25 \cdot 12}{10}\right]$

56 a $\left[1 \text{ Dutzend} = 12 \text{ Stück} \quad x = \frac{12 \cdot 7{,}5}{9} = 10\right]$

57 c $\left[x = \frac{42 \cdot 14}{21}\right]$

58 d $\left[x = \frac{60 \cdot 174}{20} = 522 \text{ Min.} = 8 \text{ Std. } 42 \text{ Min.}\right]$

59 d $\left[x = \frac{16 \cdot 18}{12}\right]$

60 d $\left[x = \frac{2700 \cdot 3 \cdot 225}{4 \cdot 250}\right]$

61 b $\left[x = \frac{210 \cdot 10800 \cdot 5}{9000 \cdot 8}\right]$

62 c
10 Mon. – 5 Tage – 8 Std. – 6000 m
8 Mon. – 12 Tage – 9 Std. – x m

$$x = \frac{6000 \cdot 8 \cdot 12 \cdot 9}{10 \cdot 5 \cdot 8} = 12\,960 \text{ m}$$

63 c $\left[x = \frac{10500 \cdot 12 \cdot 6 \cdot 7}{20 \cdot 5 \cdot 8}\right]$

64 d $\left[x = \frac{5 \cdot 12 \cdot 28}{14 \cdot 15} = 8 \text{ Tage}\right]$

Lösungen: Durchschnittsrechnung

65 a – **66** d – **67** b – **68** b

Lösungen: Verteilungsrechung

69 d

Anteile		Teile	Betrag
Stadt $\frac{1}{4}$	$\frac{3}{12}$	3	600 000,– €
Land $\frac{1}{3}$	$\frac{4}{12}$	4	800 000,– €
Bund $\frac{1}{6}$	$\frac{2}{12}$	2	400 000,– €
Bürger $\frac{3}{12}$		3	600 000,– €
		12 Teile =	2,4 Mill. €
1 Teil = 200 000,– € · 3 =			600 000,– €

70 b [Anteile

A 3 = 2629,50 € ←
B 2
C 4

9 Teile 7888,50 € : 9 = 876,50 · 3 = 2629,50 €]

71 a [250950,00 € : 3,5 = 71700 €]

72 a

Anteile		Teile	Betrag
A	$\frac{3}{5}$ $\frac{12}{20}$	12	42330,60 €
B	$\frac{1}{4}$ $\frac{5}{20}$	5	17637,75 €
C	? $\frac{3}{20}$	3	10582,65 €
		20 Teile =	70551,– €
		1 Teil =	3527,55 €
		3 Teile =	10582,65 €

73 d – **74** c – **75** d – **76** d – **77** a

Lösungen: Prozentrechnung

78 b – **79** d – **80** c – **81** a – **82** a – **83** a – **84** c – **85** b – **86** b – **87** c – **88** c – **89** = 15,26 % – **90** c – **91** a – **92** a – **93** c – **94** c – **95** c – **96** b – **97** b – **98** a – **99** b – **100** b – **101** b – **102** d – **103** c – **104** d – **105** a – **106** d

zu **103** c [92 % = 1052,94 € 105 % = 1144,50 €
100 % = 1144,50 € 100 % = 1090,00 €]

Lösungen: Zinsrechung

107 b – **108** c – **109** a – **110** b – **111** c – **112** d – **113** b – **114** d –

115 c [12.01.–02.09. = 230 Tage

$Z = \frac{5000 \cdot 3{,}5 \cdot 230}{100 \cdot 360} = 111{,}8055 = 111{,}81$ €]

116 b [9800,00 € (Kapital) + 61,25 € (Zinsen) + 291,28 € (Zinsen) = 10 152,53 €]

117 a [12 594,33 – 12 360 = 234,33

$t = \frac{234{,}33 \cdot 100 \cdot 360}{12360 \cdot 9{,}75} = 70$ Tage]

118 b – **119** d – **120** c – **121** a – **122** c – **123** b – **124** b – **125** a (323 Tage)

Geometrie	*Vorwort und Literaturtipp*

Geometrische Grundkenntnisse haben die meisten Schüler vermittelt bekommen. Einiges davon werden Sie noch wissen, anderes dagegen vergessen haben. Zur Auffrischung dieses Stoffgebiets wurde daher den Übungsaufgaben ein Erklärungsteil vorangestellt. Er ist in drei Schritte eingeteilt:

- Aufgabe
- Formel
- Lösung

Die Lösungen der Übungsaufgaben befinden sich am Ende des Geometrieteils. Aufgaben, die erklärungsbedürftig sind, wurden mit Lösungshinweisen versehen.

Literatur für weitergehende Studien:

☛ Lambacher/Schweizer, Geometrie 1 u. 2, Klett Verlag, Stuttgart

☛ Dudenverlag, verschiedene Bücher zum Selbststudium

Geometrie	*Flächeninhalte ebener Figuren*

Quadrat

Aufgabe: Ein Grundstück hat die Form eines Quadrats mit einer Seitenlänge von $a = 22$ m. Wie groß ist das Grundstück?

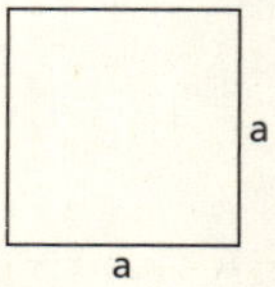

Formel: Ein Quadrat mit der Seitenlänge a hat den Flächeninhalt:

$$A = a \cdot a = a^2$$

Lösung: $A = a \cdot a = 22\text{ m} \cdot 22\text{ m} =$ **484 m^2**

Rechteck

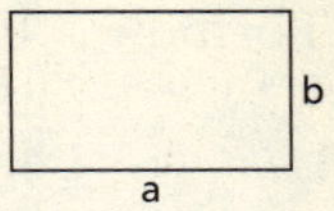

Aufgabe: Wie groß ist der Flächeninhalt eines Rechtecks mit den Seitenlängen von $a = 5$ cm und $b = 3$ cm?

Formel: Ein Rechteck mit den Seitenlängen a und b hat den Flächeninhalt:

$$A = a \cdot b$$

Lösung: $A = a \cdot b = 5\text{ cm} \cdot 3\text{ cm} =$ **15 cm²**

Parallelogramm

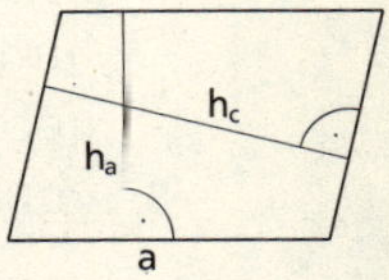

Aufgabe: Wie groß ist der Flächeninhalt eines Parallelogramms, dessen Seite $a = 20$ cm lang ist und dessen dazugehörige Höhe $h_a = 14$ cm beträgt?

Formel: Ein Parallelogramm mit der Seitenlänge a und der dazugehörigen Höhe h_a hat den Flächeninhalt:

$$A = a \cdot h_a$$

Lösung: $A = a \cdot h_a = 20\text{ cm} \cdot 14\text{ cm} =$ **280 cm²**

Dreieck

Aufgabe: Ermitteln Sie den Flächeninhalt eines Dreiecks ABC, dessen Grundseite c 10 cm und dessen dazugehörige Höhe h_c 8,5 cm beträgt.

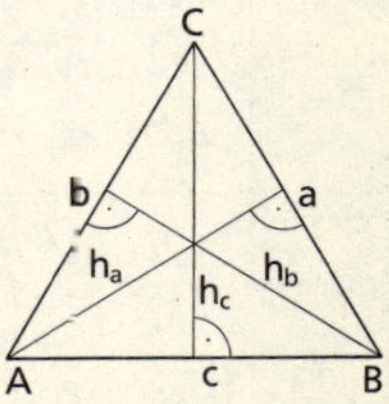

Formel: Ein Dreieck mit der Seite c und der dazugehörigen Höhe h_c hat den Flächeninhalt:

$$A = \frac{1}{2} c \cdot h_c$$

Wenn a und h_a gegeben sind, gilt:

$$A = \frac{1}{2} a \cdot h_a$$

Wenn b und h_b gegeben sind, gilt:

$$A = \frac{1}{2} b \cdot h_b$$

Lösung: $A = \frac{1}{2} c \cdot h_c = \frac{1}{2} \cdot 10\ \text{cm} \cdot 8{,}5\ \text{cm} =$ **42,50 cm²**

Trapez

Aufgabe: Von einem Trapez sind die Mittelparallele m = 15 cm und die Höhe h = 12 cm gegeben. Wie groß ist der Flächeninhalt A?

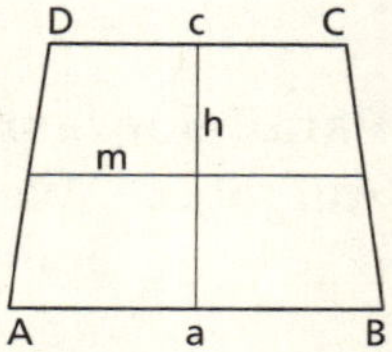

Formel: Ein Trapez mit der Mittelparallele m und der Höhe h hat den Flächeninhalt:

$$A = m \cdot h$$
$$A = \frac{1}{2} (a + c) \cdot h$$

Lösung: $A = m \cdot h = 15\ \text{cm} \cdot 12\ \text{cm} =$ **180 cm²**

Übungsaufgaben

1	Wie groß ist der Flächeninhalt einer quadratischen Zeltplane, die eine Seitenlänge von a = 2,60 m hat?

☐ a $5{,}20\ m^2$

☐ b $6{,}76\ m^2$

☐ c $4{,}60\ m^2$

☐ d $12{,}40\ m^2$

2	Berechnen Sie den Flächeninhalt einer Plakatwand, die die Form eines Rechtecks hat. Die beiden Seiten haben die Maße von 12,20 m und 8,30 m.

- a 1 012,60 m^2
- c 20,50 m^2
- b 10,13 m^2
- d 101,26 m^2

3	Eine rechteckige Werkstatt ist 12,80 m lang und 8,40 m breit. Welche Menge an Bodenplatten wird benötigt, wenn diese die Maße 40 cm · 40 cm haben?

- a 68 Platten
- c 672 Platten
- b 269 Platten
- d 6 720 Platten

4	Wie groß ist der Flächeninhalt eines Parallelogramms, wenn die Seiten b = 10,50 m und die Höhe h_b = 14,20 m betragen?

- a 149,10 m^2
- c 1 491,00 m^2
- b 14,91 m^2
- d 24,70 m^2

5	In einem Parallelogramm sind folgende Größen gegeben: a = 7 cm, b = 5 cm, h_a = 4 cm. Ermitteln Sie den Wert von h_b!

- a 5,6 cm
- c 140,0 cm
- b 28,0 cm
- d 8,8 cm

6	Wie groß ist der Flächeninhalt eines Dreiecks ABC? Die Seite a hat eine Länge von 8,3 cm und h_a von 9,0 cm.

- [ ] a 3,74 cm^2
- [ ] b 37,35 cm^2
- [ ] c 74,70 cm^2
- [ ] d 373,50 cm^2

7	Berechnen Sie die Höhe h_c eines Dreiecks ABC. Der Flächeninhalt beträgt 25 cm^2 und die Seite c hat eine Länge von 10 cm.

- [ ] a 0,5 cm
- [ ] b 0,4 cm
- [ ] c 12,5 cm
- [ ] d 5,0 cm

8	Von einem Trapez sind gegeben: $a = 6{,}5$ cm, $h = 4$ cm und $A = 28$ cm^2. Berechnen Sie die Länge von c!

- [ ] a 75,0 cm
- [ ] b 7,5 cm
- [ ] c 49,5 cm
- [ ] d 2,2 cm

Die Lösungen zu den Aufgaben 1–8 (Flächeninhalte ebener Figuren) siehe S. 168.

Geometrie	*Flächensätze am rechtwinkligen Dreieck*

Pythagoras

Aufgabe: Welche Länge hat die Diagonale d eines Rechtecks mit den Seiten $a = 4$ m und $b = 3$ m?

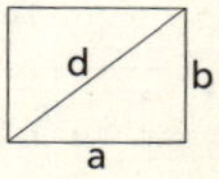

Formel: Im rechtwinkligen Dreieck ist die Summe der Flächeninhalte der Kathetenquadrate gleich dem Flächeninhalt des Hypotenusenquadrats.

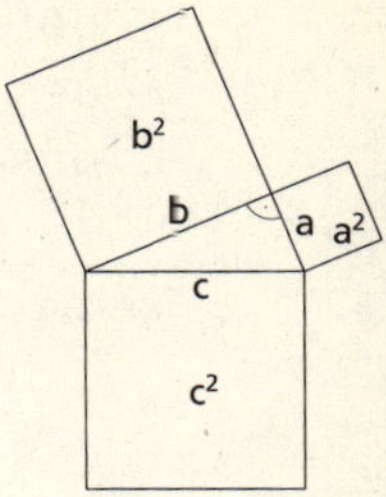

$$c^2 = a^2 + b^2$$
$$c = \sqrt{a^2 + b^2}$$

Lösung: Die Diagonale d zerlegt das Rechteck in zwei gleichgroße Dreiecke. Die Diagonale wird mit Hilfe des Satzes von Pythagoras berechnet.
Danach gilt:

$$d^2 = a^2 + b^2$$
$$d^2 = 16 + 9 = 25$$
$$d = \sqrt{25}$$

$= 5$ **m**

Kathetensatz

Aufgabe: Welche Länge hat die Kathete a eines rechtwinkligen Dreiecks mit der Hypotenuse $c = 36$ cm und dem anliegenden Hypotenusenabschnitt $p = 4$ cm?

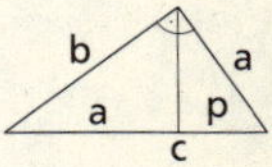

Formel: Im rechtwinkligen Dreieck ist der Flächeninhalt des Quadrats über einer Kathete gleich dem Flächeninhalt des Rechtecks, gebildet aus der Länge der Hy-

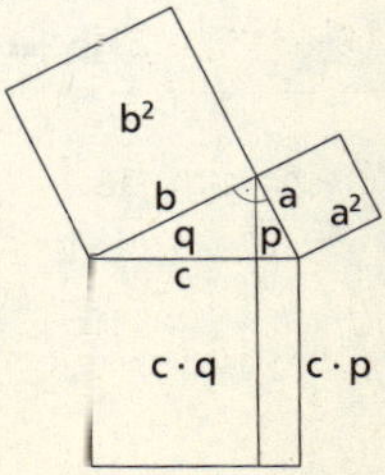

potenuse und der Länge des anliegenden Hypotenusenabschnitts.

$$a^2 = c \cdot p$$
$$b^2 = c \cdot q$$

Lösung: $a^2 = c \cdot p = 36 \cdot 4 = 144$

$a = \sqrt{144}$ **= 12 cm**

Höhensatz

Aufgabe: Ermitteln Sie die Höhe h in einem rechtwinkligen Dreieck, wenn die Hypotenusenabschnitte p = 2 cm und q = 4,5 cm betragen.

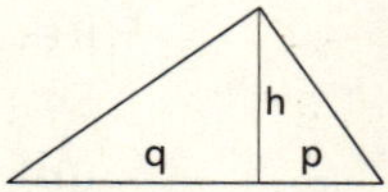

Formel: Im rechtwinkligen Dreieck ist das Quadrat über der Höhe gleich dem Rechteck, welches aus den Hypotenusenabschnitten gebildet wird.

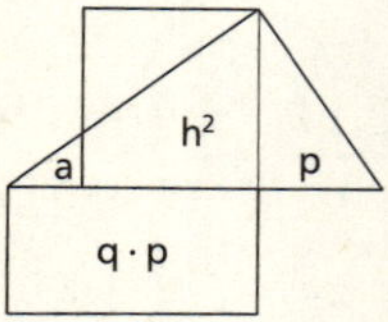

$$h^2 = q \cdot p$$

Lösung: $h^2 = q \cdot p$

$h = \sqrt{q \cdot p} = \sqrt{4{,}5 \cdot 2} = \sqrt{9}$ **= 3 cm**

Übungsaufgaben

9	Eine 7 m hohe Hauswand soll durch einen Holzbalken abgestützt werden. Der Balken soll 3 m vom Fußpunkt der Wand aufgesetzt werden und bis zu ihrem Ende reichen. Welche Länge muss der Balken haben?

☐ a 76,20 m ☐ b 7,62 m ☐ c 3,16 m ☐ d 6,32 m

10	Ermitteln Sie den Hypotenusenabschnitt q eines rechtwinkligen Dreiecks, wenn die Hypotenuse c = 10 cm und die Kathete b = 8 cm lang ist.

☐ a 1,6 cm ☐ b 84,0 cm ☐ c 12,5 cm ☐ d 6,4 cm

11	Berechnen Sie die Höhe h eines rechtwinkligen Dreiecks, wenn gegeben sind: p = 5 cm, q = 8 cm.

☐ a 40,0 cm ☐ b 63,2 cm ☐ c 6,32 cm ☐ d 20,0 cm

Die Lösungen zu den Aufgaben 9–11 (Flächensätze am rechtwinkligen Dreieck) *siehe S. 169.*

Geometrie	*Kreisberechnung*

Kreisinhalt

Aufgabe: Ein Kreis hat einen Durchmesser von d = 24 cm. Wie groß ist der Kreisinhalt?

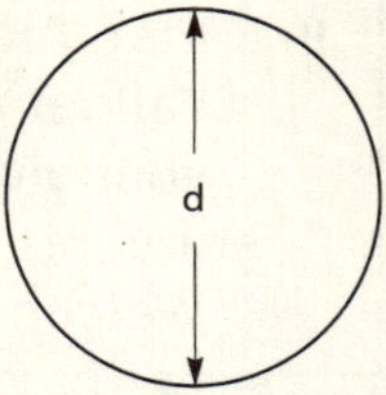

Formel: Ein Kreis mit dem Durchmesser d hat den Flächeninhalt:

$$A = \frac{\pi}{4} \cdot d^2$$

oder:

$$A = \pi \cdot r^2$$

Lösung: $A = \frac{\pi}{4} \cdot d^2 = \frac{3{,}14}{4} \cdot 576 =$ **452,16 cm²**

oder:

$A = \pi \cdot r^2 = 3{,}14 \cdot 144 =$ **452,16 cm²**

Kreisumfang

Aufgabe: Ein Kreis hat einen Radius von r = 18 cm. Wie groß ist der Kreisumfang?

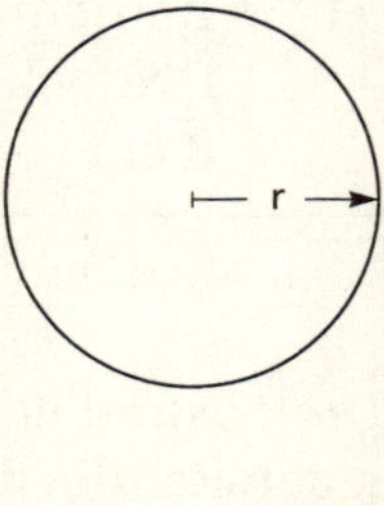

Formel: Ein Kreis mit dem Radius r hat den Umfang:

$$U = 2\pi \cdot r$$

oder:

$$U = \pi \cdot d$$

Lösung: $U = 2\pi \cdot r = 6{,}28 \cdot 18 =$ **113,04 cm**

oder:

$U = \pi \cdot d = 3{,}14 \cdot 36 =$ **113,04 cm**

Kreisbogen

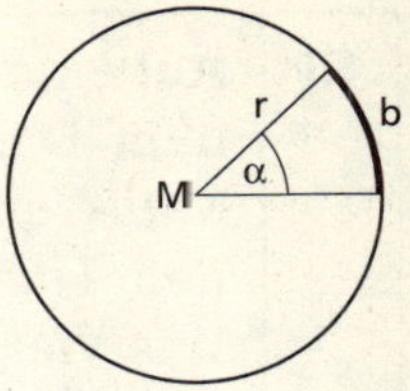

Aufgabe: Berechnen Sie die Länge des Kreisbogens b in einem Kreis mit r = 20 cm und einem dazugehörigen Mittelpunktswinkel von $\alpha = 40^\circ$!

Formel: Ein Kreisbogen b mit dem Radius r und dem Mittelpunktswinkel α hat die Länge:

$$b = \pi \cdot r \cdot \frac{\alpha}{180}$$

Lösung: $b = \pi \cdot r \cdot \frac{\alpha}{180} = 3{,}14 \cdot 20\ \text{cm} \cdot \frac{40}{180} =$ **13,96 cm**

Kreisausschnitt

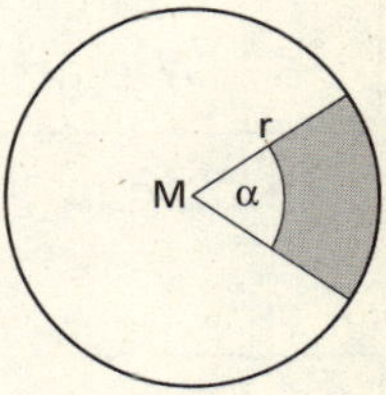

Aufgabe: Wie groß ist der Flächeninhalt A eines Kreisausschnitts mit einem Mittelpunktswinkel $\alpha = 60^\circ$ und einem Radius von r = 0,35 m?

Formel: Ein Kreisausschnitt mit dem Radius r und dem Mittelpunktswinkel α hat den Flächeninhalt:

$$A = \pi \cdot r^2 \cdot \frac{\alpha}{360}$$

Lösung: $A = \pi \cdot r^2 \cdot \frac{\alpha}{360} = 3{,}14 \cdot 0{,}1225\ \text{m}^2 \cdot \frac{60}{360} =$ **0,064 m²**

Übungsaufgaben

12	Wie groß ist der Kreisinhalt, wenn der Radius des Kreises r = 0,70 m beträgt?

☐ a $1{,}54\ \text{m}^2$ ☐ b $2{,}20\ \text{m}^2$ ☐ c $6{,}90\ \text{m}^2$ ☐ d $6{,}15\ \text{m}^2$

13	Auf einem verkehrsreichen runden Platz mit einem Durchmesser von D = 52 m soll in der Mitte ein kreisrunder Springbrunnen mit einem Durchmesser von d = 6 m gebaut werden. Wie viel m^2 bleiben für den Verkehr übrig?

- [ ] a 1 840,04 m^2
- [ ] b 209,44 m^2
- [ ] c 2094,38 m^2
- [ ] d 20943,80 m^2

14	Eine Kirchturmuhr hat einen Durchmesser von 0,75 m. Wie groß ist der Uhrenumfang?

- [ ] a 7,40 m
- [ ] b 2,36 m
- [ ] c 4,71 m
- [ ] d 0,24 m

15	Wie lang ist der Kreisbogen b in einem Kreis mit einem Radius von r = 0,40 m und einem Mittelpunktswinkel von $\alpha = 90°$?

- [ ] a 0,63 m
- [ ] b 2,51 m
- [ ] c 1,26 m
- [ ] d 6,30 m

16	Wie lang ist der Weg, den die Spitze des großen Zeigers einer Kirchturmuhr mit einer Länge von 0,75 m in 15 Minuten zurücklegt?

- [ ] a 0,59 m
- [ ] b 1,18 m
- [ ] c 4,71 m
- [ ] d 2,36 m

17	Ermitteln Sie den Flächeninhalt eines Kreisausschnitts, wenn der Mittelpunktswinkel $\alpha = 20^\circ$ beträgt und der Radius eine Länge von $r = 40$ m hat.

☐ a 55,8 m² ☐ c 279,1 m²

☐ b 1 116,4 m² ☐ d 558,2 m²

18	Der Scheibenwischer eines Autos hat eine Länge von 0,38 m und deckt einen Winkel von 130° ab. Wie groß ist die gereinigte Fläche der Autoscheibe?

☐ a 1,60 m² ☐ b 1,26 m² ☐ c 0,65 m² ☐ d 0,16 m²

Die Lösungen zu den Aufgaben 12–18 (Kreisberechnung) siehe S. 169f.

Geometrie	*Rauminhalte von Körpern*

Würfel

Aufgabe: Ein Würfel hat die Kantenlänge von a = 14 cm. Wie groß ist das Volumen V des Würfels?

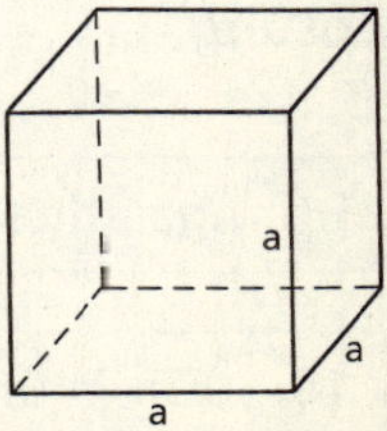

Formel: Ein Würfel mit der Kantenlänge a hat den Rauminhalt:

$$V = a \cdot a \cdot a = a^3$$

Lösung: $V = a^3 = 14\text{ cm} \cdot 14\text{ cm} \cdot 14\text{ cm} =$ $\mathbf{2744\ cm^3}$

Quader

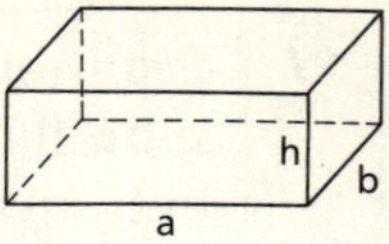

Aufgabe: Ein Quader hat die Kantenlänge von $a = 12$ cm, $b = 9$ cm und $h = 4$ cm. Wie groß ist das Volumen V des Quaders?

Formel: Ein Quader mit den Kantenlängen a, b und c hat den Rauminhalt:

$$V = a \cdot b \cdot c$$

Lösung: $V = a \cdot b \cdot c = 12 \text{ cm} \cdot 9 \text{ cm} \cdot 4 \text{ cm} =$ **432 cm^3**

Kreiszylinder

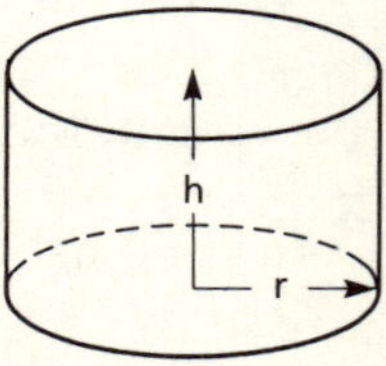

Aufgabe: Berechnen Sie den Rauminhalt eines senkrechten Kreiszylinders mit dem Grundkreisradius $r = 2$ m und einer Höhe von $h = 1{,}85$ m.

Formel: Ein senkrechter Kreiszylinder mit dem Grundkreisradius r und der Höhe h hat den Rauminhalt von:

$$V = \pi \cdot r^2 \cdot h$$

Lösung: $V = \pi \cdot r^2 \cdot h = 3{,}14 \cdot 4 \cdot 1{,}85 =$ **$23{,}24 \text{ m}^3$**

Übungsaufgaben

19	Ein Würfel hat die Kantenlänge von $a = 9$ cm. Ermitteln Sie das Volumen des Würfels!

- [ ] a 729 cm^3
- [ ] c 7290 cm^3
- [ ] b 27 cm^3
- [ ] d 162 cm^3

20	Ein Würfel hat ein Volumen von 64 cm^3. Wie groß ist die Kantenlänge des Würfels?

☐ a 12 cm ☐ b 4 cm ☐ c 8 cm ☐ d 9 cm

21	Wie groß ist das Volumen eines Quaders, wenn die Länge seiner Kanten folgende Maße hat: a = 6 cm, b = 8 cm und h = 5 cm?

☐ a 48 cm^3

☐ b 2,40 cm^3

☐ c 240 cm^3

☐ d 30 cm^3

22	Ein Aquarium hat die Seitenlängen a = 50 cm und b = 40 cm. Die Höhe h beträgt 35 cm. Wie viel Liter Wasser enthält das Aquarium, wenn es bis auf 5 cm gefüllt ist?

☐ a 7 l ☐ b 60 l ☐ c 70 l ☐ d 6 l

23	Wie groß ist der Rauminhalt eines senkrechten Kreiszylinders mit einem Grundkreisradius von r = 1,60 m und einer Höhe von h = 2,25 m?

☐ a 18,086 m^3

☐ b 11,304 m^3

☐ c 25,434 m^3

☐ d 113,000 m^3

24	Eine Regentonne in Form eines Kreiszylinders hat einen inneren Durchmesser von d = 80 cm. Ihre Höhe beträgt 95 cm. Wie viel m^3 Wasser kann die Tonne aufnehmen?

☐ a 4,773 m^3 ☐ c 1,193 m^3

☐ b 1,134 m^3 ☐ d 0,477 m^3

25	Eine zylinderförmige Blechbüchse hat einen Durchmesser von 14 cm. Die Blechbüchse soll 2 Liter fassen können. Wie hoch muss die Büchse sein?

☐ a 91,0 cm ☐ b 13,0 cm ☐ c 9,1 cm ☐ d 45,5 cm

26	Ein Zylinder hat eine Höhe von 2 m und fasst 4000 Liter. Ermitteln Sie die Länge des Radius!

☐ a 79,8 cm ☐ c 564,0 cm

☐ b 798,0 cm ☐ d 56,4 cm

Die Lösungen zu den Aufgaben 19–26 (Rauminhalte von Körpern) siehe S. 170.

Geometrie	*Oberflächeninhalte von Körpern*

Würfel

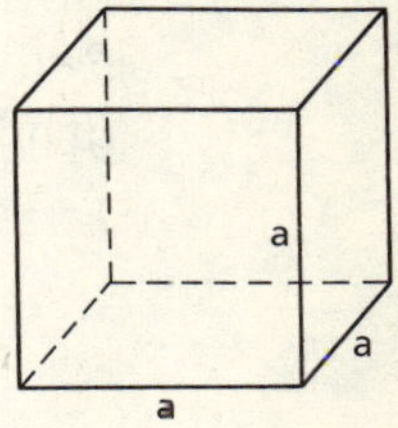

Aufgabe: Ein Holzwürfel hat die Kantenlängen von $a = 24$ cm. Wie groß ist der Oberflächeninhalt des Würfels?

Formel: Der Oberflächeninhalt eines Würfels ist gleich der Summe aller Grund- und Seitenflächen:

$$O = 6 \cdot a^2$$

Lösung: $O = 6 \cdot a^2 = 6 \cdot 576 =$ **3456 cm²**

Quader

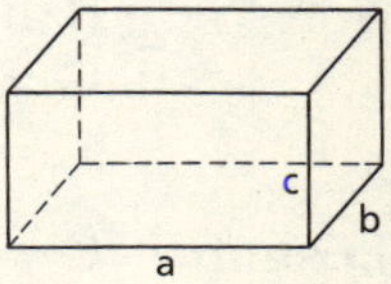

Aufgabe: Eine Schachtel hat die Form eines Quaders. Die Kantenlängen betragen: $a = 8$ cm, $b = 6$ cm, $c = 4$ cm. Wie groß ist der Oberflächeninhalt des Körpers?

Formel: Der Oberflächeninhalt eines Quaders ist gleich der Summe aller Grund- und Seitenflächen:

$$O = 2ab + 2ac + 2bc$$

$$O = 2(ab + ac + bc)$$

Lösung: $O = 2(ab + ac + bc) = 2(8 \cdot 6 + 8 \cdot 4 + 6 \cdot 4) =$ **208 cm²**

Kreiszylinder

Aufgabe: Eine Plakatsäule hat eine Höhe von 3 m bei einem Radius von 0,25 m. Wie groß ist die Fläche?

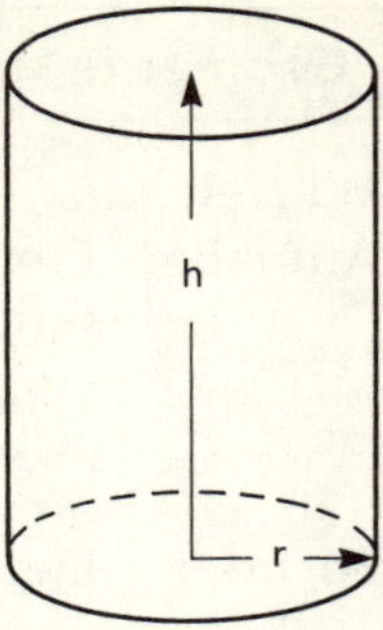

Formel: Ein Zylinder mit dem Radius r und der Höhe h hat den Oberflächeninhalt von:

$O = 2 \cdot G + M$
$O = 2\pi r^2 + 2\pi rh$
$O = 2\pi r\,(r + h)$

(Hinweis:
G = Grundfläche = $\pi \cdot r^2$
M = Mantel = $2\pi rh$)

Lösung: $O = 2\pi r\,(r + h) = 2 \cdot 3{,}14 \cdot 0{,}25\,(0{,}25 + 3) =$ **5,10 m²**

Übungsaufgaben

27	Ermitteln Sie den Oberflächeninhalt eines Würfels, der eine Kantenlänge von $a = 8$ cm hat!

☐ a 384 cm^2 ☐ b 24 cm^2 ☐ c 512 cm^2 ☐ d 96 cm^2

28	Wie groß ist die Seitenkante eines Würfels, der eine Oberfläche von 96 cm^2 hat?

☐ a 16 cm ☐ b 8 cm ☐ c 4 cm ☐ d 48 cm

29	Bestimmen Sie den Oberflächeninhalt eines Quaders, der die Kantenlängen a = 10 cm, b = 9 cm und c = 5 cm hat!

☐ a 185 cm^2 ☐ b 370 cm^2 ☐ c 450 cm^2 ☐ d 410 cm^2

30	Wie groß ist der Oberflächeninhalt einer Konservendose? Der Durchmesser beträgt 8 cm und die Höhe 10 cm.

☐ a 90,43 cm^2 ☐ c 1 004,80 cm^2

☐ b 904,32 cm^2 ☐ d 351,68 cm^2

31	Wie hoch ist ein Zylinder, wenn der Radius 8 cm beträgt und der Flächeninhalt des Mantels mit 840 cm^2 angegeben wird?

☐ a 16,72 cm ☐ c 13,38 cm

☐ b 133,76 cm ☐ d 33,44 cm

Die Lösungen zu den Aufgaben 27–31 (Oberflächeninhalte von Körpern) siehe S. 170.

Geometrie	*Lösungen*

Lösungen: Flächeninhalte ebener Figuren

1 b – **2** d

3 c → Lösungshinweise:
- Flächeninhalt Werkstatt $= 107{,}52\ m^2$
- Flächeninhalt einer Platte $= 0{,}16\ m^2$
- Anzahl der Platten $= 107{,}52 : 0{,}16$ $= \mathbf{672}$

4 a

5 a → Lösungshinweise:
- $A = a \cdot h_a \qquad A = b \cdot h_b$
- $b \cdot h_b = a \cdot h_a$
- $h_b = \frac{a \cdot h_a}{b} = \frac{7 \cdot 4}{5} = \mathbf{5{,}6\ cm}$

6 b

7 d → Lösungshinweise:
- $A = \frac{1}{2}\, c \cdot h_c$
- $h_c = \frac{2A}{c} = \frac{50}{10} = \mathbf{5\ cm}$

8 b → Lösungshinweise:
- $\frac{1}{2}\,(a + c) \cdot h = - A$
- $a + c = - \frac{2A}{h}$
- $c = \frac{2A}{h} - a = \frac{2 \cdot 28}{4} - 6{,}5 = \mathbf{7{,}5\ cm}$

Lösungen: Flächensätze am rechtwinkligen Dreieck

9 b → Lösungshinweise:
- $c^2 = a^2 + b^2$ (Satz des Pythagoras)
- $c^2 = 9 + 49 = 58$
- $c = \sqrt{58} = \mathbf{7{,}62\ m}$

10 d → Lösungshinweise:
- $b^2 = c \cdot q$ (Kathetensatz)
- $q = \frac{b^2}{c} = \frac{64}{10} = \mathbf{6{,}4\ cm}$

11 c → Lösungshinweise:
- $h^2 = q \cdot p$
- $h = \sqrt{q \cdot p} = \sqrt{8 \cdot 5} = \sqrt{40} = \mathbf{6{,}32\ cm}$

Lösungen: Kreisberechnung

12 a

13 c → Lösungshinweise:
- Flächeninhalt Platz:
  $A_1 = \frac{\pi}{4} \cdot D^2 = \frac{3{,}14}{4} \cdot 52^2 = 2\,122{,}64\ m^2$
- Flächeninhalt Springbrunnen:
  $A_2 = \frac{\pi}{4} \cdot d^2 = \frac{3{,}14}{4} \cdot 6^2 = 28{,}26\ m^2$

- Differenz **2 094,38 m²**

14 b

15 a

16 b → Lösungshinweise:
- Mittelpunktswinkel α für 15 Minuten → 90°
- Weg des Zeigers: $b = \pi \cdot r \cdot \frac{\alpha}{180}$
- $b = 3{,}14 \cdot 0{,}75 \cdot \frac{90}{180} = 1{,}18\ m$

17 c

18 d → Lösungshinweise:

$- A = \pi \cdot r^2 \cdot \frac{\alpha}{360}$

$- A = 3{,}14 \cdot 0{,}38^2 \cdot \frac{130}{360} = \mathbf{0{,}16\ m^2}$

Lösungen: Rauminhalte von Körpern

19 a – **20** b – **21** c

22 b → Lösungshinweise:

$a \cdot b \cdot c = 0{,}5\ m \cdot 0{,}4\ m \cdot 0{,}3\ m = 0{,}06\ m^3 = 60\ l$

$(1\ m^3 = 1\,000\ l)$

23 a – **24** d – **25** b – **26** a

Lösungen: Oberflächeninhalte von Körpern

27 a

28 c → Lösungshinweise:

$- O = 6 \cdot a^2$

$- a^2 = \frac{O}{6}$

$- a = \sqrt{\frac{O}{6}} = \sqrt{\frac{96}{6}} = \sqrt{16} = \mathbf{4\ cm}$

29 b – **30** d

31 a → Lösungshinweise:

$2\pi \cdot r \cdot h = M$

$- h = \frac{M}{2\pi \cdot r} = \frac{840}{2 \cdot 3{,}14 \cdot 8} = \frac{840}{50{,}24} = \mathbf{16{,}72\ cm}$

Wirtschaft und Soziales	*Vorwort und Literaturtipp*

Aus dem umfangreichen Gebiet »Wirtschaft und Soziales« wurde die Auswahl der Fragen unter dem Gesichtspunkt getroffen, welche Sachverhalte Ihnen aus den Medien bekannt sein müssten. Sehr oft zielen Fragen in Tests und Vorstellungsgesprächen auf solche meist aktuellen Inhalte ab.

Neben einer Auffrischung und Überprüfung Ihres Wissens können Sie auch Neues dazulernen. Der Umfang der Fragen kann nicht vollständig sein. Es geht in erster Linie darum, dass Sie darüber informiert sind, welche Themengebiete aus diesem Bereich relevant sein können.

Wir empfehlen Ihnen, dass Sie sich immer dann eingehend sachkundig machen, wenn Sie unsicher sind oder sonstige Schwierigkeiten haben, die Fragen zu beantworten.

Das Angebot an Literatur ist reichhaltig. Oft reicht schon ein ganz normales Lexikon. Gerade bei wirtschaftlichen Sachverhalten ist es oftmals gut, einen Ratgeber zu haben, der in kurzer und präziser Form verfasst ist. Deshalb empfehlen wir Ihnen:

☛ Schneider/Zindel/Lötzerich, Einstieg zum Aufstieg, Winklers Verlag, ISBN: 978-3-8045-4260-0. Sehr verständlich geschrieben.

☛ Neue Testfragen unter www.top-bewerbung.de

Wirtschaft und Soziales	*Testfragen*

1	Wie wird das Wirtschaftssystem der Bundesrepublik Deutschland bezeichnet?

- [ ] a Freie Marktwirtschaft
- [x] b Soziale Marktwirtschaft ✓
- [ ] c Planwirtschaft
- [ ] d Zentrale Marktwirtschaft

2	Wer gilt als der Begründer der Sozialen Marktwirtschaft?

- [ ] a Konrad Adenauer
- [ ] b Helmut Kohl
- [ ] c Gerhard Schröder
- [x] d Ludwig Erhard ✓

3	Welches ist kein Merkmal eines marktwirtschaftlichen Systems?

- [ ] a Die Tarifautonomie
- [ ] b Die Gewerbefreiheit

- [x] c Staatlich festgesetzte Preise
- [ ] d Die freie Berufswahl

4	Welche der folgenden Aussagen passt zum System der Marktwirtschaft?

- [x] a Der Preis wird über Angebot und Nachfrage geregelt.
- [ ] b Die Verbraucher bestimmen allein über das Güterangebot.
- [ ] c Der Staat kann einen Lohn- und Preisstopp verhängen.
- [ ] d Jeder Unternehmer hat Anspruch auf einen angemessenen Gewinn.

5	Was versteht man unter dem Begriff »Tarifautonomie«?

- [ ] a Die Regierung legt Löhne und Gehälter nach Abstimmung mit den Gewerkschaften und Arbeitgebern fest.
- [x] b Die Tarifparteien handeln ohne staatliche Eingriffe die neuen Tarifverträge aus.
- [ ] c Die Deutsche Bahn AG legt die Frachttarife eigenständig fest.
- [ ] d Der Bundeskanzler kann einen drohenden Streik verbieten.

6	In welchem Gesetz ist die Tarifautonomie festgeschrieben?

- [ ] a Im Arbeitsgesetz
- [ ] b Im Bürgerlichen Gesetzbuch
- [x] c Im Grundgesetz ✓
- [ ] d Im Tarifvertragsgesetz

7	Was ist ein Streik?

- [x] a Ein Arbeitskampf ✓
- [ ] b Eine Auseinandersetzung zwischen einem Arbeitnehmer und einem Arbeitgeber
- [ ] c Ein Prozess vor dem Arbeitsgericht
- [ ] d Die Verweigerung der Arbeitsaufnahme durch einen einzelnen Arbeitnehmer

8	Ein Manteltarifvertrag ist … ✓

- [x] a …eine längerfristige Vereinbarung von Arbeitsbedingungen.
- [ ] b … ein Lohn- und Gehaltstarifvertrag.
- [ ] c … ein Tarifvertrag der Textilindustrie.
- [ ] d … ein Tarifvertrag, der vom Arbeitsminister ausgearbeitet wurde.

9	Subventionen sind …

a … Zahlungen von Handwerkskammern an Not leidende Betriebe.

b … staatliche Festlegungen von Mindestpreisen.

c … staatliche Hilfen für existenzbedrohte Wirtschaftszweige.

d … staatliche Festlegungen von Mindestpreisen.

10	Unter Investitionen versteht man …

a … den Kauf von Konsumgütern.

b … eine Geldanlage in Investmentfonds

c … einen Truppeneinmarsch.

d … den Kauf von Anlagegütern durch ein Unternehmen.

11	Was ist der Dow-Jones?

a Der Preisindex für die Lebenshaltungskosten eines Landes

b Der Handelsbilanzüberschuss der USA

c Der Aktienindex an der Börse in Tokio

d Der Aktienindex an der Wall Street

12	Was geschieht an der Wertpapierbörse?

- [ ] a Die Festlegung des Dollar-Kurses
- [ ] b Die Ermittlung des Rohölpreises
- [ ] c Die Festlegung der Nennwerte von Aktien
- [x] d Der Kauf und Verkauf von Aktien

13	Die »Ökosteuer« wird entrichtet …

- [x] a … für den Verbrauch an Energie.
- [ ] b … für die Nutzung von Einwegverpackungen.
- [ ] c … für die Nutzung der Autobahnen durch ausländische LKW.
- [ ] d … für den gelben Sack.

14	Durch welche Aussage wird der Begriff »Steuern« am besten umschrieben?

- [ ] a Zahlungen des Verbrauchers an den Staat für bestimmte Leistungen
- [x] b Allgemeine Zahlungen an den Staat ohne unmittelbare Gegenleistung
- [ ] c Sozialabgaben für Löhne und Gehälter
- [ ] d Abgaben, die beim grenzüberschreitenden Warenverkehr erhoben werden

15	Was ist ein »Investmentfonds«?

- a Das Geld, mit dem ein Wertpapiermakler im Auftrag seiner Kunden handelt
- b Eine Gemeinschaft privater Besitzer von Eigentumswohnungen
- X c Die gemeinsame Anlage und Verwaltung privaten Kapitals im Wertpapierbereich
- d Eine von mehreren Anteilseignern getragene gemeinsame betriebliche Investition

16	Was bringen Sie mit dem Begriff »Rentenmarkt« in Verbindung?

- a Ein Institut, welches die gesetzlichen Rentenbeiträge verwaltet
- b Die Rücklagen der Bundesversicherungsanstalt für Arbeitnehmer/innen
- c Wertpapiere von Lebensversicherungsanstalten
- X d Den Handel mit festverzinslichen Wertpapieren

17	Der Kurs von Aktien wird ermittelt durch …

- a … das »Fixing« an der Rentenbörse.
- X b … Angebot und Nachfrage an der Wertpapierbörse.
- c … Beschluss des Vorstandes und der Hauptversammlung einer AG.
- d … den Bundeswirtschaftsminister.

18	Was ist »Buchgeld«?

- a Die aus der Buchführung errechnete Geldmenge eines Betriebes
- b Die Kassenbestände aller Banken
- c Geld auf einem Girokonto
- d Geld, das bei Buchmachern für Wetten eingesetzt wird

19	Welche der genannten Steuern »sprudelt« Ihrer Meinung nach am besten?

- a Die Mineralölsteuer
- b Die Erbschaftssteuer
- c Die Tabaksteuer
- d Die Mehrwertsteuer

20	Eine Dividende ist …

- a … der ausgeschüttete Gewinnanteil von Aktien.
- b … der tatsächliche Zinssatz einer Geldanlage.
- c … der Kurswert einer Aktie.
- d … der Nennwert einer Aktie.

21	Was ist der DAX?

- [ ] a Ein Wertpapierindex (Abkürzung: Dual-Action-Xetra)
- [x] b Das »Börsenbarometer« der 30 größten und umsatzstärksten Aktiengesellschaften Deutschlands
- [ ] c Die Abkürzung für die Vereinigung »Deutscher Anlageberater«
- [ ] d Die deutsche Abkürzung für den amerikanischen »Dow-Jones«

22	Was versteht man unter dem TecDAX?

- [x] a Den Index der dreißig wichtigsten Technologieunternehmen, die nicht im DAX vertreten sind
- [ ] b Das »Börsenbarometer« für die Aktien der nordamerikanischen Technik-AGs
- [ ] c Die Kursentwicklung für fünfzig ausgewählte Wertpapierfonds mit Technik-Schwerpunkt
- [ ] d Die fünfzig stärksten Aktien der New Economy an der New Yorker Wall Street

23	Welche Aussage zu Aktien ist richtig?

- [ ] a Alle Aktien werden an der Wertpapierbörse in Frankfurt gehandelt.
- [x] b Der Nennwert von Aktien steht in keinem direkten Zusammenhang mit dem Kurswert.
- [ ] c Der Kurs von Aktien wird durch die Vorstände und Banken festgelegt.
- [ ] d Nennwert und Kurswert von Aktien müssen immer gleich sein.

24 Was versteht man unter »electronic cash«?

- [ ] a Eine elektronische Sicherung von Geldautomaten
- [x] b Die bargeldlose Zahlung mit einer ec-Karte
- [ ] c Eine Zahlung mit Eurocheque
- [ ] d Die Zahlung mit einer Kreditkarte

25 Was verbinden Sie mit dem Begriff »Inflation«?

- [x] a Geldentwertung
- [ ] b Steigerung der Konsumausgaben
- [ ] c Wachsende Verschuldung
- [ ] d Erhöhung des Geldwertes

26 Wann war die »Währungsreform«?

- [ ] a 1939
- [ ] b 1945
- [x] c 1948
- [ ] d 1961

27 Wie viele Länder umfasst die Europäische Währungsunion?

- [ ] a 15
- [x] b 16
- [ ] c 12
- [ ] d 10

28	Wie viele Euroscheine gibt es?

- [ ] a 6
- [x] b 7
- [ ] c 8
- [ ] d 9

29	Was versteht man unter dem »Preisindex«?

- [x] a Die Entwicklung der Verbraucherpreise
- [ ] b Die Preisentwicklung für Lebensmittel
- [ ] c Die Testergebnisse der Stiftung Warentest
- [ ] d Die im Internet abrufbaren günstigsten Verbraucherpreise

30	Was versteht man unter »bargeldlosem Zahlungsverkehr«?

- [ ] a Einen Kauf auf Kredit
- [ ] b Den Kauf von Devisen
- [ ] c Die Bezahlung durch Abhebung vom Sparbuch
- [x] d Eine Überweisung von einem Konto zum anderen

31	Ab wann gilt der Euro als offizielle Währung für alle Länder der europäischen Währungsunion?

- [ ] a 1. Januar 2000
- [ ] b 31. Dezember 2000
- [x] c 1. Januar 2002
- [ ] d 1. Januar 2005

32	Das Bruttoinlandsprodukt ist …

- [ ] a … die Summe aller Einkommen in einem Jahr.
- [ ] b … die Summe aller Gelder, die an Sozialhilfeempfänger in einem Jahr ausbezahlt wurde.
- [x] c … der Wert aller in einem Jahr erstellten Güter und Dienstleistungen.
- [ ] d … die Höhe der Rücklagen aller sozialen Rentenversicherungsbeiträge.

33 Nachfolgend ist ein typischer Konjunkturverlauf dargestellt.

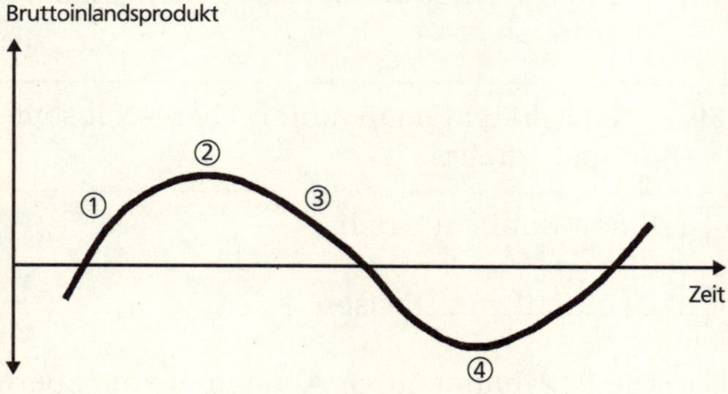

Ordnen Sie die folgenden Begriffe den oben aufgeführten Ziffern richtig zu. Welche Reihenfolge stimmt?

A: Boom
B: Depression
C: Aufschwung
D: Rezession

- [ ] a 1/A 2/B 3/C 4/D
- [ ] b 1/B 2/A 3/C 4/D
- [ ] c 1/D 2/C 3/A 4/B
- [x] d 1/C 2/A 3/D 4/B

34 Was kennzeichnet eine Rezession? ✓

- [ ] a Ein wirtschaftlicher Aufschwung
- [ ] b Die Phase eines starken Wirtschaftswachstums
- [x] c Ein rückläufiges Wirtschaftswachstum
- [ ] d Ein starker Preisanstieg

35 Welches ist eine Begleiterscheinung der Hochkonjunktur? ✓

- [ ] a Das Angebot ist vielfach größer als die Nachfrage.
- [x] b Die Preise steigen wegen der hohen Nachfrage.
- [ ] c Auf dem Arbeitsmarkt werden weniger Kräfte nachgefragt.
- [ ] d Die Nachfrage ist kleiner als die Produktionskapazität.

36 Eine Depression ist … ✓

- [ ] a … eine Phase der Hochkonjunktur.
- [x] b … die Talsohle des Wirtschaftsverlaufes.
- [ ] c … ein wirtschaftlicher Aufschwung.
- [ ] d … eine Phase geringer Arbeitslosigkeit.

37	Auf wie viel Euro schätzen Sie ungefähr das Bruttoinlandsprodukt Deutschlands?

- [ ] a Zwischen 100 und 150 Mrd. Euro
- [ ] b Etwa 500 Mrd. Euro
- [x] c Zwischen 750 Mrd. und 1 Billion Euro
- [ ] d Ungefähr 2 Billionen Euro

38	Wofür steht die Abkürzung »DGB«?

- [ ] a Deutscher Gesamtverband Bedürftiger
- [ ] b Deutscher Gesamtbund der Beamten
- [x] c Deutscher Gewerkschaftsbund
- [ ] d Deutscher Genossenschaftsbund

39	Wodurch entsteht eine Inflation?

- [ ] a Wenn das Angebot größer ist als die Nachfrage
- [ ] b Durch eine im Vergleich zur Gütermenge stark steigende Geldmenge
- [ ] c Wenn die Nachfrage geringer ist als das Angebot
- [x] d Durch zu hohe Importe

40	Was versteht man unter dem Begriff »Kaufkraft«?

- [ ] a Den Durchschnittspreis aller Güter
- [x] b Die Gütermenge, die man für eine Geldeinheit erhält
- [ ] c Den Durchschnittspreis aller Konsumgüter
- [x] d Die Gütermenge, die ein Haushalt in einem Monat kaufen kann

41	Welche Wirkung kann eine Erhöhung der Umsatzsteuer (Mehrwertsteuer) haben?

- [ ] a Ankurbelung der Konsumgüternachfrage
- [ ] b Höhere Gewinne für die Unternehmer
- [x] c Nachfragerückgang bei Konsumgütern
- [ ] d Erhöhung der Kaufkraft

42	In welcher Stadt hat die Europäische Zentralbank ihren Sitz?

- [ ] a London
- [x] b Frankfurt
- [ ] c Paris
- [ ] d Rom

43	Eine positive Handelsbilanz entsteht durch …

- [ ] a … höhere Importe als Exporte.
- [ ] b … die verstärkte Reisetätigkeit Deutscher ins Ausland.
- [x] c … Exporte, welche die Einfuhren übersteigen.
- [ ] d … die Tätigkeit indischer IT-Spezialisten in Deutschland.

44	Welche Aussage zum Begriff »Recycling« stimmt?

- [x] a Recycling bezeichnet die Wiederverwertung von Stoffen.
- [ ] b Recycelt werden ausschließlich Weißblechdosen.
- [ ] c Die Wiederverwertung von Altpapier ist kein Recycling.
- [ ] d Recyclingunternehmen sind alle staatliche Firmen.

45	Wodurch wird die Stabilität des Preisniveaus gesichert?

- [ ] a Dadurch, dass die vorhandene Geldmenge größer ist als die Gütermenge
- [ ] b Durch eine Ausweitung des Güterangebotes bei gleichbleibender Geldmenge
- [x] c Wenn die Gütermenge der vorhandenen Geldmenge entspricht
- [ ] d Durch eine Verringerung der Gütermenge bei einer gleichzeitigen Ausweitung der Geldmenge

46	Welche Folgen kann ein Anstieg des Eurokurses gegenüber dem Dollar haben?

- [ ] a Exportanstiege in Deutschland
- [x] b Exportrückgänge in Deutschland
- [ ] c Importrückgänge in Deutschland
- [ ] d keine Auswirkungen für Deutschland

47	Ein Kursanstieg des US-Dollars kann folgende Auswirkung haben:

- [x] a Erhöhung der Ölpreise in der Bundesrepublik
- [ ] b Verbilligung des Urlaubs für Deutsche in den USA
- [ ] c Rückgang der importierten Rohstoffpreise für deutsche Unternehmen
- [ ] d Rückgang des Warenexports in die USA

48	Was ist ein Weltwirtschaftsgipfel?

- [ ] a Ein Boom in allen westlichen Industrienationen
- [x] b Wirtschaftskonferenz der wichtigsten Industriestaaten
- [ ] c Weltwirtschaftskonferenz der UNO
- [ ] d Konferenz der Nord-Süd-Weltwirtschafts-Kommission

49	Was ist ein »Warenkorb«?

- [ ] a Eine Zusammenstellung von ca. 700 verschiedenen Konsumgütern zur Ermittlung des Preisindex für Lebenshaltungskosten
- [ ] b Ein mit einem Chip gesicherter Einkaufswagen
- [ ] c Eine Befragung, mit der die Konsumentenwünsche und die Verbrauchergewohnheiten erfasst werden
- [ ] d Die Zusammenfassung von Gütern des täglichen Bedarfs, die von einer Durchschnittsfamilie pro Woche konsumiert werden

50	Welches der folgenden Ziele gehört in Deutschland nicht zur Wirtschaftspolitik?

- [ ] a Stetiges und angemessenes Wirtschaftswachstum
- [ ] b Die Senkung der Arbeitslosenzahlen
- [ ] c Ein staatlicher Preisstopp für stark nachgefragte Konsumgüter
- [ ] d Die Stabilität des Preisniveaus

51	In der staatlichen Wirtschaftspolitik spricht man vom »magischen Viereck«. Welches Ziel gehört dazu?

- [ ] a Der Ausgleich des Staatshaushaltes
- [ ] b Das außenwirtschaftliche Gleichgewicht
- [ ] c Die Verringerung der Staatsschulden
- [ ] d Die Erhöhung der Entwicklungshilfe

52	Die Handelsbilanz eines Landes ist negativ. Was bedeutet das?

- [ ] a Das Land hat mehr exportiert als importiert.
- [ ] b Es wurde mehr ausgeführt als im vergleichbaren Vorjahreszeitraum.
- [x] c Die Importe sind größer als die Exporte.
- [ ] d Es wurden in diesem Jahr weniger Güter exportiert als im Vorjahr.

53	Was versteht man unter dem »Generationenvertrag«?

- [x] a Die Beitragszahlungen der jüngeren Generation finanzieren die Renten der Ruheständler.
- [ ] b Jede Generation sichert mit den gesetzlichen Sozialversicherungsbeiträgen die eigene Altersvorsorge.
- [ ] c Die Beiträge der älteren Generation sichern die Renten der jungen Generation.
- [ ] d Hohe Renten werden mit Beiträgen für die gesetzliche Sozialversicherung belastet.

54	Welche Versicherungsart gehört nicht zur gesetzlichen Sozialversicherung?

- [ ] a Die Rentenversicherung
- [x] b Die Haftpflichtversicherung
- [ ] c Die Arbeitslosenversicherung
- [ ] d Die Krankenversicherung

55	Eine Aktiengesellschaft (AG) wird geleitet von …

- [ ] a … dem Aufsichtsrat.
- [ ] b … dem Prokuristen.
- [x] c … dem Vorstand.
- [ ] d … der Hauptversammlung.

Wirtschaft und Soziales	*Lösungen*

1 b – **2** d – **3** c – **4** a – **5** b – **6** c – **7** a – **8** a – **9** c – **10** d – **11** d – **12** d – **13** a – **14** b – **15** c – **16** d – **17** b – **18** c – **19** d – **20** a – **21** b – **22** a – **23** b – **24** b – **25** a– **26** c – **27** b – **28** b – **29** a – **30** d – **31** c – **32** c – **33** d – **34** c – **35** b – **36** b – **37** d – **38** c – **39** d – **40** b – **41** c – **42** b – **43** c – **44** a – **45** c – **46** b – **47** a – **48** b – **49** a – **50** c – **51** c – **52** c – **53** a – **54** b – **55** c

4 von 55 ⇒ 51 von 55

Politik	*Vorwort und Literaturtipp*

Die täglich in großer Flut über uns hereinbrechenden politischen Mitteilungen in Presse, Rundfunk und Fernsehen werden häufig nicht oder nur wenig beachtet.

Die Ursache liegt oft darin, dass bestimmte Grundkenntnisse fehlen, ohne die solche Nachrichten nicht eingeordnet werden können.

Daher werden Ihnen für den größten Teil der folgenden Testfragen zunächst Kurzinformationen gegeben.

Literatur für weitergehende Studien:
☛ Neue Fragen aus aktuellen Tests unter www.top-bewerbung.de

Politik	*Fakten im Überblick*

Merkmale der Demokratie – Das Grundgesetz
Unter Leitung von Prof. Dr. Carlo Schmid wurden vom Parlamentarischen Rat und dessen Präsidenten Konrad Adenauer die Grundzüge der parlamentarischen Demokratie Westdeutschlands erarbeitet und am 23. Mai 1949 verkündet.

Im Grundgesetz ist festgelegt, dass die Bundesrepublik Deutschland ein sozialer Rechtsstaat ist, in dem die Bürgerinnen und Bürger über Grundrechte verfügen, die zum Teil unabänderlich festgeschrieben sind, zumindest aber nicht in ihrem Wesensgehalt angetastet werden dürfen. In den ersten 19 Artikeln des Grundgesetzes werden die Menschenwürde sowie die Freiheits-, Unverletzlichkeits-, Gleichheitsrechte und die sozialen Grundrechte festgelegt.

Ein weiteres wichtiges Element ist die Gewaltenteilung mit der zentralen Aussage, dass alle Staatsgewalt vom Volke ausgeht und sich durch demokratische Wahlen, aber z. B. auch durch das Recht auf freie Meinungsäußerung ausdrückt. Die Gewaltenteilung findet ihren konkreten Ausdruck in den Organen der Legislative (Gesetzgebung), der Exekutive (Ausführung) sowie der Judikative (unabhängige Justiz).

Der Name Bundesrepublik besagt aber auch, dass sich die Länder zu einem Bundesstaat zusammengeschlossen haben. Die ursprünglich 11 und nach der Vereinigung jetzt 16 Bundesländer haben eigene Verfassungen und staatliche Gewalten. Politisch sind sie auf Bundesebene durch den Bundesrat vertreten. Die Staatsgebiete der Länder sind selbstverständlich zugleich auch Bundesgebiete. In einigen Bereichen haben die Länder die Möglichkeit der eigenständigen Gesetzgebung, die durch die konkurrierende Gesetzgebung mit Kompetenzen von Bund und Ländern ergänzt wird. Hier gilt im Zweifel der Grundsatz, dass das Bundesrecht höherwertig ist (»Bundesrecht bricht Landesrecht«). Bestimmte Bereiche der Gesetzgebung sind ausschließlich dem Bund vorbehalten (z. B. die Außenpolitik).

Merkmale der Demokratie – Wahlen

Das in der Bundesrepublik Deutschland gültige Wahlrecht sieht eine Kombination von Mehrheits- und Verhältniswahl vor. Bei diesem modifizierten Verhältniswahlrecht verfügt der Wähler über zwei Stimmen.

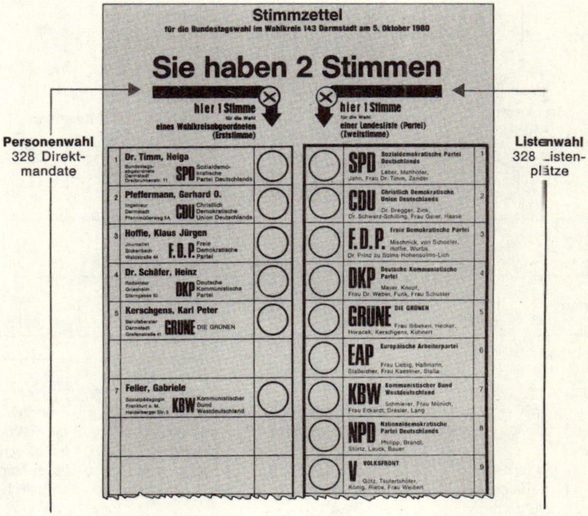

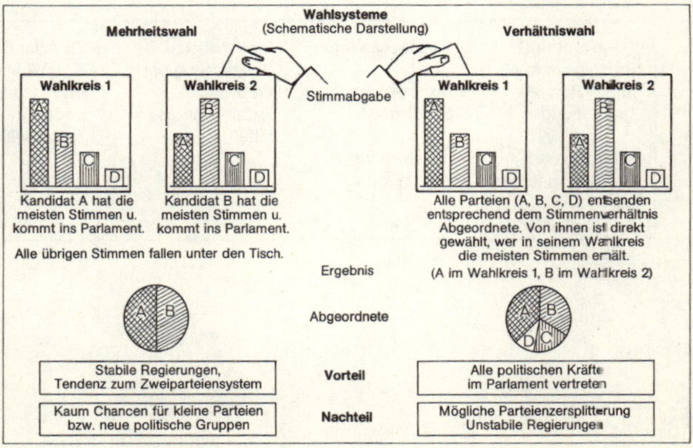

Quelle: Schneider, Zindel, Pollert, Blickpunkt Politik, Winklers Darmstadt

Parlament und Regierung – Bundestag, Abgeordnete, Bundesregierung

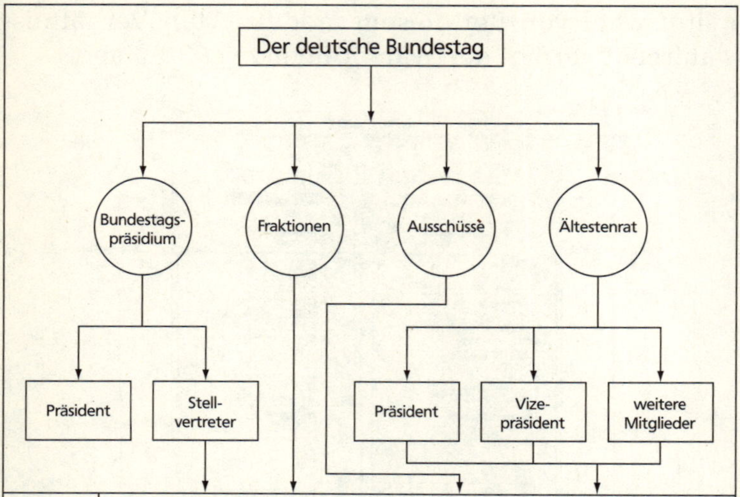

Wahl Zusammen-setzung	• Wahl erfolgt durch die Abgeordneten • Präsident ist traditionsgemäß Mitglied der stärksten Fraktion.	• Nach Ergebnis der Bundestagswahl • Mindestens 33 Mitglieder pro Fraktion	• Ernennung der Fraktionsmitglieder entsprechend der Zusammensetzung des Bundestages	• Ernennung durch die Fraktionen entsprechend ihren Stärke-verhältnissen
Aufgaben	• Hausrecht und Polizeigewalt in den Bundes-tagsgebäuden • Erteilung und Entzug des Rede-rechts an Abgeordnete	• Gesetzesvorlagen • Anfragen im Bundestag • Abstimmungen im Bundestag	• Informations-beschaffung und Beratung als Entscheidungs-hilfe	• Zeitliche Planung, Koordination und Steuerung der Bundes-tagsarbeit

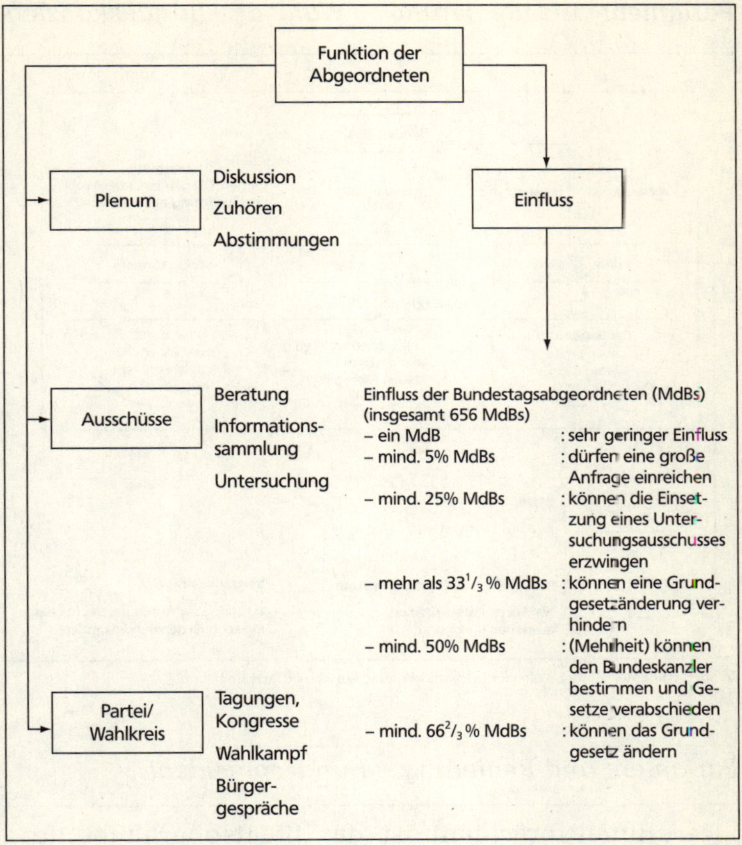
Funktion der Abgeordneten
Plenum
Diskussion
Zuhören
Abstimmungen
Einfluss
Ausschüsse
Beratung
Informations-sammlung
Untersuchung
Partei/ Wahlkreis
Tagungen, Kongresse
Wahlkampf
Bürger-gespräche
Einfluss der Bundestagsabgeordneten (MdBs) (insgesamt 656 MdBs)
– ein MdB : sehr geringer Einfluss
– mind. 5% MdBs : dürfen eine große Anfrage einreichen
– mind. 25% MdBs : können die Einsetzung eines Untersuchungsausschusses erzwingen
– mehr als 33 1/3 % MdBs : können eine Grundgesetzänderung verhindern
– mind. 50% MdBs : (Mehrheit) können den Bundeskanzler bestimmen und Gesetze verabschieden
– mind. 66 2/3 % MdBs : können das Grundgesetz ändern

Parlament und Regierung – Wahl des Bundeskanzlers

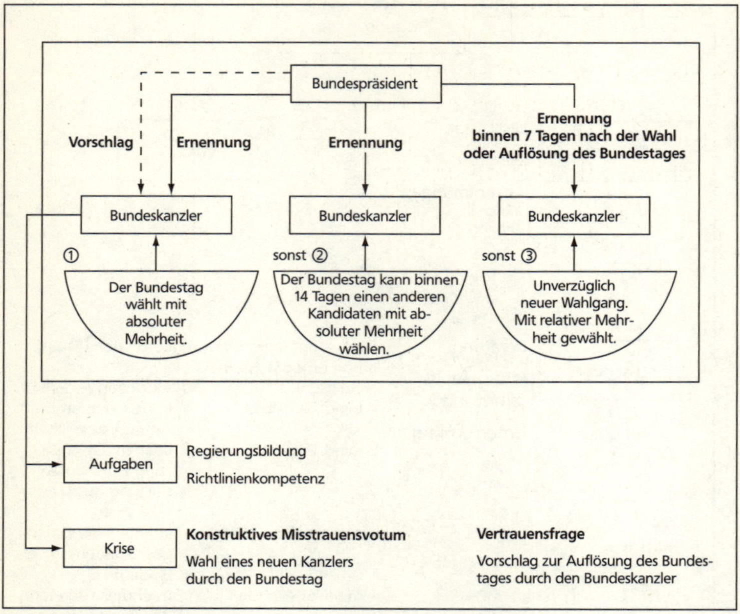

Quelle: Schneider, Zindel, Pollert, Blickpunkt Politik, Winklers, Darmstadt

Parlament und Regierung – Bundespräsident

Der Bundespräsident ist das Staatsoberhaupt der Bundesrepublik Deutschland. Er vertritt die Bundesrepublik Deutschland im Sinne des Völkerrechtes. Durch die Ausfertigung von Gesetzen (Artikel 82 GG) und die Möglichkeit der Einberufung oder Auflösung des Bundestages (Artikel 39 und Artikel 63 GG) unter bestimmten Bedingungen hat er Anteil an der gesetzgebenden Gewalt.

Da der Bundespräsident den Bundeskanzler vorschlägt und ihn nach der Wahl durch den Bundestag auch ernennt, die Minister nach Vorschlag des Bundeskanzlers ernennt und entlässt sowie die Geschäftsordnung der Bundesregierung genehmigt, ist er auch an der vollziehenden Gewalt beteiligt.

Dem Bundespräsidenten steht zusätzlich das Recht der Ernennung und Entlassung von Bundesrichtern und Bundesbeamten zu. Dieses Recht ist aber vielfach auf die Bundesminister übertragen.

Letztlich kann der Bundespräsident das Begnadigungsrecht für den Bund ausüben.

Parlament und Regierung – Bundesrat

Artikel 50 GG[1]

Durch den Bundesrat wirken die Länder bei der Gesetzgebung und Verwaltung des Bundes mit.

Artikel 41 GG

(1) Der Bundesrat besteht aus Mitgliedern der Regierungen der Länder, die sie bestellen und abberufen. Sie können durch andere Mitglieder ihrer Regierungen vertreten werden.

(3) Jedes Land kann so viele Mitglieder entsenden, wie es Stimmen hat. Die Stimmen eines Landes können nur einheitlich und nur durch anwesende Mitglieder oder deren Vertreter abgegeben werden.

In Artikel 51 GG ist die Zusammensetzung des Bundesrates klar geregelt. Er besteht aus Mitgliedern der Regierungen der Länder, die sie bestellen und abberufen. Im selben Artikel ist auch die Zahl der Mitglieder bestimmt.

1 GG = Abkürzung für »Grundgesetz«

Politik	*Testfragen*

1	Wann wurde das Grundgesetz der Bundesrepublik Deutschland verkündet?

- [ ] a Am 30. Juni 1945
- [ ] b Am 17. Juni 1953
- [x] c Am 23. Mai 1949
- [ ] d Am 8. Mai 1945

2	Was steht in Artikel 1 und damit an oberster Stelle des Grundgesetzes?

- [ ] a Freie Meinungsäußerung
- [x] b Menschenwürde
- [ ] c Vereinigungsfreiheit
- [ ] d Koalitionsfreiheit

3	Welches Gericht überwacht die Einhaltung des Grundgesetzes?

- [ ] a Amtsgericht
- [x] b Bundesverfassungsgericht
- [ ] c Landgericht
- [ ] d Bundesgerichtshof

4	Was gehört zur ausschließlichen Gesetzgebung des Bundes?

- [ ] a Wohnungswesen
- [x] b Verteidigung
- [ ] c Schulverwaltung
- [ ] d Naturschutz und Gewässerreinhaltung

5	In welchem Verhältnis stehen Bundes- und Landesrecht?

- [ ] a Bundesrecht steht unter Landesrecht.
- [ ] b Landesrecht bricht Bundesrecht.
- [x] c Bundesrecht bricht Landesrecht.
- [ ] d Bundes- und Landesrecht schließen sich gegenseitig aus.

6	Welches Organ gehört zur gesetzgebenden Gewalt?

- [x] a Bundestag
- [ ] b Bundesversammlung
- [ ] c Bundesregierung
- [ ] d Bundesverfassungsgericht

7	Welche Rechte stehen im Grundgesetz (Artikel 1–19)?

- [x] a Freiheitsrechte
- [ ] c Steuerrechte
- [ ] b Strafrechte
- [ ] d Ehrenrechte

8	Welche Aussage kennzeichnet einen Rechtsstaat?

- [ ] a Gerichte erlassen Gesetze.
- [x] b Rechtssicherheit ist gewährleistet.
- [ ] c Gesetze verordnet die Bundesregierung.
- [ ] d Länderrecht geht vor Bundesrecht.

9	Welche Aussage zu der Änderung von Grundrechten stimmt?

- [ ] a Grundrechte dürfen niemals geändert werden.
- [x] b Änderungen können in bestimmten Grenzen nur mit einer qualifizierenden Mehrheit von Bundestag und Bundesrat erfolgen. Der Wesensgehalt darf aber nicht verändert werden.
- [ ] c Einer Grundgesetzänderung muss das Bundesverfassungsgericht zustimmen.
- [ ] d Grundrechte können von der Bundesregierung jederzeit geändert werden.

10	Welche Aussage des Grundgesetzes zum Eigentumsrecht ist richtig?

- [ ] a In der Bundesrepublik gibt es nur Privateigentum.
- [ ] b Eigentum muss immer dem Allgemeinwohl dienen.
- [x] c Eigentum verpflichtet. Sein Gebrauch soll auch dem Wohle der Allgemeinheit dienen.
- [ ] d Enteignungen sind nicht möglich.

11	Welches der nachfolgenden Merkmale passt nicht zu einem demokratischen Regierungssystem?

- [ ] a Wettbewerb mehrerer Parteien
- [ ] b Versuch politischer Einflussnahme durch Bürgerinitiativen
- [ ] c Bildung von Koalitionen verschiedener Fraktionen
- [x] d Kontrolle der Gerichte durch Regierungen

12	Die ausführende Gewalt ist die Exekutive. Es ist …

- [ ] a … die Opposition.
- [ ] b … das Parlament.
- [ ] c … die Koalition.
- [x] d … die Regierung.

13	Welche Staatsform besitzt die Bundesrepublik Deutschland?

- [ ] a Diktatur
- [ ] b Konstitutionelle Demokratie
- [x] c Parlamentarische Demokratie
- [ ] d Präsidialdemokratie

14	Mit welcher Mehrheit kann das Grundgesetz geändert werden?

- [x] a Zwei Drittel von Bundesrat und Bundestag
- [ ] b Drei Viertel von Bundesrat und Bundestag
- [ ] c Absolute Mehrheit von Bundestag und Bundesrat
- [ ] d Absolute Mehrheit der Bundesversammlung

15	Welche Farbenfolge hat die Flagge der Bundesrepublik Deutschland?

- [ ] a rot-gold-blau
- [ ] b rot-gold-schwarz
- [x] c schwarz-rot-gold
- [ ] d schwarz-blau-rot

16	Passives Wahlrecht heißt …

- [ ] a … wählen zu können.
- [x] b … gewählt werden zu können.
- [ ] c … frei zu wählen.
- [ ] d … unmittelbar zu wählen.

17	Wie oft finden Bundestagswahlen statt?

- [ ] a jährlich
- [ ] b alle 5 Jahre
- [x] c alle 4 Jahre
- [ ] d alle 6 Jahre

18	Welche Aussage zum Wahlrecht in der Bundesrepublik Deutschland ist falsch?

- [ ] a Alle Stimmen zählen gleich viel.
- [x] b Der Bundeskanzler wird direkt gewählt.
- [ ] c Wahlen sind geheim.
- [ ] d Der Bundesrat wird nicht gewählt.

19	Was bedeutet Mehrheitswahl? Gewählt ist der Kandidat mit der …

- [x] a … einfachen Mehrheit.
- [ ] b … absoluten Mehrheit.
- [ ] c … qualifizierten Mehrheit.
- [ ] d … Zweidrittelmehrheit.

20	Mit der Zweitstimme wählt man …

- a … einen Parteikandidaten.
- b … eine Parteiliste.
- c … einen Direktkandidaten.
- d … den Bundeskanzler.

21	Eine Partei fällt unter die 5 %-Klausel. Was heißt das?

- a Sie hat weniger als 5 % der Erststimmen erreicht.
- b Der Zweitstimmenanteil liegt 5 % unter den Erststimmen.
- c Der Anteil an den abgegebenen gültigen Zweitstimmen liegt unter 5 %.
- d 5 % der Wähler sprechen sich für ein Verbot der Partei aus.

22	Wonach richtet sich die Sitzplatzverteilung im Deutschen Bundestag?

- a Nach den Direktmandaten
- b Nach den Zweitstimmenanteilen
- c Nach den Überhangmandaten
- d Nach den Erststimmenanteilen

23	Eine Partei hat die absolute Mehrheit bei …

- [ ] a … 66 $\frac{2}{3}$ % der Mandate.
- [ ] b … 50 % der Mandate.
- [ ] c … 75 % der Mandate.
- [x] d … mehr als 50 % der Mandate.

24	Was ist eine Koalition?

- [ ] a Zusammenschluss von Parteien
- [x] b Regierungsbildung durch verschiedene Parteien
- [ ] c Rücktritt eines Ministers
- [ ] d Aufnahme von Tarifverhandlungen

25	Wann erhält eine Partei ein Überhangmandat?

- [ ] a Wenn sie mehr Erst- als Zweitstimmen hat.
- [ ] b Wenn sie mehr Zweit- als Erststimmen hat.
- [x] c Wenn die Anzahl der Direktmandate höher ist als die Listenplätze nach dem Zweitstimmenanteil.
- [ ] d Wenn der Bundeskanzler einen neuen Minister ernennt.

26	Was versteht man unter einer Fraktion?

- [ ] a Zusammenschluss von mindestens 5 % der Bundestagsabgeordneten einer Partei
- [ ] b Arbeitsvereinbarung zwischen Parteien im Bundestag
- [ ] c Koalition von mindestens zwei Parteien
- [ ] d Gruppe, die den Kanzler zu stürzen versucht

27	In welchem Falle handelt es sich um eine Vertrauensfrage im Sinne des Art. 68 GG[1]?

- [ ] a Eine Fraktion (mindestens 33 Abgeordnete) stellt den Antrag, dem Kanzler das Vertrauen auszusprechen.
- [ ] b Der Bundeskanzler beantragt, ihm das Vertrauen auszusprechen.
- [ ] c Ein Minister bittet nach einem besonderen Vorfall, dass das Parlament und der Bundespräsident ihm das Vertrauen aussprechen.
- [ ] d Der Bundespräsident beantragt im Deutschen Bundestag eine Abstimmung über den Bundeskanzler.

1 GG = Abkürzung für »Grundgesetz«

28	Was ist ein »imperatives Mandat«?

- [ ] a Abgeordnete sind nur ihrem Gewissen unterworfen.
- [x] b Abgeordnete sind an Weisungen gebunden.
- [ ] c Abgeordnete sind straffrei.
- [ ] d Abgeordnete genießen vollen Rechtsschutz vor Verfolgungen.

29	Wer beruft die Mitglieder des Bundesrates?

- [ ] a Der Bundestag unter Berücksichtigung der Herkunft der Abgeordneten
- [ ] b Der Bundespräsident auf Vorschlag des Bundeskanzlers
- [x] c Die Länderregierungen
- [ ] d Die Parteien der einzelnen Länder

30	Unter dem Begriff »Opposition« versteht man …

- [ ] a … die Mehrheitsfraktion(en) im Bundestag.
- [x] b … die Minderheitsfraktion(en) des Bundestages.
- [ ] c … die Regierungspartei(en).
- [ ] d … die Partei(en) mit weniger als 50 %.

31	Was versteht man unter der Legislative?

- a Ein gesetzgebendes Organ
- b Ein juristisches Organ
- c Ein oppositionelles Organ
- d Ein ausführendes Organ

32	Was steht hinter dem Begriff »Ratifizierung«?

- a Zustimmung mehrerer Parlamente zu einem Vertragswerk
- b Ablehnung eines Gesetzesparagraphen
- c Einschaltung des Vermittlungsausschusses bei einer Gesetzesverabschiedung
- d Abänderung eines Grundrechtes mit der qualifizierten Mehrheit von Bundestag und Bundesrat

33	Eine »Paraphierung« ist die …

- a … Unterzeichnung von Staatsverträgen durch beglaubigte Vertreter.
- b … Unterschrift des Bundespräsidenten unter ein Verwaltungsurteil.
- c … Verabschiedung eines Gesetzes im Bundestag.
- d … Notiz wichtiger Mitteilungen.

34	Ordnen Sie den Begriffen »Immunität«, »Diäten«, »Legislative« die richtigen Bedeutungen zu. Welche der unten stehenden Kombinationen ist richtig?

- A Immunität
- B Diäten
- C Legislative

- 1 Gesetzgebende Gewalt
- 2 Abmagerungskur für Abgeordnete
- 3 Schutz vor strafrechtlicher Verfolgung
- 4 Gebundenheit an Parteianweisungen
- 5 Pflicht zur Teilnahme an Sitzungen
- 6 Abgeordnetenbezüge
- 7 Ausführende Gewalt

- a A 4 / B 2 / C 3
- b A 3 / B 6 / C 1
- c A 5 / B 6 / C 7
- d A 3 / B 1 / C 7

35	Kennzeichnen Sie die richtige Aussage zu dem Mandat von Abgeordneten!

- a Das Mandat ist an die Person gebunden.
- b Das Mandat gehört der Partei.
- c Direktkandidaten können im Unterschied zu Listenkandidaten bei einem Parteiwechsel das Mandat behalten.
- d Mehrheitsbeschlüsse der Partei können einen Abgeordneten zum Rücktritt zwingen.

36	Was versteht man unter »Fraktionsdisziplin«?

- [x] a Anpassung an das Abstimmungsverhalten der Fraktionsmehrheit
- [ ] b Einheitliche Kleiderordnung unter den Mitgliedern einer Fraktion
- [ ] c Abstimmungsverhalten, das von der Fraktionslinie abweicht
- [ ] d Regelmäßige Teilnahme an Fraktionssitzungen

37	Ein Abgeordneter ist vor Strafverfolgungen geschützt. Dies bezeichnet man als …

- [ ] a … Indemnität.
- [ ] b … Isolation.
- [x] c … Immunität.
- [ ] d … Kausalität.

38	Diäten von Abgeordneten sind …

- [ ] a … Reisekostenpauschalen.
- [ ] b … Unkostenerstattungen.
- [x] c … regelmäßige Aufwandsentschädigungen.
- [ ] d … steuerfreie Einkommen.

39	Von wem wird der Bundeskanzler gewählt?

- [ ] a Vom Volk
- [ ] b Vom Bundespräsidenten

X	c	Von den Abgeordneten des Bundestages
	d	Vom Bundesrat und den Länderabgeordneten

40	Wie viele Stimmen werden von 598 Abgeordneten zur Abwahl des Bundeskanzlers mindestens benötigt?

- a 449
- b 298
- c 150
- X d 300 ✓

41	Der Bundestag wählt während einer laufenden Legislaturperiode einen neuen Bundeskanzler. Bei diesem Vorgang handelt es sich um … ✓

- X a … ein Misstrauensvotum.
- b … eine konstruktive Vertrauensentscheidung.
- c … ein Missbilligungsverfahren.
- d … ein Regierungsausschlussvotum.

42	Wie hieß der Bundeskanzler, unter dem die deutsche Wiedervereinigung zustande kam?

- a Konrad Adenauer
- b Willi Brandt
- c Helmut Schmidt
- X d Helmut Kohl ✓

43	Wie hieß der erste deutsche Bundeskanzler?

- a Ludwig Erhard
- b Helmut Kohl
- c Helmut Schmidt
- d Konrad Adenauer

44	Wer war der erste deutsche Bundespräsident?

- a Theodor Heuss
- b Gustav Heinemann
- c Heinrich Lübke
- d Karl Schiller

45	Für welchen Zeitraum wird der Bundespräsident gewählt?

- a 2 Jahre
- b 3 Jahre
- c 4 Jahre
- d 5 Jahre

46	Wie oft ist eine Wiederwahl des Bundespräsidenten möglich?

- a keinmal
- b einmal
- c zweimal
- d beliebig oft

47	Wer wählt den Bundespräsidenten?

- a Mitglieder des Bundestages
- b Bundestag und Bundesrat
- c Mitglieder des Bundestages und gleiche Anzahl von Ländervertretern
- d Das Volk in geheimer Abstimmung

48	Wie setzt sich die reguläre Bundesversammlung zusammen?

- [x] a Bundestagsabgeordnete und gleiche Anzahl Ländervertreter
- [ ] b Alle Mitglieder von Bundesrat und Bundestag
- [ ] c Ministerpräsidenten der Länder und der Bundespräsident
- [ ] d Mitglieder sämtlicher Landtage

49	In welchem Zeitabstand tagt in der Regel die reguläre Bundesversammlung?

- [ ] a nach Bedarf
- [ ] b alle vier Jahre
- [x] c alle 5 Jahre
- [ ] d einmal pro Jahr

50	Wer vertritt die Bundesrepublik Deutschland im völkerrechtlichen Sinne?

- [x] a Der Bundespräsident
- [ ] b Der Bundeskanzler
- [ ] c Der Außenminister
- [ ] d Der Bundestag

51	Wer fertigt ein Gesetz aus?

- [ ] a Bundestag
- [ ] b Bundeskanzler
- [ ] c Bundesrat
- [x] d Bundespräsident

52	Der Bundespräsident verweigert die Ausfertigung eines Gesetzes. Welche Aussage gilt?

- [ ] a Das Gesetz tritt trotzdem in Kraft.
- [x] b Das Gesetz tritt nicht in Kraft.
- [ ] c Das Gesetz tritt erst in Kraft, wenn der Bundestag es erneut mit Zweidrittelmehrheit beschließt.
- [ ] d Der Bundespräsident muss jedes Gesetz unterzeichnen.

53	Die Bundesrepublik Deutschland ist ein …

- [ ] a … Staatenbund.
- [x] b … Bundesstaat.
- [ ] c … Bundesverband.
- [ ] d … Staatsverband.

54	Die jeweiligen Bundesländer haben eigene Regierungen. An der Spitze von Stadtstaaten steht der …

- [ ] a … Ministerpräsident.
- [ ] b … Stadtverordnetenvorsteher.
- [ ] c … Fraktionssprecher.
- [x] d … Regierende Bürgermeister.

55	Wie viele Bundesländer gehören zur Bundesrepublik Deutschland (einschließlich Stadtstaaten)?

- [ ] a 14
- [ ] b 15
- [x] c 16
- [ ] d 17

56	Welche Stadt ist ein Stadtstaat?

- [x] a Hamburg
- [ ] b Bonn
- [ ] c München
- [ ] d Frankfurt

57	Das Bundesland mit den meisten Einwohnern ist …

- [ ] a … Bayern.
- [ ] b … Baden-Württemberg.
- [x] c … Nordrhein-Westfalen.
- [ ] d … Hessen.

58	Wonach richtet sich die Anzahl der Ländervertreter im Bundesrat?

- [x] a Nach der Einwohnerzahl
- [ ] b Nach der Flächengröße

	c	Nach dem Steueraufkommen
	d	Nach den Mehrheitsverhältnissen

59	Welcher Satz ist richtig? Die Bundesratsmitglieder werden … ✓

	a	… vom Volk gewählt.
X	b	… von der Landesregierung bestellt.
	c	… von den Landtagsabgeordneten gewählt.
	d	… aus den Reihen der Landtagsabgeordneten gelost.

60	Die Amtszeit des Bundesratspräsidenten dauert … ✓

	a	… 1 Jahr.	X	c	… 5 Jahre.
	b	… 4 Jahre.		d	… 2 Jahre.

61	Wo hat der Bundestag seinen Sitz?

	a	Bonn	X	c	Berlin
	b	Frankfurt/M.		d	München

62	Bringen Sie die folgenden Tätigkeiten bei zustimmungspflichtigen Gesetzgebungsverfahren in die richtige Reihenfolge: a) Ausfertigung des Gesetzes durch den Bundespräsidenten b) Lesungen im Bundestag mit Abstimmungen c) Gesetzesinitiative d) Beratung und Abstimmung im Bundesrat e) Gegenzeichnung durch Bundeskanzler und Fachminister f) Veröffentlichung im Bundesgesetzblatt

- a a-c-b-d-e-f
- c c-b-d-a-e-f
- b c-b-d-e-a-f
- d b-c-e-f-a-d

63	Wann wird ein Vermittlungsausschuss eingeschaltet?

- a Regierung und Opposition erzielen keine Einigkeit bei einer Gesetzesvorlage.
- b Fraktionsmitglieder stimmen unterschiedlich ab.
- c Bundesrat lehnt Zustimmungsgesetz ab.
- d Bundespräsident verweigert Unterschrift.

64	Wann tritt ein Gesetz in Kraft?

- a Nach Verabschiedung im Bundestag (3. Lesung)
- b Nach Ausfertigung durch den Bundespräsidenten und Veröffentlichung im Bundesanzeiger

- [ ] c Am Tag der Verkündung im Bundesgesetzblatt, spätestens aber mit der Unterzeichnung des Bundeskanzlers
- [x] d Beim Fehlen einer zeitlichen Angabe für das Inkrafttreten 14 Tage nach Veröffentlichung im Bundesgesetzblatt

65	Der Bundestag verabschiedet ein Gesetz, welches von der Opposition für verfassungswidrig gehalten wird. Bei welchem Gericht kann Klage erhoben werden?

- [ ] a Bundestagsgericht
- [ ] b Bundesarbeits- und -sozialgericht
- [x] c Bundesverfassungsgericht
- [ ] d Zivilprozessgericht

66	Von wem können Gesetzesvorlagen in den Bundestag eingebracht werden?

- [ ] a Vom Bundespräsidenten
- [ ] b Von jedem einzelnen Abgeordneten
- [x] c Von einer Fraktion
- [ ] d Vom Bundesverfassungsgericht

67	Wie oft wird ein Gesetz im Bundestag »gelesen«?

- [ ] a einmal
- [ ] b zweimal
- [x] c dreimal
- [ ] d viermal

68	Der »Tag der deutschen Vereinigung« ist der …

- [ ] a … 17. Juni 1953.
- [ ] b … 1. Mai 1960.
- [x] c … 3. Okt. 1990.
- [ ] d … 6. Dez. 1989.

69	Wer hatte die längste Amtszeit als deutscher Bundeskanzler?

- [ ] a Konrad Adenauer
- [x] b Helmut Kohl
- [ ] c Helmut Schmidt
- [ ] d Gustav Heinemann

70 Welcher offizielle Name für das Regierungsgebäude in Berlin ist richtig?

- [x] a Reichstag
- [ ] b Palast der Republik
- [ ] c Bundeshaus
- [ ] d Parlamentstag

Politik *Lösungen*

1 c – **2** b – **3** b – **4** b – **5** c – **6** a – **7** a – **8** b – **9** b – **10** c – **11** d – **12** d – **13** c – **14** a – **15** c – **16** b – **17** c – **18** b – **19** a – **20** b – **21** c – **22** b – **23** d – **24** b – **25** c – **26** a – **27** b – **28** b – **29** c – **30** b – **31** a – **32** a – **33** a – **34** b – **35** a – **36** a – **37** c – **38** c – **39** c – **40** d – **41** a – **42** d – **43** d – **44** a – **45** d – **46** b – **47** c – **48** a – **49** c – **50** a – **51** d – **52** b – **53** b – **54** d – **55** c – **56** a – **57** c – **58** a – **59** b – **60** c – **61** c – **62** b – **63** c – **64** d – **65** c – **66** c – **67** c – **68** c – **69** b – **70** a

→ 4 von 70

→ 66 von 70

Geschichte | *Vorwort und Literaturtipp*

Geschichtskenntnisse sind wichtig für das Verständnis der Gegenwart. Fragen aus diesem Gebiet begegnen Ihnen daher auch häufig in Prüfungssituationen. Das Schwergewicht der folgenden Fragen liegt auf der deutschen Geschichte ab 1914. Es wurde versucht, sich auf den folgenden wenigen Seiten auf Standardfragen zu beschränken.

Vor allem vor Vorstellungsgesprächen sollten Sie sich über die neuesten politischen und geschichtlichen Veränderungen aus Zeitungen und Nachrichtensendungen informieren!

Literatur für weitergehende Studien:

☛ Fragen an die deutsche Geschichte, Herausgeber: Deutscher Bundestag, Bonn (kostenlos)
☛ Schülerduden, Geschichte, Dudenverlag, Mannheim
☛ Grundwissen Geschichte, Klett, Stuttgart
☛ CD-ROM: Erlebnis Geschichte, Deutschland seit 1945, Klett, Stuttgart
☛ CD-ROM: Centennia-Windows, Europäische Geschichte, Klett, Stuttgart
☛ Zeitungen

Geschichte | *Die Weimarer Republik*

1	Der erste Reichspräsident der Weimarer Republik war: ✓

☐ a Philipp Scheidemann ☒ c Friedrich Ebert

☐ b Walther Rathenau ☐ d Gustav Stresemann

2	Auf welchen Zeitraum erstreckte sich die Weimarer Republik?

a 1914–1918

c 1933–1945

b 1871–1914

d 1919–1933

3	Welche geschichtliche Bedeutung bekam der Ort Versailles im Jahre 1919?

a Friedensbedingungen der Siegermächte wurden von Deutschland angenommen.

b Exil von Wilhelm II.

c Sitz der französischen Exilregierung

d Erster Weltkrieg wurde durch Waffenstillstandsbeschluss beendet.

4	Was sind Reparationen?

a Wiedergutmachungsleistungen an Siegermächte

b Gehälter von Abgeordneten

c Anspruch der Siegermächte auf Instandsetzung der zerstörten Produktionsanlagen

d Schadensersatzleistung der Siegermächte an ehemalige Gegner

5	Wer war Gustav Stresemann?

a Sozialreformer

b Wissenschaftler

	c	Gründer der Zentrumspartei
X	d	Reichskanzler und Außenminister der Weimarer Republik

6	Die wirtschaftliche Lage der Weimarer Republik im Jahre 1923 lässt sich durch folgende Merkmale beschreiben:

	a	Wirtschaftswachstum und Exportüberschuss
X	b	Hohe Inflationsrate und Arbeitslosigkeit
	c	Vollbeschäftigung und Preisstabilität
	d	Arbeitslosigkeit und Preisstabilität

7	Welches politische Hauptziel hatte der Völkerbund in Genf?

X	a	Sicherung des Weltfriedens
	b	Vertretung der wirtschaftlichen Interessen der Mitgliedsländer
	c	Planung und Organisation des Kulturaustauschs zwischen Mitgliedsländern
	d	Leistung von Entwicklungshilfe

8	Wann war die Weltwirtschaftskrise?

X	a	1929		c	1919
	b	1939		d	1932

Die Lösungen zu den Aufgaben 1–8 (Die Weimarer Republik) siehe S. 234.

Geschichte	*Das Dritte Reich*

9 Wer war der Verfasser des Buches »Mein Kampf«?

- [ ] a Hermann Göring
- [ ] c Rudolf Heß
- [ ] b Joseph Goebbels
- [x] d Adolf Hitler

10 Welche Partei verbinden Sie mit dem Namen Adolf Hitler?

- [ ] a Deutschnationale Volkspartei
- [ ] b Deutsche Zentrumspartei
- [x] c Nationalsozialistische Deutsche Arbeiterpartei
- [ ] d Deutsche Demokratische Partei

11 Auf welchen Zeitraum erstreckte sich das Dritte Reich?

- [x] a 1933–1945
- [ ] c 1918–1933
- [ ] b 1933–1939
- [ ] d 1923–1933

12 Durch das Ermächtigungsgesetz von 1933 bekam Hitler das Recht,

- [ ] a Minister ohne Gegenzeichnung des Reichspräsidenten zu berufen.
- [x] b selbständig Reichsgesetze zu erlassen.

- [ ] c den Oberbefehl über die Wehrmacht auszuüben.
- [ ] d den Reichstag aufzulösen.

13	Welches Ereignis verbinden Sie mit der Reichskristallnacht? ✓

- [ ] a Verbot von Gewerkschaften und Arbeitgebervereinigungen
- [ ] b Begeisterter Empfang Hitlers durch die Berliner Bevölkerung
- [ ] c Prächtiges Fest anlässlich der Machtübernahme Hitlers
- [x] d Plünderung und Inbrandsetzung jüdischer Tempel (Synagogen) und Geschäfte

14	Wer war Joseph Goebbels? ✓

- [ ] a Stellvertreter des Führers
- [ ] b General
- [ ] c Chef der Sicherheitspolizei
- [x] d Reichspropagandaminister

15	Wann begann und wann endete der Zweite Weltkrieg? ✓

- [x] a 1939–1945
- [ ] c 1942–1945
- [ ] b 1933–1944
- [ ] d 1940–1943

16	Welche Namen verbinden Sie mit der Widerstandsbewegung gegen Hitler?

- [ ] a Röhm und Ley
- [ ] c Himmler und Göring
- [ ] b Strasser und Dönitz
- [x] d Stauffenberg und Beck

17	Gegen welche Bevölkerungsgruppe richteten sich die Nürnberger Gesetze?

- [ ] a Vertreter der Kirchen
- [x] c Juden
- [ ] b Ausländer
- [ ] d Schriftsteller

18	Gegen welche der genannten Länder führte Hitler keinen Krieg?

- [x] a Spanien und Schweden
- [ ] b Belgien und Holland
- [ ] c Norwegen und Dänemark
- [ ] d Frankreich und Russland

19	Was verbinden Sie mit dem Kriegsschauplatz Stalingrad?

- [ ] a Verhandlung über Waffenstillstand mit Russland
- [x] b Sechste deutsche Armee wird von russischen Soldaten eingeschlossen.

| | c | Aufmarschgebiet der deutschen Soldaten im Polenfeldzug |
| | d | Russische Armee wird von deutschen Soldaten eingeschlossen. |

20	Was ereignete sich am 20. Juli 1944? ✓

	a	Beendigung des Seekriegs
	b	Bombardierung Berlins
X	c	Fehlgeschlagenes Attentat auf Hitler
	d	Einmarsch der Russen in Berlin

Die Lösungen zu den Aufgaben 9–20 (Das Dritte Reich) siehe S. 234.

Geschichte	*Bundesrepublik Deutschland*

21	Wann wurde das Grundgesetz der Bundesrepublik verabschiedet? ✓

| | a | 1945 | | b | 1944 | X | c | 1949 | | d | 1950 |

22	Wie heißen die letzten drei Bundespräsidenten der Bundesrepublik? ✓

| | a | Heuss, Lübke, Scheel |
| | b | Fischer, Scheel, Rau |

☒ c	v. Weizsäcker, Herzog, Rau
☐ d	Schmidt, Kohl, Schröder

23	Welcher Partei gehörte der erste Bundespräsident Theodor Heuss an?

☐ a CDU ☐ b CSU ☐ c SPD ☒ d F.D.P.

24	Was verbinden Sie mit dem historischen Ereignis der Luftbrücke?

☐ a Einweihung des Berliner Flugplatzes Tempelhof

☐ b Versorgung afrikanischer Notstandsgebiete mit Hilfe von Flugzeugen

☐ c Anschluss Berlins an die internationalen Luftlinien

☒ d Blockade Berlins durch russische Soldaten

25	Was ereignete sich am 17. Juni 1953 in der damaligen DDR?

☒ a Aufstand der Bevölkerung gegen die Herrschaft der SED-Regierung

☐ b Besuch des Regierenden Bürgermeisters Berlins in der DDR

☐ c Treffen des Bundeskanzlers mit dem Staatsratsvorsitzenden der DDR

☐ d Errichtung der Mauer in Berlin

26	Welche Zielsetzung verfolgte der Marshall-Plan?

- [ ] a Wiedervereinigung Deutschlands
- [ ] b Aufrüstung der Bundesrepublik
- [x] c Finanzierung des europäischen Wiederaufbaus durch die USA
- [ ] d Politische Vereinigung Westeuropas

27	Was war der Warschauer Pakt?

- [x] a Militärisches Bündnissystem des Ostblocks
- [ ] b Rat für gegenseitige Wirtschaftshilfe im Ostblock
- [ ] c Polnisch-russisches Militärbündnis
- [ ] d Wirtschaftsvereinigung der kommunistischen Staaten

28	Warum hat der 13. August 1961 besonders für die Berliner Bevölkerung eine große Bedeutung?

- [ ] a Besuch des amerikanischen Präsidenten
- [ ] b Abschluss des Viermächteabkommens in Berlin
- [ ] c Gewährung von Steuererleichterungen für die Westberliner Bevölkerung
- [x] d Beginn des Mauerbaus

29	Welchen Inhalt haben die Römischen Verträge?

- [ ] a Kulturabkommen mit Italien
- [x] b Gründung der Europäischen Wirtschaftsgemeinschaft (EWG) und der Europäischen Atomgemeinschaft (Euratom)
- [ ] c Zollabkommen mit Italien
- [ ] d Beitritt Italiens zur NATO

30	Welcher Bundeskanzler erhielt 1971 den Friedensnobelpreis?

- [ ] a Georg Kiesinger
- [x] b Willy Brandt
- [ ] c Helmut Schmidt
- [ ] d Ludwig Erhard

31	Wann wurde Deutschland offiziell vereinigt?

- [x] a 3. Oktober 1990
- [ ] b 20. September 1990
- [ ] c 1. Juli 1990
- [ ] d 9. November 1989

32	Welches Land ließ als erstes ehemaliges Mitglied des Warschauer Pakts Flüchtlinge aus der damaligen DDR in den Westen ausreisen?

- [x] a Ungarn
- [ ] b Polen
- [ ] c ČSFR
- [ ] d Jugoslawien

Die Lösungen zu den Aufgaben 21–32 (Bundesrepublik Deutschland) siehe S. 234.

Geschichte	*Europäische und andere Länder*

33	Welche unmittelbare Folge hatte die russische Februarrevolution von 1917?

- [ ] a Zar ernennt seinen Sohn zum Nachfolger.
- [ ] b Vertreibung der Revolutionsanhänger
- [x] c Zar dankt ab und Russland wird Republik.
- [ ] d Auswanderung vieler Bolschewisten

34	In welchem Land kam es 1956 zu einem Aufstand gegen die sowjetrussische Vorherrschaft?

- [ ] a Tschechoslowakei
- [ ] b DDR
- [ ] c Rumänien
- [x] d Ungarn

35	In welchem Land besteht das parlamentarische System aus einem Unter- und Oberhaus?

- [ ] a Frankreich
- [ ] b Italien
- [x] c Großbritannien
- [ ] d Dänemark

36	Wer gilt als Gründer der Volksrepublik China?

- [x] a Mao Tse-tung
- [ ] b Chiang Kai-shek
- [ ] c Sun Yat-sen
- [ ] d Lin Piaos

37	Wann wurde der Staat Israel gegründet?

- [x] b 1948 ✓ — a 1933 — c 1954 — d 1962

a 1933 | b 1948 | c 1954 | d 1962

38	Wer gilt als Begründer der modernen Türkei?

a Tekin Ariburbun
c Cemal Gürsel
b Kemal Atatürk
d Süleyman Demirel

39	Welche Aussage zu Michail Gorbatschow ist falsch?

a Er warnte die damalige DDR-Führung mit dem Satz: »Wer zu spät kommt, den bestraft das Leben.«
b Er steht für »Glasnost« und »Perestroika«.
c Er war die Schlüsselfigur für den Prozess der Wiedervereinigung.
d Er war Präsident der Volksrepublik Polen.

40	Welcher amerikanische Präsident wurde 1963 ermordet?

a John F. Kennedy
c Richard Nixon
b Lyndon B. Johnson
d Dwight D. Eisenhower

41	Auf welche Stadt fiel 1945 die erste Atombombe?

a Nagasaki
c Tokio
b Hiroshima
d Osaka

Die Lösungen zu den Aufgaben 33–44 (Europäische und andere Länder) siehe S. 234.

Geschichte — *Lösungen*

1 c – **2** d – **3** a – **4** a – **5** d – **6** b – **7** a – **8** a – **9** d – **10** c – **11** a – **12** b – **13** d – **14** d – **15** a – **16** d – **17** c – **18** a – **19** b – **20** c – **21** c – **22** c – **23** d – **24** d – **25** a – **26** c – **27** a – **28** d – **29** b – **30** b – **31** a – **32** a – **33** c – **34** d – **35** c – **36** a – **37** b – **38** b – **39** d – **40** a – **41** b

Keinen Fehler!

Geografie	*Vorwort und Literaturtipp*

»Die heutige Welt ist klein geworden.« Dieser Spruch, den Sie selbst vielleicht auch schon gebraucht haben, zeigt, dass geografische Grundkenntnisse ein wichtiger Bestandteil unserer Allgemeinbildung sind.

Der Aktionsradius der Menschen war früher räumlich eng begrenzt. Heute umspannt er durch wirtschaftliche, politische, aber auch touristische Aktivitäten die gesamte Welt.

In den folgenden Aufgaben werden Ihre Kenntnisse über wichtige geografische Gegebenheiten aufgefrischt.

Literatur für weitergehende Studien:

☛ Diercke Weltatlas, Verlag Westermann, Braunschweig (oder jeder andere Atlas, z. B. von Bertelsmann, der Büchergilde usw.)

☛ CD-ROM: Euroreporter, Klett, Stuttgart

☛ CD-ROM: Kennst Du Deine Erde?, Klett, Stuttgart

☛ CD-ROM: Mit Alex auf Reisen, Deutschland, Klett, Stuttgart

Geografie	*Deutschland*

1	Welches Land grenzt nicht an die Bundesrepublik Deutschland?

- [ ] a Schweiz
- [x] b Norwegen
- [ ] c Österreich
- [ ] d Belgien
- [ ] e Tschechische Republik

2	Wie heißt das flächenmäßig kleinste Bundesland (ohne Stadtstaaten)?

- [ ] a Sachsen-Anhalt
- [x] b Saarland
- [ ] c Hessen
- [ ] d Schleswig-Holstein
- [ ] e Baden-Württemberg
- [ ] f Mecklenburg-Vorpommern

3	Welche Bundesländer haben keine gemeinsame Grenze?

- [ ] a Bremen/Niedersachsen
- [ ] b Berlin/Brandenburg
- [ ] c Saarland/Rheinland-Pfalz
- [ ] d Niedersachsen/Hessen
- [x] e Thüringen/Rheinland-Pfalz

4	Welches Land grenzt nicht an Deutschland?

- [ ] a Frankreich
- [ ] b Tschechien
- [ ] c Schweiz
- [x] d Italien

5	Welches der folgenden Länder hat keine gemeinsame Grenze mit der Bundesrepublik Deutschland?

- [ ] a Dänemark
- [ ] b Belgien
- [ ] c Österreich
- [ ] d Niederlande
- [x] e Liechtenstein

6	Das Ruhrgebiet liegt in …

- [ ] a … Hessen.
- [ ] b … Schleswig-Holstein.
- [x] c … Nordrhein-Westfalen.
- [ ] d … Niedersachsen.
- [ ] e … Lothringen.

7	Welches der folgenden Länder hat eine gemeinsame Grenze mit der Bundesrepublik Deutschland?

- [ ] a Großbritannien
- [x] b Polen
- [ ] c Ungarn
- [ ] d Slowenien

8	Welche Zuordnung von Bundesland und zugehöriger Hauptstadt ist falsch?

- [x] a Mecklenburg-Vorpommern/Rostock
- [ ] b Hessen/Wiesbaden
- [ ] c Brandenburg/Potsdam

d Thüringen/Erfurt

e Niedersachsen/Hannover

9 Dresden liegt an der …

a … Weichsel.

b … Warthe.

c … Donau.

d … Elbe.

e … Maas.

10 Welche Stadt liegt nicht an der Nordsee?

a Cuxhaven

b Wilhelmshaven

c Lübeck

d Büsum

e Bremerhaven

11 Welche der folgenden Städte liegt in Bayern?

a Stuttgart

b Freiburg

c Hannover

d Augsburg

e Heilbronn

12 Eine der folgenden Städte liegt nicht in Baden-Württemberg. Welche ist es?

a Heidelberg

b Tübingen

c Stuttgart

d Baden-Baden

e Dortmund

13	Eine der folgenden Städte liegt in Sachsen. Welche ist es?

- [ ] a Dresden
- [ ] b Erfurt
- [ ] c Fulda
- [ ] d Potsdam
- [ ] e Schwerin

14	Welcher Ort liegt an der »Romantischen Straße«?

- [ ] a Frankfurt
- [ ] b Rothenburg ob der Tauber
- [ ] c Köln
- [ ] d Hannover
- [ ] e Stuttgart

15	Welche Stadt liegt in Niedersachsen?

- [ ] a Fulda
- [ ] b Regensburg
- [ ] c Kiel
- [ ] d Braunschweig
- [ ] e Offenbach

16	Welche Stadt liegt an der Mündung der Mosel in den Rhein?

- [ ] a Bonn
- [ ] b Mainz
- [ ] c Frankfurt
- [ ] d Trier
- [ ] e Koblenz

17	Welche der fünf Städte liegt in Hessen?

- a Mainz
- b Düsseldorf
- c Darmstadt
- d Freiburg
- e Karlsruhe

18	Eine der folgenden Städte liegt nördlich der Donau. Welche ist es?

- a Nürnberg
- b München
- c Salzburg
- d Rosenheim
- e Augsburg

19	Die nördlichste Stadt Deutschlands ist …

- a … Hamburg.
- b … Bremen.
- c … Kiel.
- d … Flensburg.
- e … Lübeck.

20	Welche der folgenden Städte liegt am südlichsten?

- a Bielefeld
- b Göttingen
- c Oldenburg
- d Karlsruhe
- e Kassel

21	Ordnen Sie die folgenden Städte und Bundesländer richtig zu: 1 Leipzig B — A Rheinland-Pfalz 2 Bielefeld D — B Sachsen 3 Mainz A — C Baden-Württemberg 4 Ingolstadt E — D Nordrhein-Westfalen 5 Karlsruhe C — E Bayern

- [ ] a 1 B – 2 A – 3 C – 4 E – 5 D
- [x] b 1 B – 2 D – 3 A – 4 E – 5 C ✓
- [ ] c 1 D – 2 A – 3 C – 4 B – 5 E
- [ ] d 1 E – 2 B – 3 A – 4 C – 5 D

22	Wo mündet der Rhein?

- [ ] a Bei Hamburg in die Nordsee
- [x] b In den Niederlanden in die Nordsee ✓
- [ ] c In Frankreich in das Mittelmeer
- [ ] d Bei Emden in die Nordsee
- [ ] e Bei Lübeck in die Ostsee

23	Die Donau entspringt …

- [ ] a … in den Alpen.
- [ ] b … im Hunsrück.
- [ ] c … im Westerwald.
- [ ] d … in den Sudeten.
- [x] e … im Schwarzwald. ✓

24	An welchem Fluss liegt München?

a Inn
b Donau
c Isar
d Rhein
e Weser

25	Welcher Strom entsteht durch das Zusammenfließen zweier Flüsse?

a Fulda
b Donau
c Emscher
d Elbe
e Weser

26	In welchen Fluss oder Strom mündet die Isar?

a Salzach
b Inn
c Altmühl
d Donau
e Main

27	Wie heißt der größte See der Bundesrepublik Deutschland?

a Chiemsee
b Tegernsee
c Bodensee
d Ammersee
e Steinhuder Meer

28	Welcher Fluss bildet streckenweise die Grenze zu Polen?

- a Mosel
- b Elbe
- c Oder
- d Donau
- e Isar

29	In welches Meer mündet der Rhein?

- a Mittelmeer
- b Pazifik
- c Steinhuder Meer
- d Nordsee
- e Ostsee

30	Welcher Fluss ist kein Nebenfluss des Rheins?

- a Mosel
- b Neckar
- c Main
- d Ruhr
- e Weser

31	Welches ist der vergleichsweise längste Fluss?

- a Main
- b Neckar
- c Weser
- d Donau
- e Elbe

32	Das Steinhuder Meer liegt in ...

- [ ] a ... Hessen.
- [ ] b ... Bayern.
- [x] c ... Niedersachsen.
- [x] d ... Schleswig-Holstein.
- [ ] e ... Rheinland-Pfalz.

33	Wo liegt die Insel Rügen und zu welchem Land gehört sie?

- [x] a Ostsee – Bundesrepublik Deutschland
- [ ] b Nordsee – Dänemark
- [ ] c Nordsee – Bundesrepublik Deutschland
- [ ] d Ostsee – Polen
- [ ] e Nordsee – Belgien

34	Welche Insel gehört zur Bundesrepublik Deutschland?

- [ ] a Falkland-Inseln
- [ ] b Insel Korsika
- [x] c Insel Juist
- [ ] d Insel Bornholm
- [ ] e Insel Elba

35	Zu welchem Bundesland gehört die Insel Sylt?

- [ ] a Niedersachsen
- [ ] b Nordrhein-Westfalen
- [ ] c Rheinland-Pfalz
- [x] d Schleswig-Holstein
- [ ] e Hansestadt Hamburg

36	Auf welcher Insel liegt die Stadt Westerland?

- [ ] a Fehmarn
- [ ] b Rügen
- [x] c Sylt
- [ ] d Pellworm
- [ ] e Amrum

37	Nennen Sie die höchste Erhebung der Bundesrepublik Deutschland!

- [ ] a Großglockner
- [ ] b Feldberg
- [x] c Zugspitze
- [ ] d Matterhorn
- [ ] e Wasserkuppe

38	Welches Gebirge liegt nördlich des Mains?

- [ ] a Schwarzwald
- [x] b Rhön
- [ ] c Vogesen
- [ ] d Bayerischer Wald
- [ ] e Alpen

39	Nennen Sie das am südlichsten liegende Gebirge!

- [ ] a Hunsrück
- [x] b Schwarzwald
- [ ] c Bayerischer Wald
- [ ] d Thüringer Wald
- [ ] e Spessart

40	Der Predigtstuhl (1024 m) liegt …

- [ ] a … in den Alpen.
- [x] b … im Bayerischen Wald.
- [ ] c … in Oberbayern.
- [ ] d … im Salzkammergut.

41	Welches Gebirge liegt zum Teil in Niedersachsen, zum Teil in Sachsen-Anhalt?

- [ ] a Hunsrück
- [x] b Harz
- [ ] c Spessart
- [ ] d Solling
- [ ] e Vogelsberg

42	Welche Stadt liegt im Allgäu?

- [x] a Kempten
- [ ] b Wolfsburg
- [ ] c Offenbach
- [ ] d Kassel
- [ ] e Würzburg

43	Der Kahle Asten ist die höchste Erhebung im …

- [x] a … Rothaargebirge.
- [ ] b … Schwarzwald.
- [ ] c … Hunsrück.
- [ ] d … Bayerischen Wald.
- [ ] e … Fichtelgebirge.

Die Lösungen zu den Aufgaben 1–43 (Deutschland) siehe S. 260.

Geografie	*Welt*

44	Wie heißt das Grenzgebirge zwischen Frankreich und Spanien?

- [ ] a Alpen
- [x] b Pyrenäen
- [ ] c Ardèche
- [ ] d Lombardei

45	Welches ist der höchste europäische Berg?

- [ ] a Zugspitze
- [ ] b Matterhorn
- [ ] c Mount Everest
- [x] d Montblanc
- [ ] e Großglockner

46	Das Riesengebirge liegt …

- a … in den Sudeten.
- b … im Erzgebirge.
- c … im Schwarzwald.
- d … im Ural.
- e … in den Alpen.

47	Zwischen welchen beiden Ländern liegen die Pyrenäen?

- a Deutschland und Schweiz
- b Deutschland und Frankreich
- c Frankreich und Schweiz
- d Spanien und Frankreich
- e Spanien und Tunesien

48	In welchem Land liegen die Karpaten?

- a Ungarn
- b Italien
- c Rumänien
- d Spanien
- e Marokko

49	Zu welchem Erdteil gehört der Victoriasee?

- a Europa
- b Amerika
- c Asien
- d Afrika
- e Australien

50	Welche Insel gehört zu den Balearen?

- [X] a Menorca
- [ ] b Island
- [ ] c Sylt
- [ ] d Malta
- [ ] e Amrum

51	Zu welchem Land gehört die Insel Kreta?

- [ ] a Türkei
- [ ] b Italien
- [ ] c Spanien
- [X] d Griechenland
- [ ] e Frankreich

52	Zu welcher Insel gehört die Stadt Palermo?

- [X] a Sizilien
- [ ] b Korsika
- [ ] c Elba
- [ ] d Menorca
- [ ] e Gran Canaria

53	Welches ist die größte Halbinsel Europas?

- [ ] a Island
- [X] b Iberische Halbinsel
- [ ] c Skandinavien
- [ ] d Italien
- [ ] e Großbritannien

54 Zu welchem Staat gehört die Insel Elba?

- [x] a Italien
- [ ] b Deutschland
- [ ] c Niederlande
- [ ] d Frankreich
- [ ] e Tunesien

55 Der Gardasee liegt in …

- [ ] a … Österreich.
- [ ] b … Schweden.
- [ ] c … Deutschland.
- [x] d … Italien.
- [ ] e … Ungarn.

56 Ordnen Sie die Hauptstädte (a–l) den jeweiligen Ländern (A–L) zu:

a) Madrid	A) Belgien
b) Amsterdam	B) Griechenland
c) London	C) Finnland
d) Paris	D) Schweden
e) Warschau	E) Großbritannien
f) Athen	F) Niederlande
g) Tel Aviv	G) Libanon
h) Beirut	H) Polen
i) Stockholm	I) Israel
j) Helsinki	J) Frankreich
k) Lissabon	K) Spanien
l) Brüssel	L) Portugal

a	K ✓	e	H ✓	i	D ✓
b	F ✓	f	B ✓	j	C ✓
c	E ✓	g	I ✓	k	L ✓
d	J ✓	h	G ✓	l	A ✓

57	In welches Meer mündet die Donau?

- a Kaspisches Meer
- b Mittelmeer
- c Schwarzes Meer
- d Atlantik
- e Ostsee

58	Der Rheinfall von Schaffhausen liegt in …

- a … der Schweiz.
- b … Deutschland.
- c … Österreich.
- d … Holland.
- e … Italien.

59	Durch welche Stadt fließt die Oder und in welches Meer mündet sie?

- a Wien – Nordsee
- b Breslau – Ostsee
- c Prag – Schwarzes Meer
- d Salzburg – Mittelmeer
- e Budapest – Kaspisches Meer

60	Welcher Fluss mündet in Form eines Deltas?

- a Tiber
- b Rhone
- c Ebro
- d Dnjepr
- e Seine

61	Wo entspringt die Moldau?

- [ ] a Bayerischer Wald
- [ ] b Erzgebirge
- [x] c Böhmerwald
- [x] d Vogesen
- [ ] e Ural

62	Wie bezeichnet man die Meeresbuchten an den zerklüfteten Küsten Norwegens?

- [ ] a Deiche
- [ ] b Siele
- [ ] c Polder
- [ ] d Marschen
- [x] e Fjorde

63	Welche beiden Kontinente trennt die Meerenge von Gibraltar?

- [ ] a Europa und Asien
- [ ] b Nordamerika und Südamerika
- [ ] c Afrika und Asien
- [x] d Europa und Afrika
- [ ] e Australien und Asien

64	Zwischen Nord- und Ostsee besteht eine natürliche Seeverbindung. Sie führt durch …

- [ ] a … den Skagerrak.
- [ ] b … die Finnische Meerenge.
- [ ] c … den Golfstrom.
- [ ] d … den Panama-Kanal.
- [ ] e … den Bosporus.

65	Der höchste Berg der Erde ist …

- [ ] a … der Montblanc.
- [ ] b … die Zugspitze.
- [ ] c … der Nanga Parbat.
- [ ] d … der Mount Everest.
- [ ] e … der Kilimandscharo.

66	Einer der folgenden Seen liegt am Äquator. Ist es der …

- [ ] a … Victoriasee?
- [ ] b … Chiemsee?
- [ ] c … Eriesee?
- [ ] d … Ontario-See?
- [ ] e … Bodensee?

67	Welche beiden Meere verbindet der Suezkanal?

- [ ] a Mittelmeer und Atlantik
- [x] b Rotes Meer und Mittelmeer
- [ ] c Indischer Ozean und Rotes Meer
- [ ] d Südamerika und Mittelamerika
- [ ] e Nordsee und Ostsee

68	Die Halbinsel Krim liegt ...

- [ ] a ... im Kaspischen Meer.
- [x] b ... im Schwarzen Meer.
- [ ] c ... im Finnischen Meerbusen.
- [ ] d ... im Golf von Biscaya.
- [ ] e ... im Aral-See.

69	Ordnen Sie dem Südpol den passenden geografischen Begriff zu:

- [x] a Antarktis
- [ ] b Nordmeer
- [ ] c Arktis
- [ ] d Atlantik
- [ ] e Alaska

70	Welche der folgenden Inseln liegt im Indischen Ozean?

- [ ] a Madeira
- [ ] b Gran Canaria
- [ ] c Zypern
- [x] d Madagaskar
- [ ] e Kuba

71	Wo liegen die Rocky Mountains?

- [ ] a In Asien
- [x] b In Nordamerika
- [ ] c In Südafrika
- [ ] d In England
- [ ] e In Südamerika

72	Welche Stadt liegt am Mississippi?

- [ ] a Chicago
- [ ] b Kairo
- [ ] c Buenos Aires
- [x] d New Orleans
- [ ] e Havanna

73	Wie heißt die größte Meeresbucht Kanadas?

- [ ] a Labrador-See
- [ ] b Sargassosee
- [x] c Hudsonbai
- [ ] d Bering-Meer
- [ ] e Golf von Kanada

74	Welchen Durchmesser hat die Erde?

- a ca. 1075 Kilometer
- b ca. 12800 Kilometer
- c ca. 45000 Kilometer
- d ca. 60500 Kilometer
- e ca. 108400 Kilometer

75	Der Erdradius beträgt ungefähr …

- a … 6400 Kilometer.
- b … 12800 Kilometer.
- c … 40000 Kilometer.
- d … 1380 Kilometer.
- e … 3600 Kilometer.

76	Wie groß ist der Erdumfang?

- a ca. 40000 Kilometer
- b ca. 16000 Kilometer
- c ca. 12000 Kilometer
- d ca. 60000 Kilometer
- e ca. 100000 Kilometer

77	Der nullte Längengrad verläuft durch eine europäische Stadt. Ist dies …

- a … London?
- b … Versailles?
- c … Greenwich?
- d … Paris?
- e … Neapel?

78	Welches Land liegt der Bundesrepublik Deutschland auf der anderen Seite der Erdkugel genau gegenüber?

a China

b Neuseeland

c Afrika

d Japan

e Amerika

79	An welchem Meer liegt die russische Stadt St. Petersburg?

a Finnischer Meerbusen

b Kaspisches Meer

c Schwarzes Meer

d Weißes Meer

e Rotes Meer

80	Welches ist der kleinste Erdteil?

a Europa

b Afrika

c Amerika

d Australien

e Asien

81	In welchem Erdteil liegt Marokko?

a Europa

b Australien

c Asien

d Afrika

82	Wo würden Sie Kapstadt suchen? In …

- a … Nordafrika?
- b … Südamerika?
- c … Norddeutschland?
- d … Südafrika?

83	Die Galapagos-Inseln liegen …

- a … in der Ägäis.
- b … im Pazifik.
- c … im Chinesischen Meer.
- d … im Atlantik.

84	Der Ärmelkanal ist die Meerenge zwischen …

- a … Dänemark und Norwegen.
- b … Deutschland und Schweden.
- c … Frankreich und England.
- d … Spanien und Frankreich.

85	Jemand, der den Nanga Parbat besteigt, befindet sich in …

- a … Asien.
- b … Europa.
- c … Amerika.
- d … Afrika.

86	Welche Stadt liegt von Deutschland aus gesehen am südlichsten?

- [ ] a Johannesburg
- [ ] b Rom
- [ ] c New York
- [ ] d Haifa

87	Ein Flugzeug startet in Frankfurt und fliegt nach San Francisco. Welche Aussage ist richtig?

- [ ] a Die Passagiere kommen genau zu der Zeit an, zu der sie in Frankfurt gestartet sind.
- [ ] b Die Passagiere müssen ihre Uhren vorstellen.
- [ ] c Die Uhren müssen zurückgestellt werden.
- [ ] d Es gibt keinen Zeitunterschied, da wegen der Ausrichtung an der Sonne zu jeder Zeit an jedem Ort der Erde die gleiche Zeit herrscht.

88	Der kürzeste Weg eines Flugzeuges von München nach New York führt über …

- [ ] a … Nordafrika.
- [ ] b … den Atlantik.
- [ ] c … den Indischen Ozean.
- [ ] d … Australien.

89	Welcher Erdteil muss umrundet werden, wenn ein Schiff von Hamburg nach Madagaskar fährt, ohne einen Kanal zu benutzen?

- [ ] a Südamerika
- [ ] b Afrika
- [ ] c Europa
- [ ] d Asien

Geografie	*Lösungen*

Lösungen: Deutschland

1 b – **2** b – **3** e – **4** d – **5** e – **6** c – **7** b – **8** a – **9** d – **10** c – **11** d – **12** e – **13** a – **14** b – **15** d – **16** e – **17** c – **18** a – **19** d – **20** d – **21** b – **22** b – **23** e – **24** c – **25** e – **26** d – **27** c – **28** c – **29** d – **30** e – **31** d – **32** c – **33** a – **34** c – **35** d – **36** c – **37** c – **38** b – **39** b – **40** b – **41** b – **42** a – **43** a

Lösungen: Welt

44 b – **45** d – **46** a – **47** d – **48** c – **49** d – **50** a – **51** d – **52** a – **53** b – **54** a – **55** d – **56** aK, bF, cE, dJ, eH, fB, gI, hG, iD, jC, kL, lA – **57** c – **58** a – **59** b – **60** b – **61** c – **62** e – **63** d – **64** a – **65** d – **66** a – **67** b – **68** b – **69** a – **70** d – **71** b – **72** d – **73** c – **74** b – **75** a – **76** a – **77** c – **78** b – **79** a – **80** d – **81** d – **82** d – **83** b – **84** c – **85** a – **86** a – **87** c – **88** b – **89** b

3 von 89 → 86 von 89

Naturwissenschaften	*Vorwort und Literaturtipp*

In zunehmendem Maße ergreift die Technik Platz im menschlichen Leben. Vieles, was als nahezu selbstverständlich hingenommen wird, beruht auf der Ausnutzung natürlicher Gesetze und Gegebenheiten.

Technisches Grundwissen ist damit zu einem Bestandteil der allgemeinen Bildung geworden. Natürlich ist das Wissensgebiet sehr umfangreich, und niemand kann erwarten, dass Sie darin perfekt sind. Vieles werden Sie sich in Hinblick auf Ihr angestrebten Berufs- oder Arbeitsziel selbst erarbeiten und aneignen müssen.

Die folgenden Fragen aus den unterschiedlichen Teilbereichen der Naturwissenschaften behandeln Grundelemente der Physik und Chemie.

Durch sie versucht man in Einstellungs- oder Eignungstests festzustellen, inwieweit Grundkenntnisse bei den Bewerbern vorhanden sind.

Literatur für weitergehende Studien:

☛ Wie funktioniert das? Die Technik im Leben von heute, Bibliographisches Institut, Meyers Lexikonverlag, Mannheim

☛ 100 x Technik im Alltag, Meyers Lexikonverlag, Mannheim

☛ Grundwissen Technik, Klett, Stuttgart

☛ Grundwissen Physik/Chemie, Klett, Stuttgart

☛ Unter www.top-bewerbung.de finden Sie immer wieder aktuelle Testfragen.

Naturwissenschaften	*Physik und Chemie*

1	Was versteht man unter einer Zerstreuungslinse?

- a Ihre Mitte ist dicker als der Rand.
- b Sie ist am Rand dünner als in der Mitte.
- c Die Mitte ist dünner als ihr Rand.
- d Es handelt sich um ein gleich starkes Glas.

2	Die Entfernung des Brennpunktes von der Linsenmitte ist …

- a … die Brennlinse.
- b … der Brennabstand.
- c … die Brennweite.
- d … der Vergrößerungspunkt.

3	Welche Aussage über die Vergrößerung einer Lupe ist richtig?

- a Sie vergrößert umso stärker, je geringer sie gewölbt ist.
- b Die Vergrößerung hängt nur von der Wölbung ab.

c Je stärker die Wölbung und je größer die Brennweite, desto stärker vergrößert sie.

d Die Vergrößerung wird stärker, wenn die Wölbung zu- und die Brennweite abnimmt.

4	Wie ist ein funktionsfähiges Mikroskop aufgebaut?

a Zwei Sammellinsen in einem Tubus

b Eine Sammellinse

c Ein Okular in einem Tubus

d Eine Sammel- und zwei Umkehrlinsen in einer Röhre

5 Um welche Linsenform handelt es sich hier?

a bikonvex

b konvex

c plan

d plankonkav

6	Ein Strahlen bündelndes Brennglas ist …

a … beidseitig plan.

b … beidseitig konkav.

c … beidseitig konvex.

d … plankonvex.

7	Wie hoch ist die Geschwindigkeit des Lichtes?

- [ ] a 300000 km/Std.
- [ ] b 300000 m/min
- [ ] c 300000 m/sec
- [x] d 300000 km/sec

8	Wozu dient u. a. ein Prisma?

- [ ] a Zur Lichtverstärkung
- [x] b Zur Zerlegung des Lichtes in seine Bestandteile
- [ ] c Zur Temperaturreglung
- [ ] d Zur Filterung von Gammastrahlen

9	Welche Farbe ist im Lichtspektrum nicht enthalten?

- [ ] a Rot
- [ ] b Orange
- [x] c Schwarz
- [ ] d Violett

10	Wie viele sichtbare Farben sind im Lichtspektrum enthalten?

- [ ] a Drei
- [ ] b Fünf
- [x] c Sieben
- [ ] d Neun

11	Welche Aussage über die ultravioletten Strahlen ist richtig?

- [ ] a Sie befinden sich im Spektrum vor der Farbe Rot.
- [ ] b Sie sind unsichtbar und überdecken das gesamte Farbspektrum.
- [x] c Sie sind unsichtbar und liegen im Farbspektrum jenseits von Violett.
- [ ] d Ultraviolette Strahlen sind ebenso sichtbar wie alle anderen Farben.

12	Was benötigt man, um Licht in seine Bestandteile zu zerlegen?

- [ ] a Lichtquelle – Prisma – Dunkelkammer
- [ ] b Lichtquelle – Fotoplatte – Lichtschlitz
- [x] c Lichtquelle – Lichtschlitz – Prisma
- [ ] d Lichtquelle – Brennglas – Thermometer

13	Welche der folgenden Linsen *verkleinert* ein betrachtetes Objekt?

- [ ] a bikonvex
- [x] c bikonkav
- [ ] b plankonkav
- [ ] d konkavkonvex

14	Wie viel kW hat (die frühere Maßeinheit) 1 PS?

- [ ] a 0,95
- [ ] b 1,25
- [x] c 0,73
- [ ] d 1,36

15	Wann herrscht am gewöhnlichen Flaschenzug Gleichgewicht?

- [ ] a Kraft gleich Last
- [ ] b Last gleich Kraft, multipliziert mit der Rollenzahl
- [x] c Kraft gleich Last, geteilt durch Anzahl der Rollen
- [ ] d Kraft = Rollenzahl : Last

16	Welchen Kraftaufwand benötigt man in folgendem Fall?

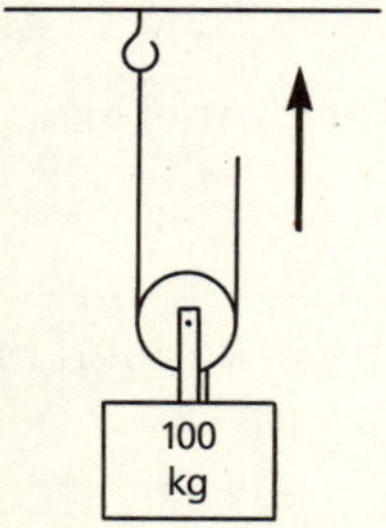

- [x] a 981 Newton
- [ ] b 392,40 Newton
- [ ] c 1 500 Newton
- [ ] d 490,50 Newton

17	Wie viel Kraft benötigt man, um einen Gegenstand von 150 kg mit Hilfe folgender Rolle zu bewegen?

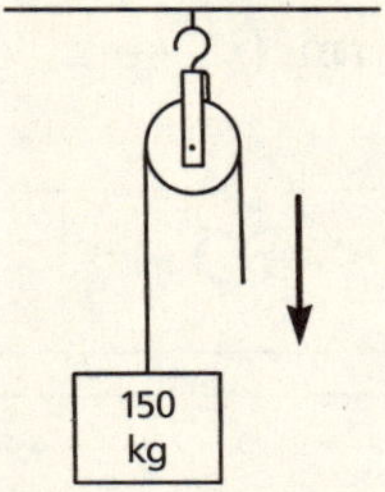

- a 1471,5 Newton
- b 735,75 Newton
- c 981 Newton
- d 490,50 Newton

18	Wie wird die Arbeit im physikalischen Sinn definiert?

- a Arbeit = Kraft · Weg
- b Arbeit = Kraft + Weg
- c Arbeit = Weg · Zeit
- d Arbeit = Weg + Kraft + Zeit

19	Welche Formel steht für das Gleichgewicht am Hebel?

- a Last · Kraft = Lastarm · Kraftarm
- b Last · Lastarm = Kraftaufwand

c Last · Lastarm = Kraft · Kraftarm

d Last · Kraftarm = Lastarm · Kraft

20 Wie lang muss der Hebelarm (x) sein, damit Gleichgewicht herrscht?

a 1 m | b 3 m | c 2 m | d 4 m

21 Welche Masse muss aufgewendet werden, um die Waage ins Gleichgewicht zu bringen?

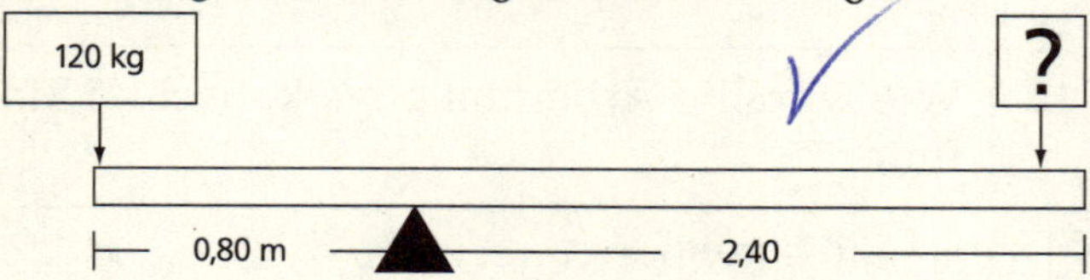

a 50 kg | b 30 kg | c 120 kg | d 40 kg

22 In welcher Einheit wird Stromspannung gemessen?

a Ampere | b Volt | c Ohm | d Kilojoule

23 Der Widerstand elektrischer Leitungen wird ausgedrückt in …

a … Farad.

c … Ohm.

b … Volt.

d … Ampere.

24	Die Stromstärke wird gemessen in …

- [ ] a … Kilowatt.
- [ ] b … Pascal.
- [ ] c … Kilohertz.
- [x] d … Ampere.

25	Im Bereich der Elektronik hört man häufig den Begriff »Frequenz«. Wie wird eine Frequenz gemessen?

- [ ] a In Watt
- [x] b In Hertz
- [ ] c In Kilopond
- [ ] d In Kilowatt

26	Wie groß ist die Schallgeschwindigkeit?

- [ ] a ca. 333 km/sec
- [x] b ca. 333 m/sec
- [ ] c ca. 333 cm/sec
- [ ] d ca. 333 km/Std.
- [ ] e ca. 333 m/min

27	In welchen Stoffen pflanzt sich der Schall am besten fort?

- [x] a In festen Stoffen
- [ ] b In flüssigen Stoffen
- [ ] c In gasförmigen Stoffen
- [ ] d Im Vakuum

28	Welche Definition ist richtig für die Bestimmung von 4,19 kJ (Kilojoule)? Es ist die Wärmemenge, die …

- [ ] a … benötigt wird, um 1 Liter Wasser zu kochen.
- [ ] b … benötigt wird, um 1 Liter Wasser zu verdampfen.
- [ ] c … 1 Gramm Wasser um 1°C erwärmt.
- [ ] d … 1 Liter Wasser um 1°C erwärmt.

29	Wie viel Watt hat ein Kilowatt?

- [ ] a 1
- [ ] b 10
- [ ] c 1 000
- [ ] d 10 000

30	Welche Aussage über den Siedepunkt des Wassers ist richtig?

- [ ] a Der Siedepunkt liegt immer bei 100°C.
- [ ] b Der Siedepunkt liegt niedriger, wenn der Luftdruck geringer ist.
- [ ] c Je höher der Luftdruck, desto niedriger der Siedepunkt.
- [ ] d Je niedriger der Siedepunkt, desto mehr Energie wird benötigt.

31	Welcher Stoff leitet die Wärme am besten?

- [ ] a Wasser
- [ ] b Stein
- [ ] c Styropor
- [ ] d Silber

32	In einigen Ländern wird die Temperatur in Fahrenheit gemessen. Wie viel °C entspricht eine Temperatur von 32° Fahrenheit?

- [ ] a 100°C
- [ ] b 80°C
- [x] c 20°C
- [ ] d 0°C

33	Bei welcher Temperatur (in °C) nimmt Wasser den kleinsten Raum und die größte Dichte ein?

- [ ] a 100°C
- [x] b 4°C
- [ ] c 0°C
- [ ] d −4°C

34	Welche der folgenden Aussagen über die Eigenschaften des Wassers stimmt?

- [ ] a Wasser gefriert erst bei −4°C.
- [x] b Wasser nimmt einen größeren Raum ein, wenn es gefriert.
- [ ] c Wasser zieht sich bei dem Gefrierprozess zusammen.
- [ ] d Wasser siedet bei 80°C.

35	Welche Aussage stimmt?

- [ ] a Unterdruck in einem Gefäß kann zur Explosion führen.
- [ ] b Der Luftdruck ist überall auf der Welt gleich.
- [x] c Der Luftdruck nimmt mit steigender Höhe ab.
- [ ] d Der Luftdruck nimmt mit steigender Höhe zu.

36 Was wird mit einem Barometer gemessen?

- [x] a Luftdruck
- [ ] c Luftfeuchtigkeit
- [ ] b Luftverschmutzung
- [ ] d Lufttemperatur

37 Wann öffnet sich ein Überdruckventil?

- [ ] a Bei sinkendem Luftdruck
- [x] b Wenn der Luftdruck in einem Gefäß eine bestimmte Grenze überschreitet
- [ ] c Beim Unterschreiten eines Luftdruckgrenzwertes
- [ ] d Nur bei manueller Betätigung

38 Eine Rohrverbindung hat folgendes Aussehen:

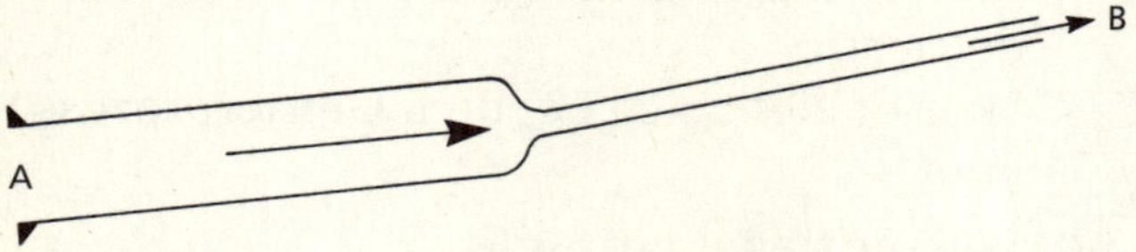

In Pfeilrichtung wird Wasser mit einem Druck von 7 bar gepumpt. Welche Aussage stimmt?

- [ ] a In B nimmt der Druck ab.
- [x] b In B baut sich ein höherer Druck auf.
- [ ] c Wenn der Querschnitt von B zu groß ist, kann das Wasser nicht fließen.
- [ ] d Wenn B einen zu geringen Querschnitt hat, fließt das Wasser rückwärts.

39	Der Zeiger soll sich nach rechts bewegen. Bei welcher Zahnradbewegung erfolgt das?

a Zahnrad 1 nach rechts drehen.

b Zahnrad 2 nach rechts drehen.

c Zahnrad 3 nach links drehen.

d Zahnrad 1 nach links drehen.

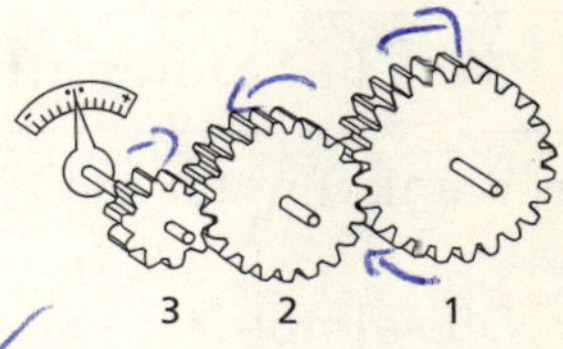

40	Ein Werkstoff nimmt nach einer Belastung von selbst wieder seine ursprüngliche Form an. Welcher Begriff kennzeichnet die Stoffeigenschaft?

a Elastizität

c Sprödigkeit

b Viskosität

d Härte

41	Bei welcher der folgenden Arbeiten entstehen keine Späne?

a Drehen

c Hobeln

b Bohren

d Schweißen

42	Welche Stoffe benötigt man (in der richtigen Mischung) zum Schweißen?

a Sauerstoff und Stickstoff

b Stickstoff und Acetylen

- [x] c Acetylen und Sauerstoff
- [ ] d Wasserstoff und Helium

43	Welcher Motor arbeitet mit Selbstzündung?

- [ ] a Wankelmotor
- [x] b Dieselmotor
- [ ] c Ottomotor
- [ ] d Turbine

44	Welcher Stoff steht hinter der chemischen Abkürzung H_2O?

- [ ] a Gold
- [ ] b Silber
- [ ] c Wasserstoff
- [x] d Wasser

45	Wie viele chemische Elemente gibt es?

- [ ] a 10
- [ ] b 50
- [x] c 105
- [ ] d 250

46	Welche Abkürzung trägt das chemische Element Eisen?

- [x] a Fe
- [ ] b Es
- [ ] c Ei
- [ ] d Fd

47	Das chemische Zeichen Ag steht für ein Edelmetall. Welches ist es?

- [ ] a Gold
- [ ] b Platin
- [x] c Silber
- [ ] d Kupfer

48	Eines der folgenden Elemente gehört nicht zur Gruppe der Edelgase. Welches ist es?

- [ ] a Helium
- [x] c Propangas
- [ ] b Neon
- [ ] d Krypton

49	An einem Eisenteil bildet sich Rost. Diesen chemischen Prozess bezeichnet man als …

- [ ] a … Reduktion.
- [ ] c … Kumulsion.
- [x] b … Oxidation.
- [ ] d … Lotion.

50	Was versteht man unter »Halbwertszeit«?

- [ ] a Die Geschwindigkeit von Rechnern
- [ ] b Die Zeit der Beschleunigung von PKWs
- [x] c Die Zeit, in der radioaktive Stoffe zur Hälfte zerfallen sind
- [ ] d Die Zeit, die für die Ansparung einer Mindestrente erforderlich ist

51	Was ist eine »Legierung«?

- [x] a Metallgemisch
- [ ] c Flüssiges Metall
- [ ] b Verflüssigtes Gas
- [ ] d Edelmetall

52	Welche Stromquelle versorgt ein Kraftfahrzeug während der Fahrt?

- a Zündkerze
- b Motor
- c Batterie
- d Lichtmaschine

53	Was ist ein »Streamer«?

- a Einspritzer für einen Turbodieselmotor
- b Katalysator zur Erkennung von chemischen Inhaltsstoffen
- c Einlauföffnung eines Gezeitenkraftwerkes
- d Gerät zur Datensicherung

54	Cäsium-Werte sind ein wichtiger Indikator für die …

- a … Klimaforschung.
- b … Wasserverschmutzung.
- c … radioaktive Belastung.
- d … Schadstoffbelastung in Holz.

Die Lösungen zu den Aufgaben 1–54 (Physik und Chemie) siehe S. 279.

Naturwissenschaften	*Erfindungen und Entdeckungen*

55 Wer erfand den Buchdruck?

- [ ] a Jakob Mayer
- [ ] b Oliver Evans
- [x] c Johannes Gutenberg
- [ ] d Fischer von Erlach

56 Wer erfand das Telefon?

- [ ] a Otto von Guericke
- [x] b Philipp Reis
- [ ] c Joseph Ressel
- [ ] d Josef Madersperger

57 Welche Erfindung stammt von Thomas Alva Edison?

- [x] a Glühbirne
- [ ] b Motorrad
- [ ] c Dieselmotor
- [ ] d Revolver

58 Wer führte die Fließbandproduktion in der Automobilindustrie ein?

- [ ] a Gottlieb Daimler
- [x] b Henry Ford
- [ ] c Karl Benz
- [ ] d Rudolf Diesel

59 Welche Strecke legte die erste deutsche Eisenbahn zurück?

- [ ] a Wiesbaden–Frankfurt
- [ ] b Augsburg–Nürnberg
- [x] c Nürnberg–Fürth
- [ ] d Kassel–Göttingen

60 Wem gelang erstmals die Spaltung des Uranatoms?

- [ ] a Albert Einstein
- [ ] b Werner Karl Heisenberg
- [ ] c Niels Bohr
- [x] d Otto Hahn und Fritz Straßmann

61 Wann und durch wen wurde der erste Satellit gestartet?

- [ ] a 1952 durch die USA
- [ ] b 1954 durch die USA
- [x] c 1957 durch die UdSSR
- [ ] d 1963 durch China

62 Welche Astronauten landeten als Erste auf dem Mond?

- [x] a Neil Armstrong und Edwin Aldrin
- [ ] b James McDivitt und Edward White
- [ ] c John Glenn und Neil Armstrong
- [ ] d Juri Gagarin und Pavel Romanowitsch

63	Wer entdeckte das Gesetz des freien Falls?

- a Peter Henlein
- b Isaac Newton
- c Johannes Kepler
- d Galileo Galilei

64	Wer gilt als Entdecker des Tuberkelbazillus?

- a Emil von Behring
- b Robert Koch
- c Conrad Röntgen
- d Justus von Liebig

Die Lösungen zu den Aufgaben 55–64 (Erfindungen und Entdeckungen) siehe unten.

Naturwissen-schaften	*Lösungen*

Lösungen: Physik und Chemie

1 c – **2** c – **3** d – **4** a – **5** d – **6** c – **7** d – **8** b – **9** c – **10** c – **11** c – **12** c – **13** c – **14** c – **15** c – **16** d – **17** a – **18** a – **19** c – **20** b – **21** d – **22** b – **23** c – **24** d – **25** b – **26** b – **27** a – **28** d – **29** c – **30** b – **31** d – **32** d – **33** b – **34** b – **35** c – **36** a – **37** b – **38** b – **39** a – **40** a – **41** d – **42** c – **43** b – **44** d – **45** c – **46** a – **47** c – **48** c – **49** b – **50** c – **51** a – **52** d – **53** d – **54** c

Lösungen: Erfindungen und Entdeckungen

55 c – **56** b – **57** a – **58** b – **59** c – **60** d – **61** c – **62** a – **63** d – **64** b

II. MUSTERTESTS

Vorwort und Bewertungsschlüssel

Wenn Sie das Buch bis hierhin sorgfältig durchgearbeitet haben, sind Sie Ihrem Ziel, Tests möglichst erfolgreich zu absolvieren, einen großen Schritt näher gekommen.

Ein wichtiger Aspekt, der bei einer Prüfung nicht übersehen werden darf, ist eine möglichst gute Zeiteinteilung. Beantworten Sie die Fragen konzentriert, aber zügig. Lesen Sie möglichst alle Antworten durch – auch wenn Sie meinen, die erste oder zweite ist schon die richtige. Damit Sie ein Zeitgefühl für die Prüfung bekommen, sollten Sie folgende Tests in je ca. $2\frac{1}{2}$ Stunden gelöst haben.

Nachfolgende Bewertungsschlüssel sollen Ihnen eine Tendenz Ihres Kenntnisstandes geben.

Verzweifeln Sie nicht, wenn Sie die von Ihnen angestrebte Note nicht erreicht haben – bedenken Sie, dass jede Prüfung andere Fragen hat!

Üben Sie anhand der Literaturangaben und surfen Sie auf www.top-bewerbung.de!

Bewertungsschlüssel[1]: Test I

Richtige	Antworten	Note
61–56	A	1
55–50	A	2
49–42	A	3
41–31	A	4
30–20	A	5
19– 0	A	6

Bewertungsschlüssel[1]: Test II

Richtige	Antworten	Note
62–57	A	1
56–51	A	2
50–43	A	3
42–32	A	4
31–21	A	5
20– 0	A	6

1 nach dem Schema der Industrie- u. Handelskammern

Test 1

Der folgende Text enthält in den durchnummerierten Zeilen Fehler, die nicht den Vorgaben der neuen Rechtschreibreform entsprechen. Versuchen Sie zu erkennen, in welcher Spalte der einzelnen Zeile sich Fehler befinden. Wenn Sie einen Fehler gefunden haben, vermerken Sie die Buchstaben der Fehlerspalten in dem Lösungsfeld. Sollte eine Zeile fehlerfrei sein, so machen Sie bitte ein Kreuz (x) in das Lösungsfeld. Die ersten drei Zeilen sind bereits korrigiert und dienen der Veranschaulichung, zusätzlich wurden hier die Fehler angestrichen.

Aufgabe	a	b	c	d	Ihre Lösung
1	Bei Krankheit nicht zur Kirmes				x
2	Wer als Arbeitnehmer	krank geschrieben ist, hat alles zu tun,	um seine Genehsung zu fördern.	Besucht er stadtdessen eine	b, c, d
3	Kirmesveranstaltung, befindet sich	der Arbeitgeber im recht, wenn er eine	Kündigung ausspricht.		
4	Der Betroffene litt seid Jahren an	Gicht und war deshalb zum dritten mal	krankgeschrieben worden. Als er	wegen eines widerholten	

5	Gichtanfalls arbeitsunfähig war,	hinderte Ihn dies nicht, mit einer Taxe	Mittags zur Kirmes zu fahren. Dort	traf ihn ausgerechnet sein Chef.	
6	Der Arbeitnehmer gab an, am	morgen bei seinem Arzt eine Spritze	auf grund der starken	Gichtbeschwerden bekommen	
7	und dann den ganzen Tag daheim	im Bett gelegen zu haben. Erst am	späten abend sei er dann, an	Krücken humpelnd, auf den	
8	Festplatz gefahren. Darin sah das	Arbeitsgericht einen schweren Verstoss	gegen die Pflichten des	Arbeitnehmers. Der	
9	Arbeitgeber muß sich auf eine	ärztlich attästierte Arbeitsunfähigkeit	verlassen können. Er muss sich auch	darauf verlassen können, daß	
10	der Arbeitnehmer alles Mögliche	unterlässt, was diese ärztliche	Feststellung in frage stellt	und der Besserung oder Genesung des	
11	leidens hinderlich sein kann. Im	normalen Fall kann der Arbeitnehmer	in seiner Freizeit letzt endlich tun	und laßen, was er will. Wenn er	
12	aber im Krankheitsfall seinen follen	Lohn ohne ent sprechende	Gegenleistung nach den Vorschriften	des Lohnfortzahlungsgesetzes	
13	fordert, muss er seine prifate	Lebensführung der Arbeitsunfähigkeit	anpassen.		

Ordnen Sie die folgenden Fremdwörter den jeweiligen Erklärungen (deutschen Bedeutungen) zu, indem Sie die richtige Kennziffer (a, b, c usw.) jeweils der entsprechenden Aufgabe zuordnen.

Aufgabe	Fremdwort		Erklärung	Ihre Lösung
14	administrativ	a	Gemeinde	21 ✓
15	Autarkie	b	Alltäglich	16 ✓
16	banal	c	wirtschaftlicher Rückgang	25 ✓
17	Demoskopie	d	Bittschrift	19 f
18	Devisen	e	Zusammenarbeit	22 ✓
19	Doktrin	f	rechtmäßig	23 ✓
20	Petition	g	Beweglichkeit	24 ✓
21	Kommune	h	letzte Frist	26 ✓
22	Kooperation	i	wirtschaftliche Unabhängigkeit eines Landes	15 ✓
23	legitim	k	Grundsatz	20 f
24	Mobilität	l	ausländische Zahlungsmittel	18 ✓
25	Rezession	m	verwaltungsmäßig	14 ✓
26	Ultimatum	n	Meinungsforschung	17 ✓

27	$0{,}007 \cdot 0{,}012 =$

- a 0,0084
- b 0,00084
- c 0,000084
- d 0,0000084

28	Welche Zahl ist um 1 001 größer als 99 089 998?

- a 100 101 009
- b 99 090 999
- c 99 091 000
- d 99 989 999

29	Wie viel ist $5\frac{1}{7} + 3\frac{1}{8}$?

- a $8\frac{43}{56}$
- b $8\frac{34}{56}$
- c $8\frac{5}{56}$
- d $8\frac{15}{56}$

30	$\frac{2}{9} : \frac{5}{6} =$

- a $\frac{7}{15}$
- b $\frac{10}{36}$
- c $\frac{5}{18}$
- d $\frac{4}{15}$

31	16 Arbeiter fertigen bei 8-stündiger Arbeitszeit in 12 Tagen 48 Formen an. Wie viele Aushilfskräfte müssen eingestellt werden, wenn ein dringender Auftrag von 63 Formen in 8 Arbeitstagen fertig sein muss und alle Arbeiter eine Überstunde pro Tag machen sollen?

- a 28
- b 16
- c 12
- d 13

32	Die Finanzierung eines Eigenheimes im Wert von 235665,– Euro wurde folgendermaßen geplant: Gespartes Kapital des Bauherrn $\frac{1}{5}$, Eigenleistung $\frac{3}{10}$, Bauspardarlehen $\frac{1}{3}$, den Rest der Bausumme übernimmt die Bank gegen Eintragung einer Grundschuld. Wie hoch ist diese Grundschuld?

- a 47133,– Euro
- c 70699,50 Euro
- b 78555,– Euro
- d 39277,50 Euro

33	Der Preis für Heizöl wurde infolge des Überangebots um 20 % gesenkt. Ein Liter kostet danach 0,56 Euro. Wie teuer war er vor der Preissenkung?

- a 0,70 Euro
- c 0,47 Euro
- b 0,67 Euro
- d 0,65 Euro

34	Wie viel Euro Zinsen bringt ein Kapital von 7560,– Euro, das 200 Tage zu 3,5 % angelegt war?

- a 150,– Euro
- c 210,– Euro
- b 70,– Euro
- d 147,– Euro

35	Wie viele Tage war ein Kapital von 20000,– Euro zu 6 % ausgeliehen, wenn 200,– Euro Zinsen berechnet wurden?

- a 600 Tage
- c 120 Tage
- b 60 Tage
- d 180 Tage

36	Eine Fläche von 800 m^2 mit Platten belegt werden, die ein Maß von 50 cm × 50 cm haben. Wie viele Platten werden benötigt?

a 16000 b 32000 c 3200 d 320

37	Ein Kreis hat einen Radius von 38 cm. Wie groß ist sein Umfang?

a 238,64 cm
b 119,32 cm
c 117,80 cm
d 239,40 cm

38	Ein Grundstück hat die Form eines Trapezes. Die parallelen Seiten sind 60 m und 82 m lang. Der Abstand der Seiten beträgt 45 m. Wie groß ist der Garten?

a 3195 m^2
b 3810 m^2
c 6390 m^2
d 4305 m^2

39	In welcher Konjunkturphase kommt es normalerweise zu einem Arbeitskräftemangel und zu Überstunden?

a Aufschwung
b Abschwung
c Boom
d Depression

40 Was versteht man unter dem Stabilitätsgesetz?

- [ ] a Gesetzliche Maßnahme der Bundesregierung zur Beendigung eines Arbeitskampfes (Streik und Aussperrung)
- [x] b Gesetz zur Förderung der Stabilität und des Wachstums der Wirtschaft
- [ ] c Gesetz zur Stabilität der Umwelt
- [ ] d Gesetz zur Sicherung der sozialen Marktwirtschaft

41 Welches ist die wichtigste gesetzliche Grundlage der rechtsstaatlichen Ordnung in der Bundesrepublik?

- [ ] a Potsdamer Abkommen
- [ ] b Staatsvertrag
- [ ] c Besatzungsstatut
- [x] d Grundgesetz

42 Was heißt Pressekonzentration?

- [ ] a Zensur der Zeitungen durch Staatsaufsicht
- [ ] b Begrenzung der Zeitungsauflagen
- [x] c Zusammenschluss von bisher selbständigen Zeitungen zur Markt- und Meinungsbeherrschung
- [ ] d Meinungsbeeinflussung durch Großunternehmen

43 Mit welcher Partei verbinden Sie den Begriff »Godesberger Programm«?

- [ ] a NPD
- [ ] b CDU
- [ ] c CSU
- [x] d SPD

44	Welche Buchstabenfolge gibt die richtige Reihenfolge der Bundeskanzler von 1945 bis 2001 wieder: A) Adenauer 1 E) Kohl 6 B) Brandt F) Schmidt 5 C) Kiesinger G) Schröder 7 D) Erhard 2 ✓

- [ ] a A, B, C, D, E, F, G
- [x] c A, D, C, B, F, E, G
- [ ] b A, D, F, B, C, E, G
- [ ] d A, D, C, F, B, E, G

45	Welche der folgenden Aussagen über Produktivität ist falsch? ✓

- [ ] a Durch die hohen Lohn- und Nebenkosten muss die Produktivität in vielen Betrieben in Deutschland erhöht werden, damit die Betriebe langfristig wettbewerbsfähig bleiben.
- [x] b In Deutschland gibt es die höchste Produktivität der Welt. ✓
- [ ] c Durch Einsatz von modernen Fertigungstechniken wird die Produktivität normalerweise erhöht.
- [ ] d Es wird versucht, die Produktivität durch flexiblere Arbeitszeiten zu erhöhen.
- [ ] e Der Einsatz von computergesteuerten Maschinen erhöht die Produktivität, setzt aber gleichfalls Arbeitskräfte frei.

46	Wie heißt der deutsche Fernsehsender, der stündlich Nachrichten und dazwischen Wirtschaftsmeldungen bringt? ✓

- [ ] a CNN
- [ ] b tn3
- [x] c ntv
- [ ] d vox

47	Was ist ein Copyright?

- a Druckrecht
- b Urheberrecht
- c Vom Autor unterschriebenes Buch
- d Bestseller

48	Unter »Preisindex« versteht man ...

- a ... den Preis einer bestimmten Gütermenge im Vergleich zu dem des Vormonats oder Vorjahres.
- b ... die Kaufkraft des Euro.
- c ... die Inflationsrate des Euro.
- d ... die Kaufkraft des Euro in Bezug auf den Dollar.
- e ... einen Preisvergleich der Stiftung Warentest.

49	Was versteht man unter dem »Generationenvertrag«?

- a Lehrmittel- und Schulgeldfreiheit
- b Lagerung von Brennstäben zur Entsorgung durch die nächsten Generationen
- c Umweltschutzmaßnahmen, um ein Leben auch für spätere Generationen zu ermöglichen
- d Das System der gesetzlichen Rentenversicherung

50 Wer baute als Erster einen programmgesteuerten Digitalrechner?

- a Nixdorf
- b Robert Bosch
- c Konrad Zuse
- d W. v. Braun

51 Eine der folgenden Zuordnungen von Städten und Flüssen ist falsch. Welche ist es?

- a München – Isar
- b Bremen – Weser
- c Trier – Mosel
- d Mainz – Main

52 Von wem übernahm der frühere Bundeskanzler Helmut Schmidt die Regierung?

- a Willy Brandt
- b Konrad Adenauer
- c Kurt Georg Kiesinger
- d Ludwig Erhard

53 Welches politische Amt hatte Theodor Heuss inne?

- a Bundeskanzler
- b Bundesminister
- c Bundestagspräsident
- d Bundespräsident

54 Wie hieß der erste Bundeskanzler der Bundesrepublik Deutschland?

- a Helmut Schmidt
- b Carlo Schmid
- c Konrad Adenauer
- d Ludwig Erhard

55	In welcher Reihenfolge wurden die USA vor Präsident Clinton regiert?

- [ ] a Nixon – Carter – Ford
- [ ] b Carter – Nixon – Ford
- [x] c Carter – Reagan – Bush
- [ ] d Kennedy – Nixon – Carter

56	Welche der folgenden Aussagen trifft auf das kaiserliche Deutschland vom November 1918 zu?

- [x] a Kaiser Wilhelm II. dankt ab und die Republik wird ausgerufen.
- [ ] b Kaiser Wilhelm II. ernennt seinen Nachfolger.
- [ ] c Kaiser Wilhelm II. ernennt einen neuen Reichskanzler.
- [ ] d Kaiser Wilhelm II. verbleibt für zwei weitere Jahre im Amt.

57	Eine politische Folge der 1929 begonnenen Weltwirtschaftskrise auf das Wahlverhalten der Bevölkerung war:

- [x] a Abwanderung der Wähler bei den Reichstagswahlen zu den radikalen Parteien.
- [ ] b Zulauf von Wählern bein den gemäßigten Parteien.
- [ ] c Hohes Maß an Wahlenthaltung.
- [ ] d Große Schwankungen im Wahlverhalten.

58	Wie wird ein »einfaches« Gesetz behandelt, wenn der Bundesrat dagegen mehrheitlich Einspruch einlegt?

- [ ] a Das Gesetz kommt vor den Vermittlungsausschuss.
- [ ] b Das Gesetz tritt trotzdem in Kraft.
- [x] c Der Bundestag kann den Einspruch mehrheitlich zurückweisen.
- [ ] d Das Gesetz muss neu formuliert werden

59	Was versteht man unter »Lobbyismus«?

- [x] a Politische Einflussnahme von Verbänden
- [ ] b Gewissensfreiheit der Abgeordneten
- [ ] c Nebenbeschäftigung von Abgeordneten
- [ ] d Zeugnisverweigerungsrecht von Abgeordneten

60	Was ist eine »Plenarsitzung«?

- [x] a Sitzung des Deutschen Bundestages
- [ ] b Sitzung der Bundesregierung
- [ ] c Sitzung des Innenausschusses
- [ ] d Sitzung des Bundespresseamtes

61	Was versteht man unter »Föderalismus«?

- [ ] a Einen Staatenbund
- [ ] b Einen internationalen Zusammenschluss
- [ ] c Subventions- und Fördermaßnahmen für gefährdete Betriebe
- [ ] d Den bundesstaatlichen Aufbau

Lösungen: Test 1

1 x – **2** b, c, d – **3** b – **4** a, b, d – **5** b, c – **6** b, c – **7** c – **8** b – **9** a, b, d – **10** c – **11** a, c, d – **12** a – **13** a – **14** m – **15** i – **16** b – **17** n – **18** l – **19** k – **20** d – **21** a – **22** e – **23** f – **24** g – **25** c – **26** h – **27** c – **28** b – **29** d – **30** d – **31** c – **32** d – **33** a – **34** d – **35** b – **36** c – **37** a – **38** a – **39** c – **40** b – **41** d – **42** c – **43** d – **44** c – **45** b – **46** c – **47** b – **48** a – **49** d – **50** c – **51** d – **52** a – **53** d – **54** c – **55** c – **56** a – **57** a – **58** c – **59** a – **60** a – **61** d

Lösungen: Test 1

Aufgabe	a	b	c	d	Ihre Lösung
1	Bei Krankheit nicht zur Kirmes				x
2	Wer als Arbeitnehmer	krankgeschrieben ist, hat alles zu tun,	um seine Genesung zu fördern.	Besucht er stattdessen eine	b, c, d
3	Kirmesveranstaltung, befindet sich	der Arbeitgeber im Recht, wenn er eine	Kündigung ausspricht.		b
4	Der Betroffene litt seit Jahren an	Gicht und war deshalb zum dritten Mal	krankgeschrieben worden. Als er	wegen eines wiederholten	a, b, d
5	Gichtanfalls arbeitsunfähig war,	hinderte ihn dies nicht, mit einer Taxe	mittags zur Kirmes zu fahren. Dort	traf ihn ausgerechnet sein Chef.	b, c
6	Der Arbeitnehmer gab an, am	Morgen bei seinem Arzt eine Spritze	aufgrund (oder auf Grund) der starken	Gichtbeschwerden bekommen	b, c

Aufgabe	a	b	c	d	Ihre Lösung
7	und dann den ganzen Tag daheim	im Bett gelegen zu haben. Erst am	späten Abend sei er dann, an	Krücken humpelnd, auf den	c
8	Festplatz gefahren. Darin sah das	Arbeitsgericht einen schweren Verstoß	gegen die Pflichten des	Arbeitnehmers. Der	b
9	Arbeitgeber muss sich auf eine	ärztlich attestierte Arbeitsunfähigkeit	verlassen können. Er muss sich auch	darauf verlassen können, dass	a, b, d
10	der Arbeitnehmer alles Mögliche	unterlässt, was diese ärztliche	Feststellung infrage (oder in Frage) stellt	und der Besserung oder Genesung des	c
11	Leidens hinderlich sein kann. Im	normalen Fall kann der Arbeitnehmer	in seiner Freizeit letztendlich tun	und lassen, was er will. Wenn er	a, c, d
12	aber im Krankheitsfall seinen vollen	Lohn ohne entsprechende	Gegenleistung nach den Vorschriften	des Lohnfortzahlungsgesetzes	a
13	fordert, muss er seine private	Lebensführung der Arbeitsunfähigkeit	anpassen.		a

Test 2

Der folgende Text enthält in den nummerierten Zeilen Fehler, die nicht den Vorgaben der neuen Rechtschreibreform entsprechen. Auch Kommafehler befinden sich in der Tabelle. Versuchen Sie zu erkennen, in welcher Spalte der einzelnen Zeile sich Fehler befinden. Wenn Sie einen Fehler gefunden haben, vermerken Sie die Buchstaben der Fehlerspalten in dem Lösungsfeld. Sollte eine Zeile fehlerfrei sein, so machen Sie bitte ein Kreuz (x) in das Lösungsfeld. Die ersten zwei Zeilen sind bereits korrigiert und dienen der Veranschaulichung, zusätzlich wurden die fehlerhaften Stellen unterstrichen.

Aufgabe	a	b	c	d	Ihre Lösung
1	Dieter Böhm ,	wie es Ihm erging!			a, b
2	Dieter Böhm lernt	seid einiger Zeit den	Beruf des Industriemechanikers	in der Maschinenfabrik	b
3	Karl Berger AG	Mannheim. Sein Ausbilder	hat nur immer Montags Zeit, um	ihm die notwendigen	
4	Arbeitsgänge zu zeigen und	zu erklären. Als zu Beginn	seiner Ausbildungszeit in dem	Werkzeugkasten, den er erhalten	

Aufgabe	a	b	c	d	Ihre Lösung
5	hatte, zwei Schraubenschlüssel fehlten,	wurde von Ihm verlangt,	daß er sie aus eigenen Mitteln	widerbeschaffen sollte.	
6	Daß er vor der Frühstückspause	Brötchen und Getränke für	seine Arbeitskollegen zu holen	hatte, gehörte ebenso zu seinen	
7	Aufgaben wie das all Abendliche	Säubern der Werkshalle. Als	ein Mal eine Bürohilfskraft	erkrankte, mußte er während	
8	dieser Zeit die anfallenden	Botengänge zur Post erledigen.	»Leerjahre sind keine	Herrenjahre« waren die Worte	
9	seines Ausbilders zu dieser	Tätigkeit. Nachdem die	Wissenslücken immer	deutlicher geworden waren, entschloß er	
10	sich schließlich, im Zweiten	Ausbildungsjahr das	Ausbildungsverhältnis zu	kündigen. Dieter fand wenig	
11	später entgültig eine neue Stelle.	Man vereinbarte, daß ihm die	vergangene Ausbildungszeit	angerechnet werden sollte,	
12	wenn er seine	Wissenslücken in der	drei Monatigen Probezeit	aufholen würde.	

13	$\frac{8}{9} : \frac{2}{3} =$

a $\frac{5}{3}$ b 1 c $1\frac{1}{3}$ d $\frac{16}{27}$

14	$5\frac{3}{4} \cdot 1\frac{1}{3} =$

a $6\frac{8}{12}$ b $7\frac{2}{3}$ c $7\frac{6}{12}$ d $7\frac{1}{2}$

15	$6\frac{2}{5} + 3\frac{4}{7} =$

a $9\frac{34}{35}$ b $9\frac{32}{35}$ c $9\frac{31}{35}$ d $9\frac{29}{35}$

16	$2\frac{2}{3} + 4\frac{1}{5} - 3\frac{1}{2} =$

a $3\frac{1}{3}$ b $3\frac{3}{10}$ c $3\frac{9}{30}$ c $3\frac{11}{30}$

17	1,00017 + 1,023 =

a 2,004 c 2,02317

b 2,04 d 2,002317

18	2,001 · 0,00010 =

a 0,002001 c 0,000201

b 0,0002001 d 0,00201

19	Wie viel km² sind 25 ha?

a 25 km² c 0,25 km²

b 2,5 km² d 0,025 km²

20	$0{,}34\ m^2$ sind wie viel mm^2?

- [ ] a 340
- [ ] b 3400
- [ ] c 34000
- [ ] d 340000

21	0,0073 km sind wie viel dm?

- [ ] a 73
- [ ] b 730
- [ ] c 7300
- [ ] d 73000

22	11,2 Tonnen sind wie viel Kilogramm?

- [ ] a 1120 kg
- [ ] b 11200 kg
- [ ] c 112000 kg
- [ ] d 1120000 kg

23	7,5 t sind wie viel Zentner?

- [ ] a 375
- [ ] b 750
- [ ] c 75
- [ ] d 150

24	Wie viel Gramm sind 0,04 Tonnen?

- [ ] a 40 Gramm
- [ ] b 400 Gramm
- [ ] c 4000 Gramm
- [ ] d 40000 Gramm

25	$60\ m^3$ Wasser sind wie viel Liter (l)?

- [ ] a 60 l
- [ ] b 600 l
- [ ] c 6000 l
- [ ] d 60000 l

26	Verteilen Sie 25000 Stück im Verhältnis A: 1, B: 2, C: 3, D: 4! Wie viel Stück fallen auf C?

- [ ] a 2500
- [ ] b 5000
- [ ] c 7500
- [ ] d 10000

27	Der Verbrauch eines PKW ist bei einer Geschwindigkeit von 90 km/h mit 9,3 l angegeben. Klaus fährt eine Durchschnittsgeschwindigkeit von 135 km/h. Wie viel Liter verbraucht der Wagen für diese Autobahnfahrt im Durchschnitt?

☐ a 6,2 l ☐ b 14,95 l ☐ c 12,56 l ☒ d 13,95 l

28	Für einen Urlaub von 24 Tagen hat Gaby pro Tag 20,– Euro Taschengeld zurückgelegt. Wie viel Euro kann sie täglich ausgeben, wenn sie nur 15 Tage fahren will?

☐ a 18,– Euro ☐ c 23,– Euro

☒ b 32,– Euro ☒ d 12,50 Euro

29	Eine Preiserhöhung von 5 % für einen PKW beträgt 1 125,– Euro. Wie teuer war der Wagen vorher?

☒ a 22 500,– Euro ☐ c 22 000,– Euro

☐ b 25 000,– Euro ☐ d 5 626,– Euro

30	Ein Reisebus benötigt für die Hinfahrt zu einem Urlaubsort 11 Stunden und 20 Minuten. Auf der Rückfahrt ist er leer und daher 5 % schneller. Wie lange benötigt er?

☐ a 6,46 Std. ☒ c 10 Std. 46 Min.

☐ b 7,14 Std. ☐ d 11 Std. 4 Min.

31	Ein Öltank ist 2,50 m lang, 185 cm hoch und 1600 mm breit. Er darf aus Sicherheitsgründen nur bis 15 cm unter den oberen Rand gefüllt werden. Wie viel Liter können höchstens getankt werden?

☐ a 7400 l ☐ b 740 l ☒ c 680 l ☒ d 6800 l

32	Wie groß ist der Flächeninhalt eines Dreiecks, dessen Seite a = 12 cm und die dazugehörige Höhe $h_a = 7{,}5$ cm beträgt?

☐ a 9 cm^2 ☐ b 19,5 cm^2 ☐ c 90 cm^2 ☒ d 45 cm^2

33	Eine Baugrube von 11 m Länge, 5,50 m Breite und einer Tiefe von 3 m soll ausgehoben werden. Wie viel m^3 Erde müssen ausgehoben werden?

☒ a 181,50 m^3 ☐ c 18,15 m^3

☐ b 19,50 m^3 ☐ d 195,00 m^3

34	Ein Wagen hat Räder mit einem Durchmesser von 1 m. Wie viel m hat der Wagen zurückgelegt, wenn sich die Räder 50-mal gedreht haben?

☐ a 314 m ☐ b 78,50 m ☒ c 157 m ☐ d 628 m

35	Welcher der folgenden Namen steht stellvertretend für die moderne Kunst?

☒ a Joseph Leinen ☐ c Joseph Beuys

☐ b Joschka Fischer ☐ d Hans Albers

36	Wo findet die Kunstausstellung »documenta« statt? In …

a … München.

b … Berlin.

c … New York.

d … Kassel.

37	Was bedeutet »Comecon«?

a Weltwirtschaftsorganisation

b Wirtschaftsgipfel der sieben wichtigsten westlichen Industrienationen

c Organisation der Welthungerhilfe

d Rat für gegenseitige Wirtschaftshilfe der Ostblockstaaten

38	Welcher Sperrbolzen muss gelöst werden, damit der Riegel in Pfeilrichtung bewegt werden kann?

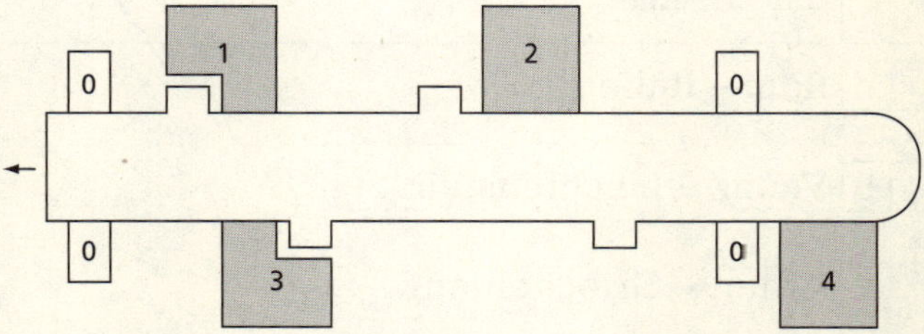

a 1

b 2

c 3

d 4

39	Die Handelsbilanz der Bundesrepublik Deutschland ist positiv. Welche Erklärung hierzu ist richtig?

- a Es wurden mehr Güter importiert als exportiert.
- b Alle deutschen Handelsbetriebe haben eine Umsatzsteigerung gegenüber dem Vorjahr erzielt.
- c Die Exporterlöse waren größer als der Geldabfluss durch Zahlungen deutscher Urlauber im Ausland.
- [X] d Es wurden mehr Güter exportiert als importiert.

40	Welcher Motor hat einen Vergaser?

- a Turbine
- b Elektromotor
- [X] c Ottomotor
- d Dieselmotor

41	Welche Zuordnung von Städten und Ländern ist falsch?

- a Rom – Italien
- b Vaduz – Liechtenstein
- c Athen – Griechenland
- [X] d Beirut – Libyen

42	Was wird mit einem Hygrometer gemessen?

- [ ] a Radioaktivität
- [x] c Luftfeuchtigkeit
- [ ] b Temperatur
- [ ] d Atmosphärendruck

43	In welcher Stadt steht das Brandenburger Tor?

- [ ] a Hamburg
- [x] c Berlin
- [ ] b Dresden
- [ ] d Leipzig

44	*Nicht*mitgliedstaat der EU ist …

- [x] a … Schweiz.
- [ ] c … Portugal.
- [ ] b … Spanien.
- [ ] d … Dänemark.

45	Welche Wirtschaftsordnung gibt es in der Bundesrepublik Deutschland?

- [ ] a Freie Marktwirtschaft
- [ ] b Soziale Planwirtschaft
- [ ] c Zentralverwaltungswirtschaft
- [x] d Soziale Marktwirtschaft

46	Wer gilt als Erfinder der Glühbirne?

- [ ] a Adam Smith
- [ ] b Isaac Newton
- [ ] c James Watt
- [x] d Thomas A. Edison

47	Von wem wurde der erste funktionsfähige Viertaktmotor gebaut?

- [x] a Nikolaus Otto
- [ ] b Rudolf Diesel
- [ ] c Henry Ford
- [ ] d Max Planck

48	Welches Element ist mit dem Leitbild der sozialen Marktwirtschaft nicht vereinbar?

- [x] a Investitionslenkung für alle Wirtschaftsbereiche
- [ ] b Gewerbefreiheit
- [ ] c Wettbewerbspolitik
- [ ] d Freie Konsumwahl

49	Welches ist der größte Binnenhafen der Bundesrepublik Deutschland?

- [x] a Duisburg
- [ ] b Frankfurt/Main
- [ ] c Hamburg
- [ ] d Kiel

50	Wann wurde die Mauer zwischen dem Ost- und Westteil der Stadt Berlin errichtet?

- [ ] a 17. Juni 1953
- [ ] c 17. Juni 1949
- [x] b 13. August 1961
- [ ] d 8. Mai 1945

51	Wie hieß der erste deutsche Bundespräsident?

- [x] a Theodor Heuss
- [ ] c Heinrich Lübke
- [ ] b Konrad Adenauer
- [ ] d Gustav Heinemann

52	Was versteht man unter Export?

- [ ] a Auslandsreisen
- [ ] c Einfuhr von Waren
- [x] b Ausfuhr von Waren
- [ ] d Einfuhr von Fremdwährung

53	Welcher der genannten Flüsse fließt von West nach Ost?

- [ ] a Oder
- [ ] b Elbe
- [x] c Donau
- [ ] d Rhein

54	An welchem Fluss liegt München?

- [ ] a Rhein
- [ ] b Donau
- [ ] c Neckar
- [x] d Isar

55	Welcher spätere deutsche Bundeskanzler wurde als »Wirtschaftswunderminister« bekannt?

- [ ] a Konrad Adenauer
- [x] c Ludwig Erhard
- [ ] b Franz Josef Strauß
- [ ] d Karl Schiller

56	In welchem Land liegt Bukarest?

- a Sowjetunion
- b Polen
- c Ungarn
- d Rumänien

57	Wie heißt die Südspitze Afrikas?

- a Kap Verde
- b Kap der Guten Hoffnung
- c Kap der Sehnsucht
- d Golf von Afrika

58	In welchem Jahrhundert lebte Wolfgang Amadeus Mozart?

- a 17. Jahrhundert
- b 18. Jahrhundert
- c 19. Jahrhundert
- d 20. Jahrhundert

59	Wann wurde die Bundesrepublik Deutschland gegründet?

- a 1. März 1933
- b 7. Oktober 1949
- c 23. Mai 1949
- d 17. Juni 1953

60	In welcher Stadt findet die größte deutsche Industriemesse statt?

- a Frankfurt/Main
- b München
- c Hannover
- d Düsseldorf

61	Welches ist der kleinste Erdteil?

- [ ] a Europa
- [ ] b Afrika
- [ ] c Amerika
- [x] d Australien
- [ ] e Asien

62	Der Sitz des Europäischen Parlaments ist …

- [x] a … Straßburg.
- [ ] b … Brüssel.
- [ ] c … Luxemburg.
- [ ] d … Wien.

Lösungen: Test 2

(**1** a, b – **2** b) – **3** a, c – **4** x – **5** b, c, d – **6** a, b – **7** a, c, d – **8** c – **9** b, d – **10** a – **11** a, b – **12** c – **13** c – **14** b – **15** a – **16** d – **17** c – **18** b – **19** c – **20** d – **21** a – **22** b – **23** d – **24** d – **25** d – **26** c – **27** d – **28** b – **29** a – **30** c – **31** d – **32** d – **33** a – **34** d – **35** c – **36** d – **37** d – **38** c – **39** d – **40** c – **41** d – **42** c – **43** c – **44** a – **45** d – **46** d – **47** a – **48** a – **49** a – **50** b – **51** a – **52** b – **53** c – **54** d – **55** c – **56** d – **57** b – **58** b – **59** c – **60** c – **61** d – **62** a

Lösungen Deutsch siehe S. 310f.

62 - 7 = 55

2+

Lösungen: Test 2

Aufgabe	a	b	c	d	Ihre Lösung
1	Dieter Böhm,	wie es ihm erging!			a, b
2	Dieter Böhm lernt	seit einiger Zeit den	Beruf des Industriemechanikers	in der Maschinenfabrik	b
3	Karl Berger AG,	Mannheim. Sein Ausbilder	hat nur immer montags Zeit, um	ihm die notwendigen	a, c
4	Arbeitsgänge zu zeigen und	zu erklären. Als zu Beginn	seiner Ausbildungszeit in dem	Werkzeugkasten, den er erhalten	x
5	hatte, zwei Schraubenschlüssel	fehlten, wurde von ihm verlangt,	dass er sie aus eigenen Mitteln	wiederbeschaffen sollte.	b, c, d

6	Dass er vor der Frühstückspause	Brötchen und Getränke für	seine Arbeitskollegen zu holen	hatte, gehörte ebenso zu seinen	a, b
7	Aufgaben wie das allabendliche	Säubern der Werkshalle. Als	einmal eine Bürohilfskraft	erkrankte, musste er während	a, c, d
8	dieser Zeit die anfallenden	Botengänge zur Post erledigen.	»Lehrjahre sind keine	Herrenjahre« waren die Worte	c
9	seines Ausbilders zu dieser	Tätigkeit. Nachdem die	Wissenslücken immer	deutlicher geworden waren, entschloss er	b, d
10	sich schließlich, im zweiten	Ausbildungsjahr das	Ausbildungsverhältnis zu	kündigen. Dieter fand wenig	a
11	später endgültig eine neue Stelle.	Man vereinbarte, dass ihm die	vergangene Ausbildungszeit	angerechnet werden sollte,	a, b
12	wenn er seine	Wissenslücken in der	dreimonatigen Probezeit	aufholen würde.	c

III. Eignungs- und Leistungstests

Vorwort

Ziel der vorstehenden Kapitel war die Wiederholung und Vertiefung gängiger Wissensgebiete. Neben Fragen aus diesen Gebieten können Ihnen in Prüfungssituationen auch Aufgaben begegnen, die der Gruppe der Eignungs- und Leistungstests entstammen. Sie werden eingesetzt, um einen Eindruck von Ihren Schlüsselqualifikationen zu bekommen. Logisches Denken, Merkfähigkeit und räumliches Vorstellungsvermögen sind Beispiele für solche Schlüsselqualifikationen, die getestet werden. Bitte nehmen Sie diese Art von Tests ernst, auch wenn deren Sinn nicht immer einsichtig ist. Vorsicht auch bei den modernen Testformen, wie etwa den Persönlichkeitstests, mit denen man Sie »durchleuchten« will, und den Assessment-Centern, in denen Sie genau beobachtet werden. Auch hierbei, wir werden es später noch sehen, geht es um Schlüsselqualifikationen

Nicht alle Testarten, die Ihnen in Prüfungen begegnen können, werden auf den folgenden Seiten dargestellt. Dies ist aber auch nicht notwendig, da viele Tests Ähnlichkeiten aufweisen.

Bevor Sie mit der Testbearbeitung beginnen, lesen Sie bitte erst die zur Orientierung jeweils vorangestellten Bearbeitungshinweise, Beispiele und Erklärungen. Wichtig sind auch die durch den Hinweis »➡ TIPP« gekennzeichneten Textstellen. Hier werden Ihnen Vorschläge gemacht, die für die Testbearbeitung hilfreich sein können.

Logisches Denken – Abstraktionsfähigkeit

Die meisten intellektuellen Leistungen basieren auf der Fähigkeit, Beziehungen zwischen Symbolen, Begriffen oder Aussagen herzustellen. Es ist dies die Fähigkeit, logisch zu folgern, eine der wichtigsten Schlüsselqualifikationen.

Das Erkennen von Beziehungen und deren Umsetzung in anderen Situationen wird im täglichen Leben oft verlangt. Im Zusammenleben, beim Sport, im Straßenverkehr, aber auch – und vor allem – im Beruf geht es darum, Prinzipien und Regeln zu erkennen und diese dann anzuwenden.

In den nachfolgenden Tests wird versucht festzustellen, inwieweit Sie solche Regeln erkennen und anwenden, d. h. umsetzen können.

Logisches Denken – Abstraktionsfähigkeit	*Buchstaben ordnen – Wörter bilden*

Bearbeitungshinweis:
In dem nachfolgenden Test sollen Sie Ihre Sprachbeherrschung, Ihre so genannte verbale Intelligenz, beweisen.

Die Buchstabenkombinationen ergeben durch das Umstellen eines oder mehrerer Buchstaben ein deutsches Hauptwort in der Einzahl.

Beispiel 1:
T O A U

Erklärung:
Durch das Umstellen der Silben »AU« und »TO« erhält man das Wort »Auto«.

Beispiel 2:
S T U R D

Erklärung:
Bringt man den letzten Buchstaben nach vorn, die ersten beiden an den Schluss, entsteht das Wort »Durst«.

➡ **TIPP:**
- Lesen Sie die Kombination erst von rechts nach links!
- Tauschen Sie die Silben aus!
- Gibt es nur einen Selbstlaut, wird dieser im zu bildenden Wort in der Regel an zweiter oder dritter (bei »ST« oder »CH«) bzw. an vierter Stelle (bei »SCH«) stehen.
- Halten Sie sich nicht an einer Kombination länger auf, sondern lösen Sie zuerst alle leichten, da nur die Anzahl der erkannten Wörter zählt.

Bearbeiten Sie die folgenden 24 Aufgaben. Ihre Vorgabezeit beträgt 7 Minuten.

1	LICHM	9	TILKET	17	GANEM
2	NOKI	10	PAUHT	18	NANEBA
3	HUCB	11	MEMA	19	SELKES
4	NIETS	12	TUDET	20	MORSEM
5	PELMÜT	13	TOTOM	21	TILCH
6	ATTEM	14	MUTAR	22	MELUB
7	BERAN	15	STAUF	23	LOWEL
8	BETTUR	16	ANNET	24	TACHN

Die Lösungen zu den Aufgaben 1–24 (Buchstaben ordnen – Wörter bilden) siehe S. 406.

Logisches Denken – Abstraktionsfähigkeit	*Gemeinsamkeiten finden*

Eine beliebte Testreihe zielt darauf ab, dass Sie möglichst schnell Gemeinsamkeiten von verschiedenen Begriffen oder Zahlenreihen herausfinden.

Beispiel 1:
Kreuzen Sie das Wort an, welches nicht zu den anderen passt:

[ ] a Pferd [x] b Löwe [ ] c Huhn [ ] d Ente

Anzukreuzen ist *b*. Begründung: Der Löwe zählt nicht zur Gattung der Haustiere.

Beispiel 2:
weiß : schwarz = hell : ?
Ersetzen Sie das Fragezeichen durch einen Begriff, der die gleiche Beziehung ausdrückt:

[x] a dunkel [ ] b spät [ ] c rein [ ] d gut

Richtige Lösung ist *a*, denn durch die Farben Weiß und Schwarz wird ebenso ein Gegensatz ausgedrückt wie durch das Wortpaar hell und dunkel.

Beispiel 3:
Kilometer : Meter = Woche : ?

[ ] a Jahr [ ] b Minute [ ] c Monat [x] d Tag

Richtige Lösung ist *d*, denn die nächstkleinere Unterteilung der Woche sind Tage.

Beispiel 4:
Alle Bäume haben …

	a	Blätter.		c	Nadeln.
x	b	Wurzeln.		d	Früchte.

Sie müssen *b* ankreuzen, weil es auch Bäume gibt, die keine Blätter oder Nadeln besitzen und auch keine Früchte tragen.

Beispiel 5:
Ergänzen Sie die folgende Zahlenreihe:
0–4–8–12–16–20–24–?

	a	25		b	26	x	c	28		d	30

Anzukreuzen ist *c*, denn von Zahl zu Zahl wurde jeweils 4 addiert.

Die Zahlenfolge kann auch in mehrere Abschnitte eingeteilt sein.

Beispiel 6:
81–9–64–8–25–5–9–?

	a	5	x	b	3		c	2		d	1

Richtige Lösung ist *b*, denn $3 \cdot 3 = 9$.

In der Regel werden Sie für diese Tests zu wenig Zeit bekommen, um alle Aufgaben lösen zu können. Das bedeutet, dass Sie sich neben der logischen Denkfähigkeit damit auch einem Belastungstest besonderer Art unterziehen müssen.

Dies ist eine ganz wichtige Erkenntnis, weil sie die Stresssituation ganz wesentlich beeinflussen kann.

➡ **TIPP:** Halten Sie sich bei einer Aufgabe nicht zu lange auf! Lösen Sie zunächst diejenigen, die für Sie am leichtesten sind!

Für die folgenden 25 Aufgaben stehen Ihnen 2 Minuten zur Verfügung.

1	☐ a Schrank	☐ b Tisch	☐ c Stuhl	☐ d Lampe
2	☐ a Tanne	☐ b Buche	☐ c Kiefer	☐ d Fichte
3	☐ a Dreieck	☐ b Quadrat	☐ c Rechteck	☐ d Kreis
4	☐ a Bier	☐ b Wein	☐ c Sprudel	☐ d Schnaps
5	☐ a Banane	☐ b Apfel	☐ c Birne	☐ d Erdbeere
6	☐ a Kassel	☐ b Hamburg	☐ c Gießen	☐ d Wiesbaden
7	☐ a gehen	☐ b stehen	☐ c hocken	☐ d sitzen
8	☐ a biegen	☐ b kleben	☐ c nieten	☐ d schrauben
9	☐ a Forelle	☐ b Hering	☐ c Hecht	☐ d Karpfen
10	☐ a Auto	☐ b Moped	☐ c Motorrad	☐ d Eisenbahn
11	☐ a rund	☐ b oval	☐ c hohl	☐ d eckig
12	☐ a Tasse	☐ b Glas	☐ c Flasche	☐ d Becher
13	☐ a rennen	☐ b laufen	☐ c springen	☐ d fahren

14	☐ a schreiben	☐ b hobeln	☐ c sägen	☐ d bohren
15	☐ a Messer	☐ b Pfeil	☐ c Beil	☐ d Schwert
16	☐ a groß	☐ b dick	☐ c frech	☐ d dünn
17	☐ a wandern	☐ b tauchen	☐ c schwimmen	☐ d segeln
18	☐ a Frankfurt	☐ b München	☐ c Stuttgart	☐ d Düsseldorf
19	☐ a Höhe	☐ b Breite	☐ c Länge	☐ d Gewicht
20	☐ a schneiden	☐ b fräsen	☐ c gießen	☐ d sägen
21	☐ a waschen	☐ b bohren	☐ c putzen	☐ d bügeln
22	☐ a sparsam	☐ b mutig	☐ c tapfer	☐ d ängstlich
23	☐ a Mikroskop	☐ b Telefon	☐ c Megafon	☐ d Mikrofon
24	☐ a hübsch	☐ b schön	☐ c lieblich	☐ d groß
25	☐ a Kompass	☐ b Rucksack	☐ c Landkarte	☐ c Wegweiser

Die Lösungen zu den Aufgaben 1–25 (Gemeinsamkeiten finden) siehe S. 406.

Logisches Denken – Abstraktionsfähigkeit	*Wortpaare ergänzen*

Bearbeiten Sie nun die folgenden Aufgaben. Ihre Vorgabezeit beträgt 3 Minuten!

1	tief : hoch = Erde : ?

☐ a Himmel ☐ c Feuer

☐ b Mensch ☐ d Wasser

2	Lehrer : Schüler = Vater : ?

a Mutter
c Schwester
b Kind
d Bruder

3	nass : Regen = trocken : ?

a Sommer
c Nässe
b Winter
d Sonne

4	helfen : Freunde = bekämpfen : ?

a Soldaten
c Feinde
b Schlacht
d Siegen

5	Mensch : Schuhe = Auto : ?

a Straße
c Fahrbahn
b Reifen
d Feder

6	Sitzender : Stuhl = Tasse : ?

a Untertasse
c Schlüssel
b Tisch
d Stuhlbein

7	Baum : Erde = Mensch : ?

a Heimat
b Arbeit
c Mond
d Boden

8	dünn : dick = kurz : ?

a schmal
c weit
b schlank
d lang

9	Motor : Benzin = Mensch : ?

a Wohnung
c Nahrung
b Umgebung
d Öl

10	laufen : gehen = rasen : ?

a anhalten
c beschleunigen
b Schritt fahren
d bremsen

11	Käse : Geruch = Blume : ?

a Duft
b Farbe
c Stängel
d Erde

12	Feuer : Wasser = Hund : ?

a Futter
b Katze
c Maus
d Wärme

13	Reichtum : Fleiß = Armut : ?

a Strebsamkeit
c Faulheit
b Sparsamkeit
d Genügsamkeit

14	eckig : rund = krumm : ?

- [ ] a schief
- [ ] b bucklig
- [ ] c schlank
- [x] d gerade

15	rasen : Unfall = schlemmen : ?

- [ ] a Essen
- [ ] b Nahrung
- [x] c Krankheit
- [ ] d Trinken

Die Lösungen zu den Aufgaben 1–15 (Wortpaare ergänzen) siehe S. 406.

Logisches Denken – Abstraktionsfähigkeit	*Satzergänzung*

Für folgende 24 Aufgaben ist Ihre Richtzeit 4 Minuten.

1	Der Bruder Ihres Vaters ist Ihr ...

- [x] a ... Onkel.
- [ ] b ... Neffe.
- [ ] c ... Cousin.
- [ ] d ... Großvater.

2	Zum Schreiben gehört in jedem Falle ...

- [ ] a ... Papier.
- [ ] b ... Tinte.
- [x] c ... Schreibgerät.
- [ ] d ... Kugelschreiber.

3	Wenn eine Ware unentgeltlich von einer Person an eine andere übergeben wird, handelt es sich um eine …

- [x] a … Schenkung.
- [ ] b … Erbschaft.
- [ ] c … Miete.
- [ ] d … Kaufverpflichtung.

4	Das Gegenteil von Liebe ist …

- [ ] a … Verrat.
- [ ] b … Treue.
- [x] c … Hass.
- [ ] d … Eifersucht.

5	Ein Sprichwort lautet: Reden ist Silber, Schweigen ist …

- [x] a … Gold.
- [ ] b … Platin.
- [ ] c … nichts.
- [ ] d … falsch.

6	Verurteilungsgründe, die nicht bewiesen werden können, sind …

- [ ] a … Suggestionen.
- [ ] b … Meineide.
- [ ] c … Floskeln.
- [x] d … Indizien.

7	Ein Mensch, der verschiedenen Meinungen offen gegenübersteht, ist ein …

- [ ] a … Abgeordneter.
- [x] b … Liberaler.
- [ ] c … Autokrat.
- [ ] d … Diktator.

8	Ein Schreibmaschinenblatt …

a … ist immer weiß.

b … hat immer zwei Seiten.

c … kann nicht von Hand beschriftet werden.

d … hat das Format DIN A5.

9	Wenn ein Kaufmann die Kosten von seinen Erlösen abzieht, erhält er …

a … den Umsatz.

b … die Rendite.

c … immer einen Gewinn.

d … einen Gewinn oder einen Verlust.

10	Fische atmen durch …

a … Flossen.

b … Lungen.

c … Kiemen.

d … Poren.

11	Ein Ölbild hat immer …

a … einen Rahmen.

b … einen Maler.

c … einen Wert.

d … nur eine Farbe.

12	Ein Vogel kann nicht …

- [ ] a … zwitschern.
- [x] c … bellen.
- [ ] b … fliegen.
- [ ] d … laufen.

13	Das Gegenteil von heiß ist …

- [ ] a … warm.
- [x] c … kalt.
- [ ] b … lauwarm.
- [ ] d … kühl.

14	Jedes Haus hat …

- [ ] a … eine Treppe.
- [ ] c … einen Dachstuhl.
- [ ] b … einen Keller.
- [x] d … einen Eingang.

15	Gas ist immer …

- [x] a … leichter als Wasser.
- [ ] c … ungiftig.
- [ ] b … geruchlos.
- [ ] d … trüb gefärbt.

16	Das Gegenteil von immer ist …

- [ ] a … meist.
- [ ] c … selten.
- [ ] b … oft.
- [x] d … nie.

17	Der letzte Tag eines Monats ist …

- [ ] a … immer der 31.
- [x] c … der Ultimo.
- [ ] b … immer Zahltag.
- [ ] d … immer ein Sonntag.

18	Heute ist der Tag …

- [x] b … nach gestern.
- [ ] a … vor gestern.
- [ ] c … vor übermorgen.
- [ ] d … nach vorgestern.

19	Zu einem Fußballspiel gehört immer …

- [x] a … ein Tor.
- [ ] b … ein Trainer.
- [ ] c … eine Tabelle.
- [ ] d … ein Verteidiger.

20	Ein kleiner Hase hat Ähnlichkeit mit einem …

- [x] a … Meerschweinchen.
- [ ] b … Hund.
- [ ] c … Schaf.
- [ ] d … Eichhörnchen.

21	Jede Uhr hat …

- [ ] a … einen Zeiger.
- [ ] b … ein Armband.
- [ ] c … eine Feder.
- [x] d … ein Uhrwerk.

22	Das Kommunistische Manifest wurde geschrieben von …

- [ ] a … Lenin.
- [ ] b … Ulbricht.
- [x] c … Marx.
- [ ] d … Engels.

23	Menschliches Verhalten in verschiedenen Situationen untersucht die …

- [ ] a … Soziologie.
- [x] b … Psychologie.
- [ ] c … Technologie.
- [ ] d … Ökonomie.

24	Der Wert von Geld wird gesteigert durch die …

- [ ] a … Wirtschaftlichkeit.
- [ ] b … Teilbarkeit.
- [ ] c … Rentabilität.
- [x] d … Knappheit.

Die Lösungen zu den Aufgaben 1–24 (Satzergänzung) siehe S. 406.

Logisches Denken – Abstraktionsfähigkeit	*Zahlenreihen ergänzen*

Zeitvorgabe: 6 Minuten

1	1 3 5 7 9 11 13 ?

- [x] a 15
- [ ] b 17
- [ ] c 19
- [ ] d 21

2	5 11 18 26 35 45 56 ?

- [ ] a 66
- [ ] b 67
- [x] c 68
- [ ] d 76

3	4 8 16 32 64 128 256 ?

- [ ] a 384
- [x] b 512
- [ ] c 1024
- [ ] d 756

4	10 5 11 6 13 8 16 ?

a 11 | b 20 | c 24 | d 30

5	768 384 192 96 48 24 12 ?

a 9 | b 8 | c 7 | d 6

6	200 100 300 150 450 225 675 ?

a 305,50 | b 375,50 | c 332,50 | d 337,50

7	15 10 18 13 21 16 24 ?

a 12 | b 19 | c 36 | d 48

8	21 7 9 12 51 17 19 ?

a 21 | b 22 | c 38 | d 51

9	3 4 16 20 5 6 36 ?

a 6 | b 30 | c 42 | d 72

10	3 9 18 4 16 32 5 ?

a 10 | b 15 | c 20 | d 25

11	6 12 14 9 18 20 12 ?

a 24 | b 28 | c 36 | d 52

12	1 4 9 16 25 36 49 ?

a 52 | b 55 | c 64 | d 81

13	90 81 60 54 30 27 20 ?

☐ a 19 ☐ b 18 ☐ c 17 ☐ d 16

14	60 20 10 30 10 5 15 ?

☐ a 5 ☐ b 10 ☐ c 20 ☐ d 30

15	28 7 11 12 3 7 88 ?

☐ a 56 ☐ b 44 ☐ c 11 ☐ d 22

16	3 9 36 12 36 144 50 ?

☐ a 100 ☐ b 120 ☐ c 150 ☐ d 200

Die Lösungen zu den Aufgaben 1–16 (Zahlenreihen ergänzen) siehe S. 406.

Logisches Denken – Abstraktionsfähigkeit	*Figuren ergänzen*

Bearbeitungshinweis:
Drei Figuren sind Ihnen vorgegeben. Die vierte hierzu passende Figur wird gesucht. Kreuzen Sie deshalb eine der vier vorgegebenen Figuren an, die zu den ersten drei passt.

Beispiel:

☐ a  ☐ b  ☐ c 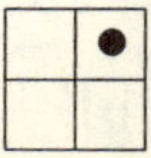 ☐ d 

Erklärung:
Die richtige Lösung ist *a*, da sich die Positionen der Punkte entgegen dem Uhrzeigersinn bewegen.

➡ **TIPP:** Schauen Sie sich beim Ergänzungstest die einzelnen Figuren sehr genau an. Achten Sie dabei auch auf sehr geringe Unterschiede. Stellen Sie sich dann die Frage: Welche Regel (Gesetzmäßigkeit) steckt hinter dem Aufbau der einzelnen Figurenreihen? Unterschiede der Figuren können z. B. zustande kommen, indem:

- Bildelemente verringert oder vergrößert werden;
- die Anordnung der Bildelemente verändert wird;
- Größe und Farbgestaltung der Bildelemente eine Änderung erfahren.

Bearbeiten Sie jetzt die folgenden Aufgaben. Ihre Vorgabezeit beträgt 3 Minuten!

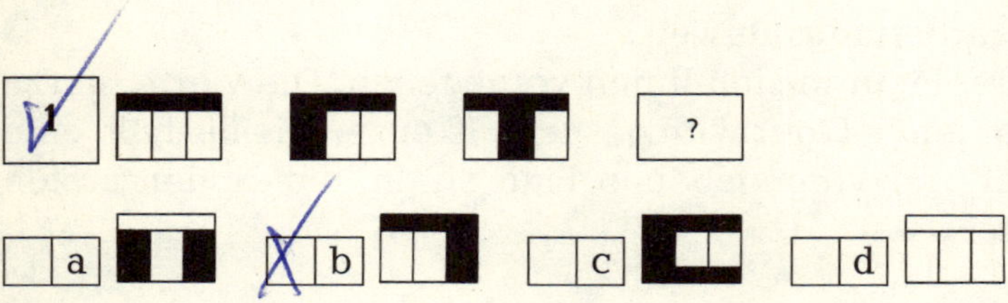

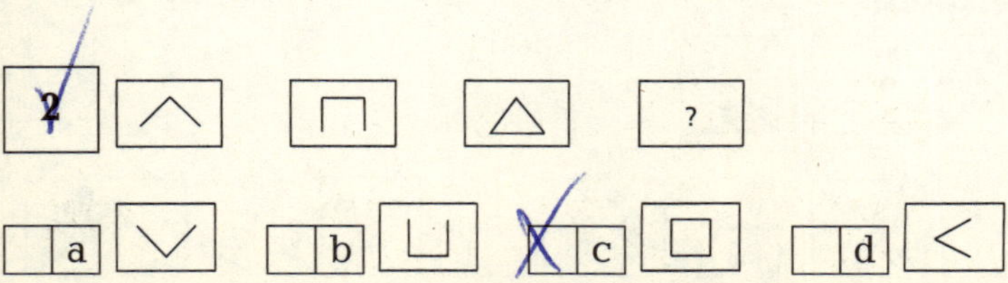

3

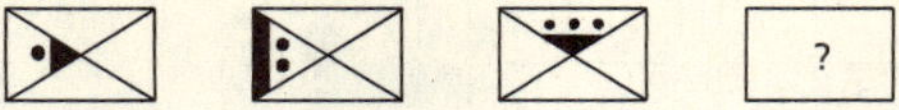

a  b  c  d 

4

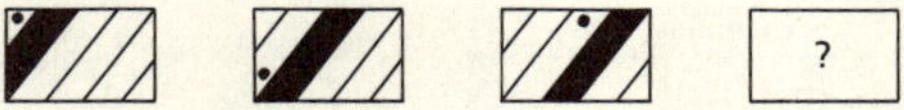

a  b  c  d 

5

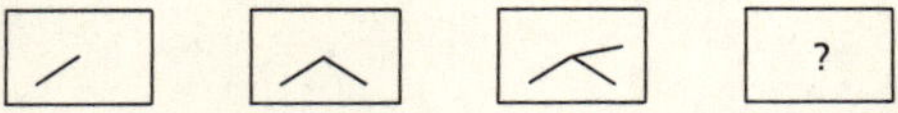

a  b 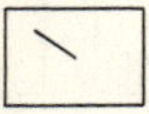 c  d 

6

a 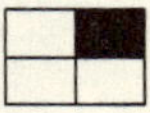 b 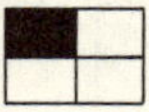 c  d 

7

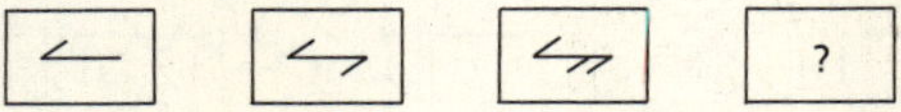

a 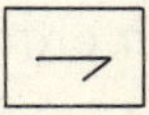 b 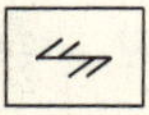 c 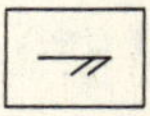 d 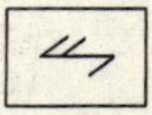

8

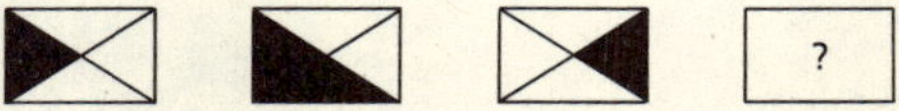

a  b  c  d 

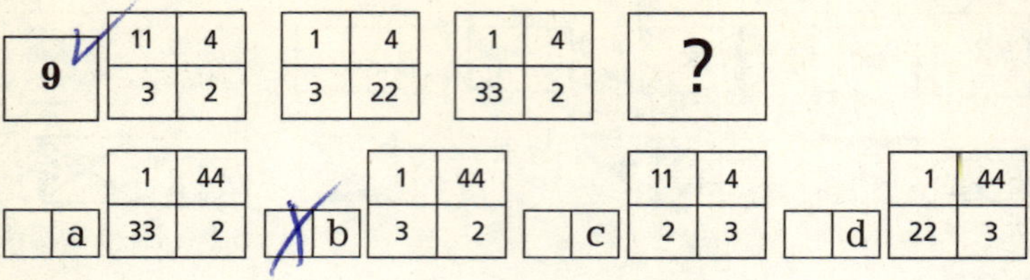

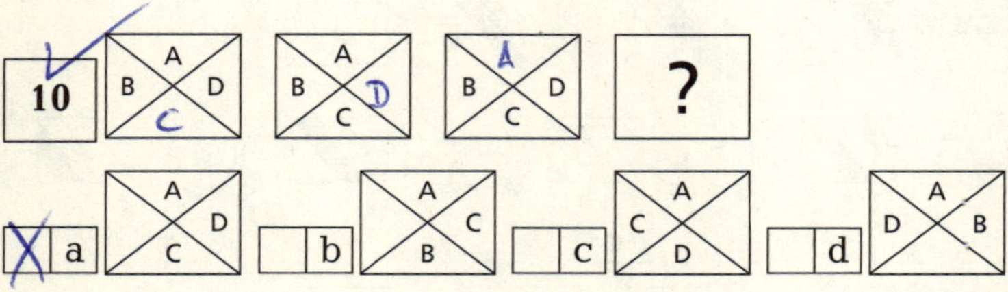

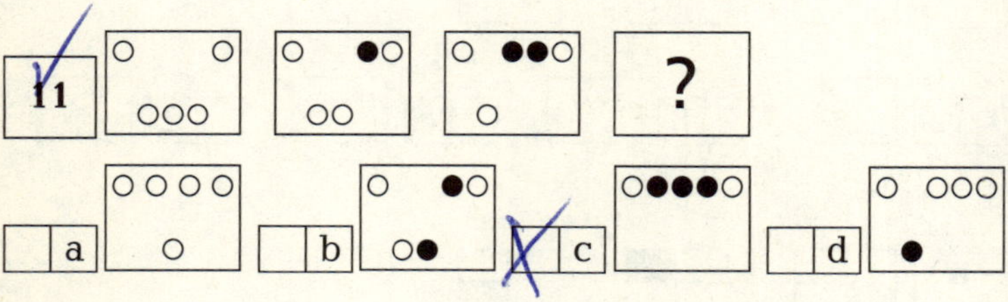

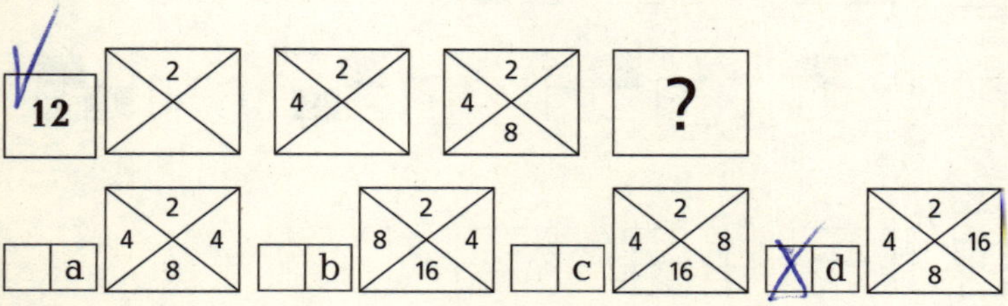

Die Lösungen zu den Aufgaben 1–12 (Figuren ergänzen) *siehe S. 407.*

Logisches Denken – Abstraktionsfähigkeit	*Dominosteine ergänzen*

Bearbeitungshinweis:
Fünf Dominosteine werden Ihnen vorgegeben. Ihre Aufgabe ist es, den sechsten Stein auszuwählen und anzukreuzen, der in die Reihe der ersten fünf Steine passt.

Beispiel:

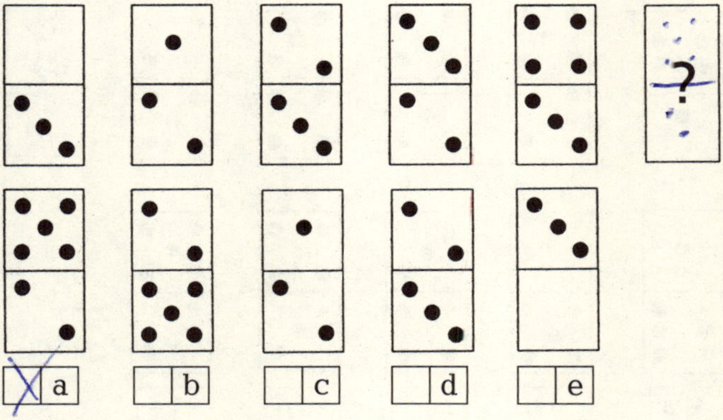

Erklärung:
Die richtige Lösung ist *a*, da

- in der oberen Reihe der Dominosteine die Punktzahl jeweils um 1 zunimmt,
- in der unteren Reihe auf 3 Punkte immer 2 Punkte folgen.

➡ **TIPP:** Betrachten Sie die Punktzahl in der oberen und unteren Reihe getrennt. Es muss kein Zusammenhang zwischen beiden Reihen bestehen. Versuchen Sie, in den Reihen Regelmäßigkeiten zu erkennen. Dazu reicht es nicht aus, nur den jeweils folgenden Stein zu berücksichtigen. Die Aufbauregel der Reihen ergibt sich häufig erst aus ihrem Gesamtbild. Zahlensprünge zwischen aufeinander folgenden Steinen sind dabei keine Seltenheit. Sie sind häufig Bestandteil der Aufbauregel.

Bearbeiten Sie jetzt die folgenden Aufgaben. Ihre Vorgabezeit beträgt 1,5 Minuten!

1

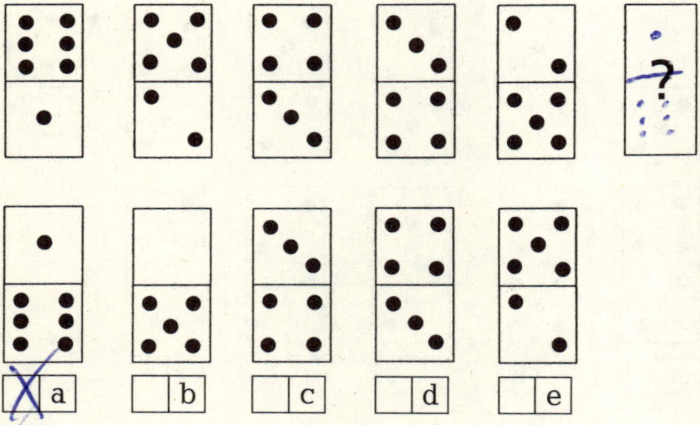

2

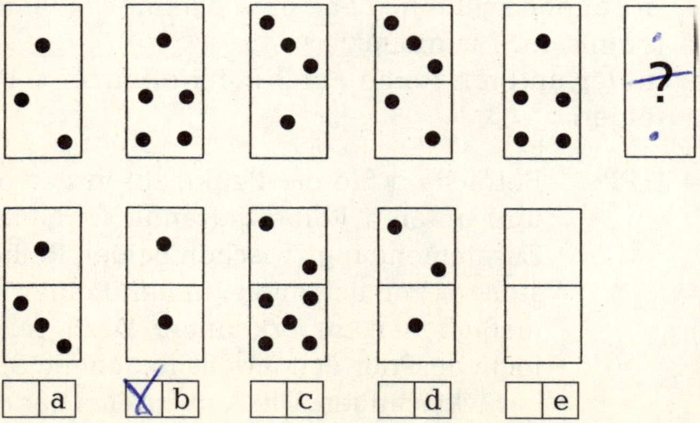

3

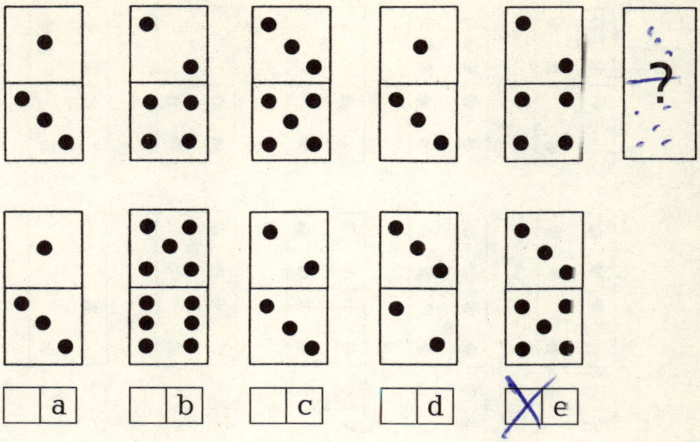

4

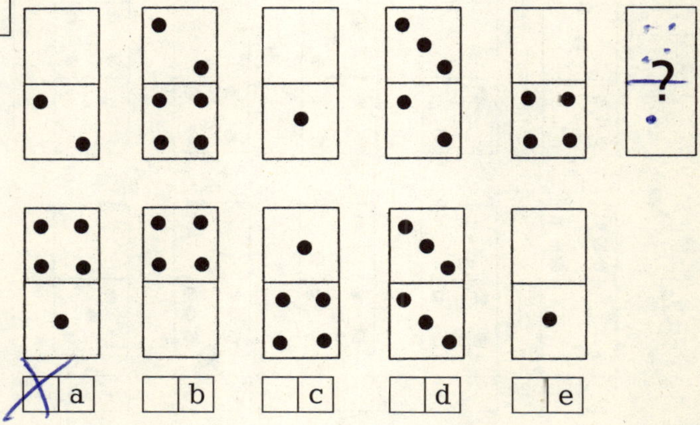

5

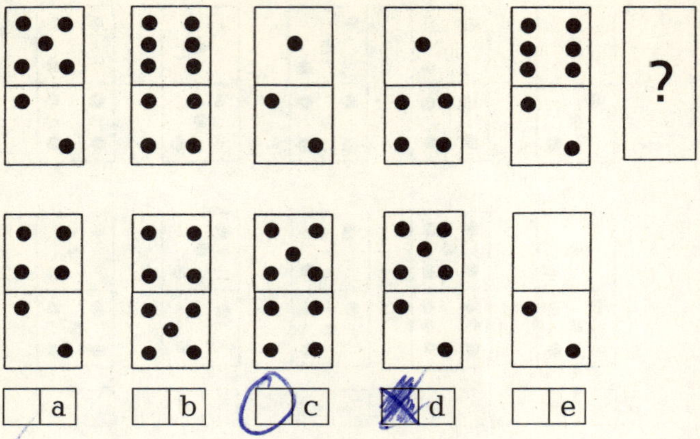

6

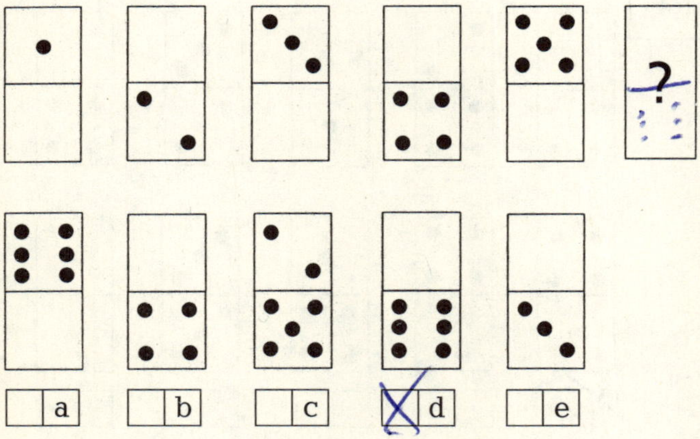

7

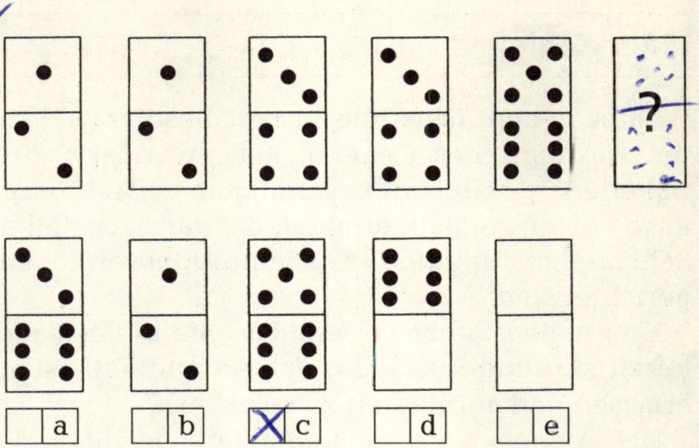

8

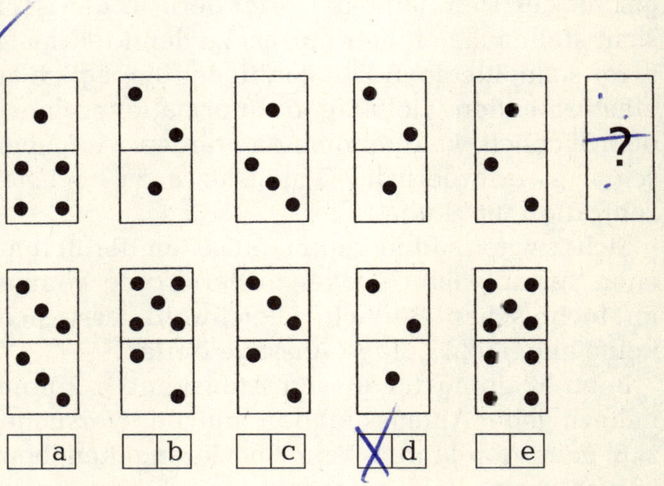

Die Lösungen zu den Aufgaben 1–8 (Dominosteine ergänzen) siehe S. 407.

Merkfähigkeit

Es gibt neben Tests, die gezielt bestimmte Fähigkeiten wie logisches Denken, Rechen- oder Schreibfertigkeiten, Kombinationsvermögen u. Ä. überprüfen, auch solche Aufgabenreihen, die ganz speziell auf die Schlüsselqualifikation »Konzentrationsvermögen« ausgerichtet sind.

Hier sollen Sie beweisen, dass Sie in der Lage sind, kurzfristig und kurzzeitig Fakten und Tatbestände zu erfassen und abrufbereit zu speichern.

Die Aufgaben selbst sind relativ leicht und weniger an der Denkfähigkeit orientiert. In gewisser Hinsicht stellen sie einen Kontrast zu den Merkmalen unserer schnelllebigen Zeit dar, in der die täglich auf uns einstürmenden vielfältigen Informationen nur noch oberflächlich wahrgenommen werden. Aufgaben dieses Typs erfordern im Gegensatz dazu höchste Konzentration und Ruhe.

Sicher wird man in kaufmännischen Berufen mit solchen Testaufgaben stärker in Berührung kommen als im technischen Bereich. Gleichwohl lässt sich hier keine allgemein gültige Aussage treffen.

Beim Training für diesen Aufgabentyp können Sie nahezu jede Alltagssituation nutzen. Versuchen Sie z. B. beim Autofahren, beim Spazierengehen, beim Einkaufen, beim Zeitunglesen oder bei sonstigen Gelegenheiten, besonders konzentriert zu sein und nach einem bestimmten Zeitabstand möglichst viele Einzelheiten zu nennen. Ein Partner, der Ihnen entsprechend gezielte Fragen stellt, kann eine wertvolle Hilfe sein. So wird das Konzentrationstraining zum gemeinsamen Erfolgserlebnis!

Merkfähigkeit	*Räumliche Erinnerung*

Bearbeitungshinweis:
Bei dieser Übung sind keine Begriffe, sondern Figuren vorgegeben, bei denen jeweils nur ein Feld dunkel eingefärbt ist. Sie haben 2 Minuten Zeit, sich die Figuren einzuprägen. Anschließend werden Fragen zu den Figuren gestellt, durch die Ihr räumliches Erinnerungsvermögen getestet werden soll. Bevor Sie mit Ihrer Arbeit beginnen und die richtige Antwort ankreuzen, decken Sie bitte die Figuren ab.

1

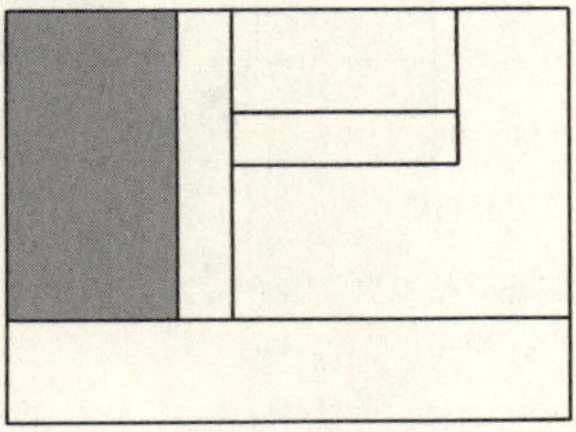

2

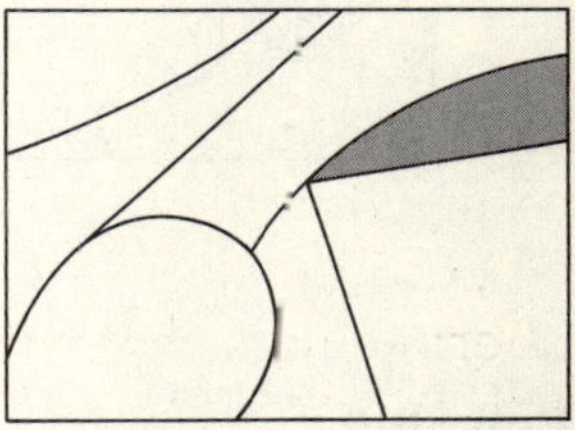

3

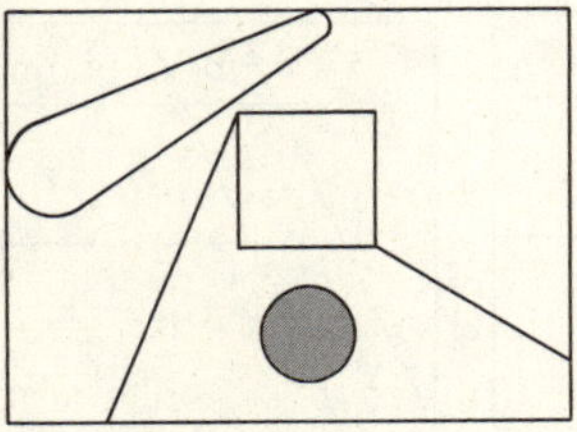

4

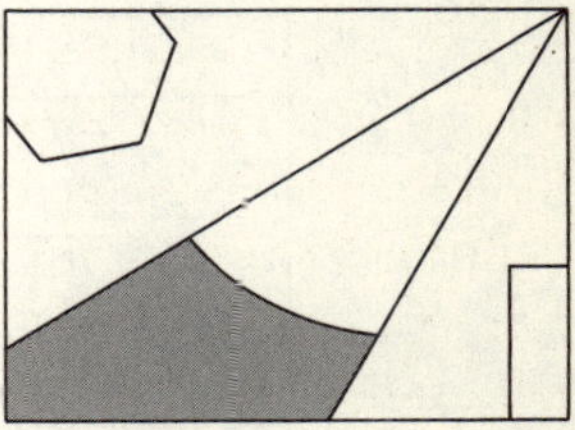

5

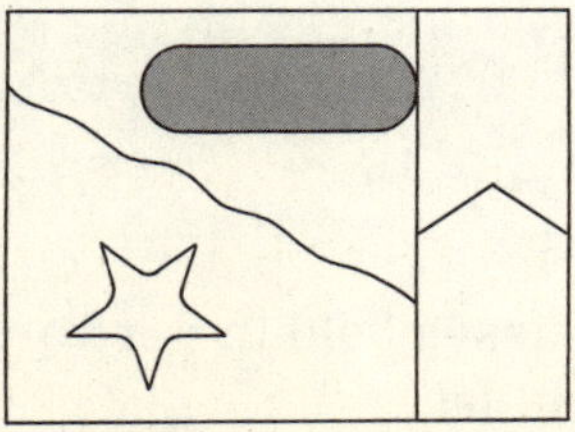

6

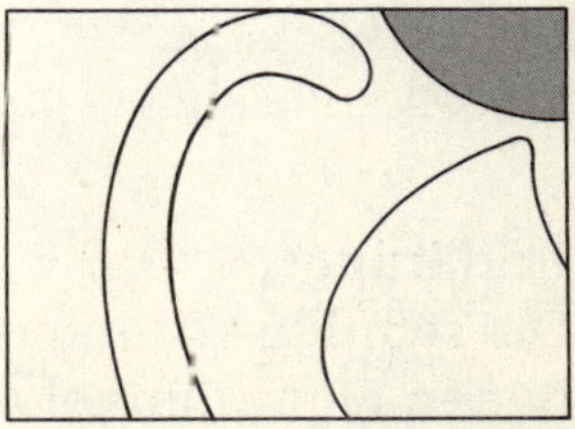

7

8

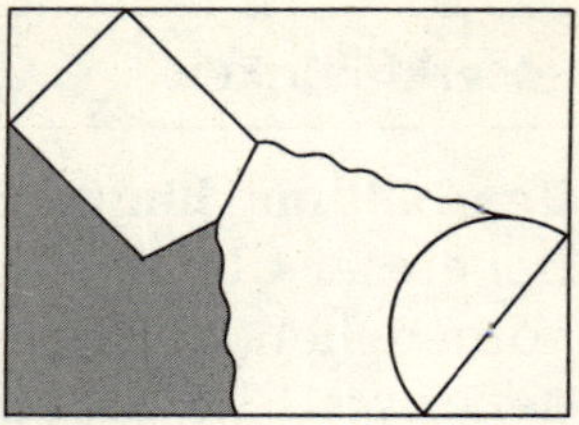

9

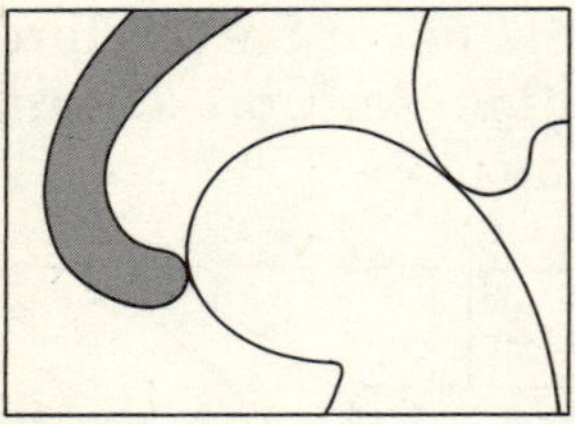

10

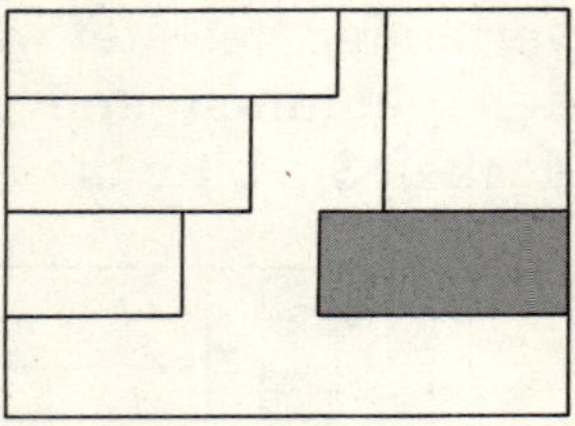

Beispiel:

Vorgegebene Figur:

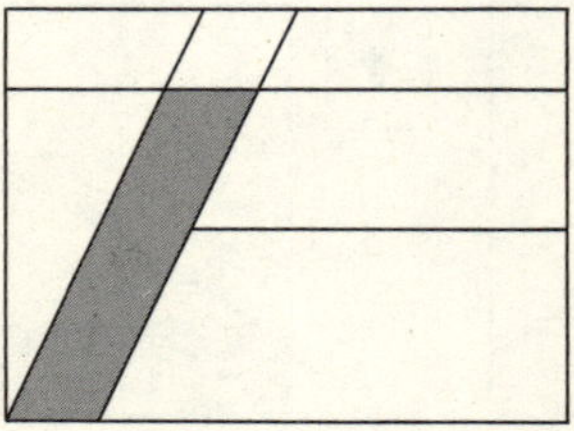

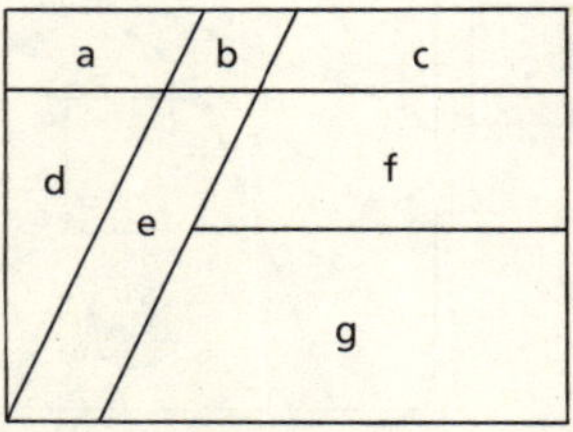

☐ a ☐ b ☐ c ☐ d

☐ e ☐ f ☐ g

Erklärung:

Die richtige Lösung ist *e*, da dieses Feld in der vorgegebenen Figur dunkel eingefärbt ist.

➡ **TIPP:** Konzentrieren Sie sich bei den schraffierten Flächen auf markante Eigenarten. Sie prägen sich leichter ein. Diese können z. B. sein: Form (z. B. Kreis), Lage (z. B. rechte Randlage) und Größe (z. B. kleinste oder größte Fläche).

Bearbeiten Sie jetzt die folgenden Aufgaben. Ihre Vorgabezeit beträgt 7 Minuten!

1

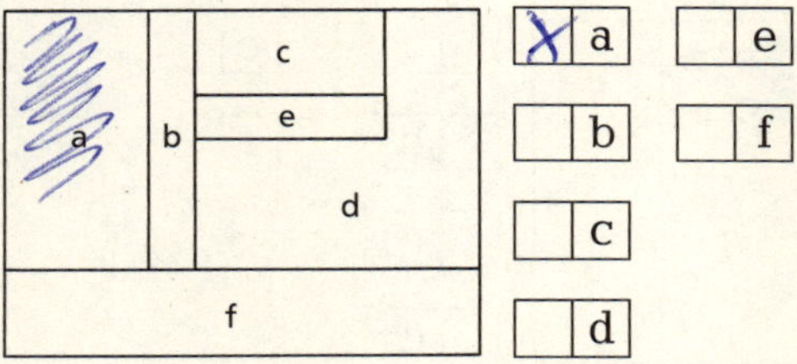

2

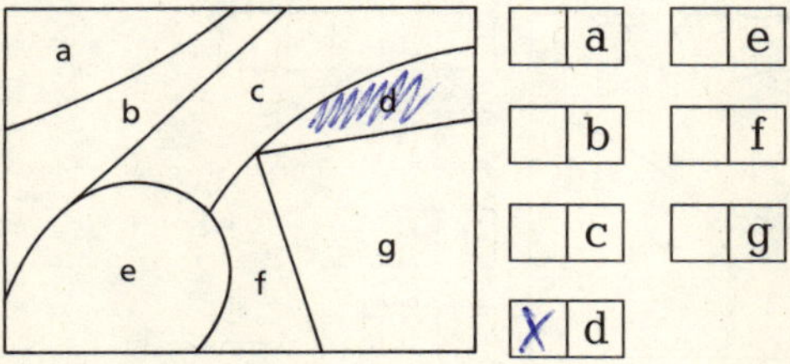

3

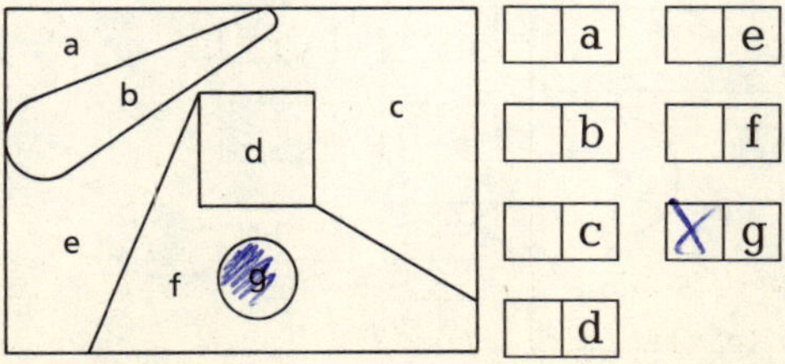

4

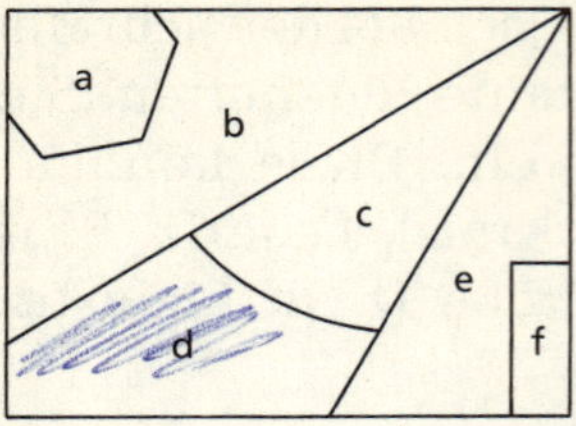

a e
b f
c
d

5

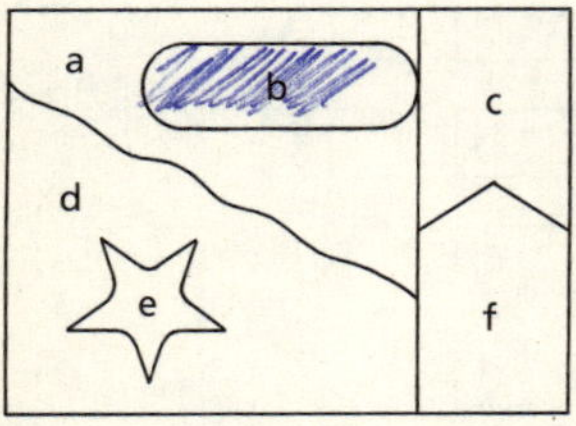

a e
b f
c
d

6

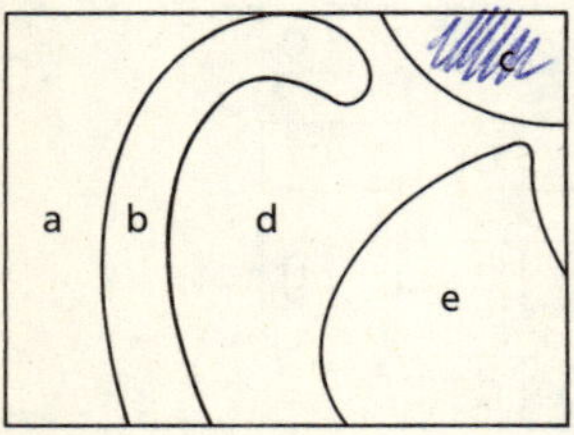

a e
b
c
d

7

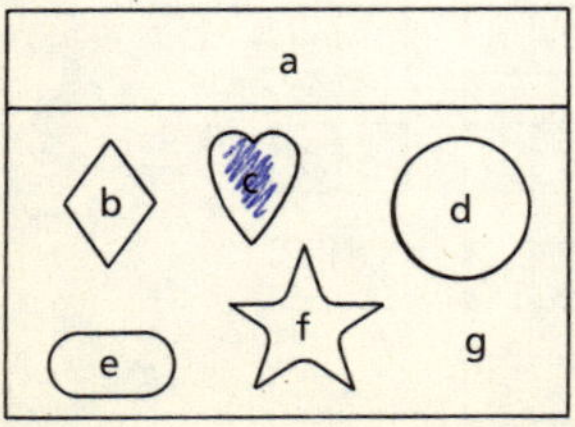

a e
b f
c g
d

8

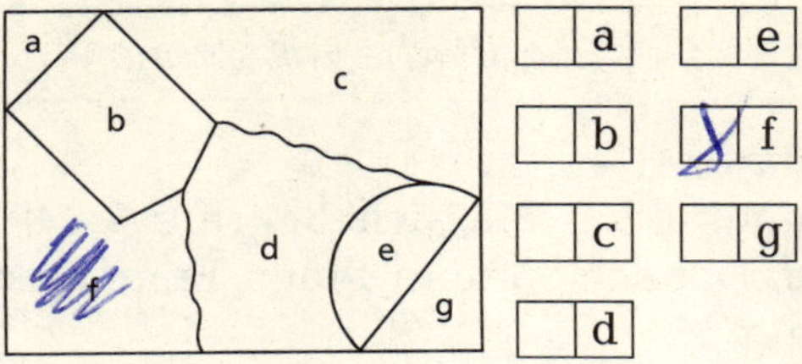

9

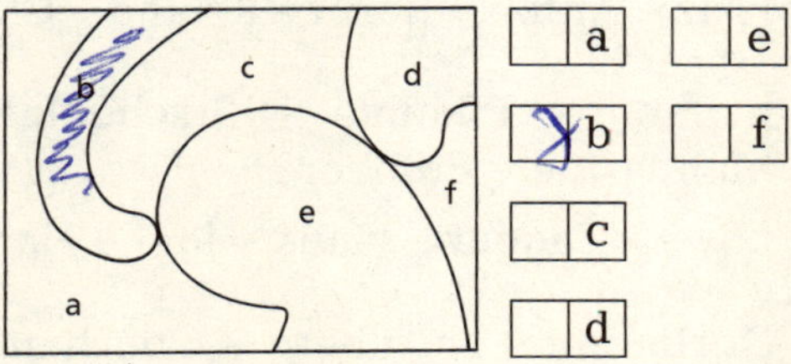

10

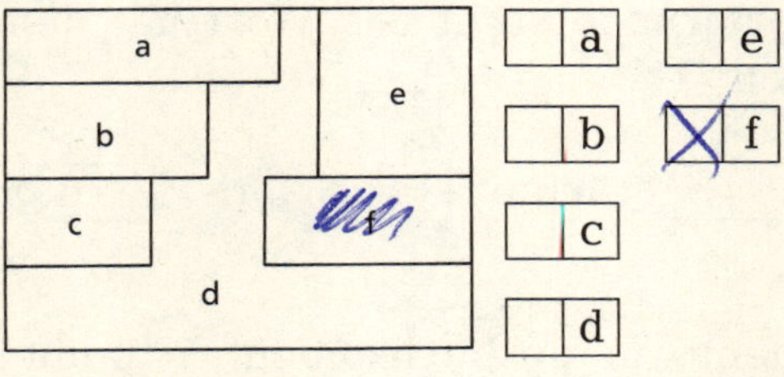

Die Lösungen zu den Aufgaben 1–10 (Räumliche Erinnerung) siehe S. 407.

Merkfähigkeit	*Begriffliche Erinnerung*

Bearbeitungshinweis:
Bei dieser Übung sollen Sie sich Begriffe 2 Minuten lang einprägen. Danach werden Ihnen Fragen zu den Begriffen gestellt.

Bevor Sie die Fragen bearbeiten und die richtige Antwort ankreuzen, decken Sie bitte die Begriffe ab.

☐ a Namen: Fritz – Anton – Karin – Roland – Claudia

☐ b Früchte: Banane – Pflaume – Stachelbeere – Mandarine – Erdbeere

☐ c Tiere: Löwe – Jaguar – Gans – Igel – Hamster

☐ d Städte: Dortmund – Nürnberg – Oberhausen – Quebec – Trier

Beispiel:
In welcher Wortgruppe steht das Wort mit dem Anfangsbuchstaben »T«?

☐ a Namen ☐ b Früchte ☐ c Tiere ☐ d Städte

Erklärung:
Das Wort mit dem Anfangsbuchstaben »T« heißt Trier. Man hätte deshalb *d* ankreuzen müssen.

➡ **TIPP:** Bei Erinnerungstests der beschriebenen Art wird das menschliche Kurzzeitgedächtnis gefordert, mit dem sich besonders die Lernpsychologie beschäftigt hat.
Günstig für Ihre Erinnerungsleistung wirkt sich aus, wenn Sie sich nicht nur die Begriffe, sondern auch die Begriffskategorien

einprägen. Konzentrieren Sie sich besonders auf ähnlich klingende Begriffe, sie werden am schnellsten vergessen. Bleiben Sie auch nicht zu lange bei einer Begriffszeile hängen, sondern wiederholen Sie lieber häufiger die einzelnen Zeilen.

Beantworten Sie jetzt die folgenden Fragen. Ihre Vorgabezeit beträgt 3 Minuten!

1 In welcher Wortgruppe steht das Wort mit dem Anfangsbuchstaben »A«?

☐ a Namen ☐ b Früchte ☐ c Tiere ☐ d Städte

2 In welcher Wortgruppe steht das Wort mit dem Anfangsbuchstaben »B«?

☐ a Namen ☐ b Früchte ☐ c Tiere ☐ d Städte

3 In welcher Wortgruppe steht das Wort mit dem Anfangsbuchstaben »C«?

☐ a Namen ☐ b Früchte ☐ c Tiere ☐ d Städte

4 In welcher Wortgruppe steht das Wort mit dem Anfangsbuchstaben »D«?

☐ a Namen ☐ b Früchte ☐ c Tiere ☐ d Städte

5 In welcher Wortgruppe steht das Wort mit dem Anfangsbuchstaben »E«?

☐ a Namen ☐ b Früchte ☐ c Tiere ☐ d Städte

6	In welcher Wortgruppe steht das Wort mit dem Anfangsbuchstaben »F«?

a Namen b Früchte c Tiere d Städte

7	In welcher Wortgruppe steht das Wort mit dem Anfangsbuchstaben »G«?

a Namen b Früchte c Tiere d Städte

8	In welcher Wortgruppe steht das Wort mit dem Anfangsbuchstaben »H«?

a Namen b Früchte c Tiere d Städte

9	In welcher Wortgruppe steht das Wort mit dem Anfangsbuchstaben »I«?

a Namen b Früchte c Tiere d Städte

10	In welcher Wortgruppe steht das Wort mit dem Anfangsbuchstaben »J«?

a Namen b Früchte c Tiere d Städte

11	In welcher Wortgruppe steht das Wort mit dem Anfangsbuchstaben »K«?

a Namen b Früchte c Tiere d Städte

12	In welcher Wortgruppe steht das Wort mit dem Anfangsbuchstaben »L«?

a Namen b Früchte c Tiere d Städte

13	In welcher Wortgruppe steht das Wort mit dem Anfangsbuchstaben »M«?

a Namen | b Früchte | c Tiere | d Städte

14	In welcher Wortgruppe steht das Wort mit dem Anfangsbuchstaben »N«?

a Namen | b Früchte | c Tiere | d Städte

15	In welcher Wortgruppe steht das Wort mit dem Anfangsbuchstaben »O«?

a Namen | b Früchte | c Tiere | d Städte

16	In welcher Wortgruppe steht das Wort mit dem Anfangsbuchstaben »P«?

a Namen | b Früchte | c Tiere | d Städte

17	In welcher Wortgruppe steht das Wort mit dem Anfangsbuchstaben »Q«?

a Namen | b Früchte | c Tiere | d Städte

Die Lösungen zu den Aufgaben 1–17 (Begriffliche Erinnerung) siehe S. 407.

Räumliches Vorstellungsvermögen

Unter räumlichem Vorstellungsvermögen wird eine spezielle geistige Fähigkeit angesprochen. Sie besteht darin, sich Gegenstände und Bilder räumlich vorzustellen und eine gedankliche Umgruppierung dieser Dinge vornehmen zu können.

Ein gutes räumliches Vorstellungsvermögen ist für viele Alltagssituationen und auch für zahlreiche Berufe eine wichtige Schlüsselqualifikation. Ließe man sich z.B. von verschiedenen Personen in einer Stadt den Weg zu einer bestimmten Kirche beschreiben, würde man sehr schnell feststellen, wie unterschiedlich das räumliche Vorstellungsvermögen bei Menschen ausgeprägt ist. Besonders wichtig wird diese Eigenschaft für die Ausübung zahlreicher Berufe, so z.B. für Raumausstatter, Schreiner, Architekten, Modellbauer und Dekorateure. Ganz allgemein sind Menschen mit gutem räumlichen Vorstellungsvermögen auch eher als andere in der Lage, sich Dinge anschaulicher vorzustellen.

Die nachfolgenden Testarten erfordern in einem unterschiedlichen Maße räumliches Vorstellungsvermögen. Die höchsten Anforderungen stellen dabei die Würfelaufgaben. Die Bearbeitung der Tests ist für Sie in zweifacher Weise sinnvoll: Sie schulen Ihr Vorstellungsvermögen und erlernen Strategien für künftige Testsituationen.

Räumliches Vorstellungsvermögen	*Mosaiken entschlüsseln*

Bearbeitungshinweis:
Die folgenden Aufgaben bestehen jeweils aus drei Teilen: dem Mosaik, dem Mosaikplan und den Mosaiksteinen. Das Mosaik ist aus den Mosaiksteinen 1–6 zusammengesetzt. In dem Mosaikplan sind die Nummern der einzelnen Bausteine vermerkt. Dabei ist eine Nummer jeweils falsch. Ihre Aufgabe ist es, das Feld des Plans zu bestimmen (a, b, c, d oder e), in dem sich der falsche Mosaikstein befindet.

Beispiel: Mosaik

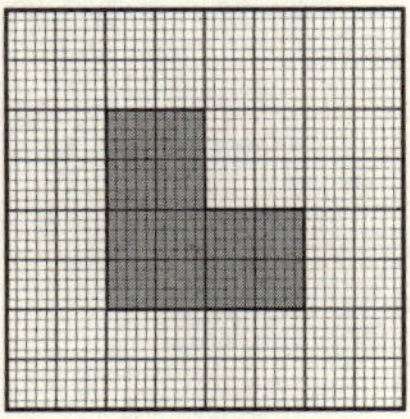

Mosaikplan

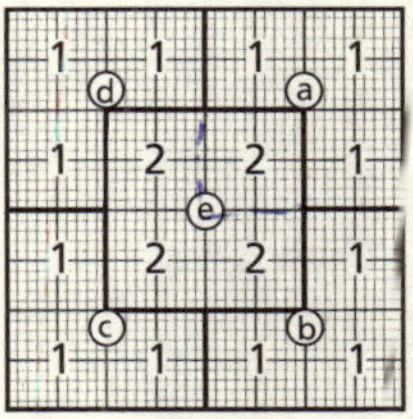

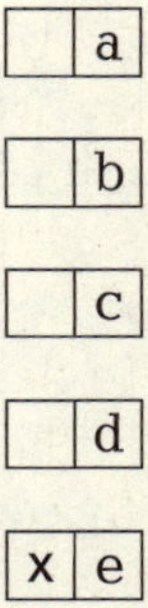

Mosaiksteine

1 2 3 4 5 6

Erklärung:
Die richtige Lösung ist *e*. In diesem Feld des Mosaikplans ist statt der Nr. 1 die falsche Nr. 2 als Bauelement vermerkt.

➡ **TIPP:** Hilfreich für die Lösung der Testaufgabe ist die gedankliche Zerlegung der Mosaiken in viele kleine Quadrate. Wird die Form des vorgegebenen Mosaiks nur durch waagerechte und senkrechte Linien bestimmt, so setzt sich das Mosaik nur aus Steinen der Nummern 1 und 2 zusammen. Bei allen schräg verlaufenden Linien ist zu wählen zwischen den Nummern 3–6 der Mosaiksteine.

Bearbeiten Sie jetzt die folgenden Aufgaben. Sie haben 4 Minuten Zeit!

Mosaiksteine

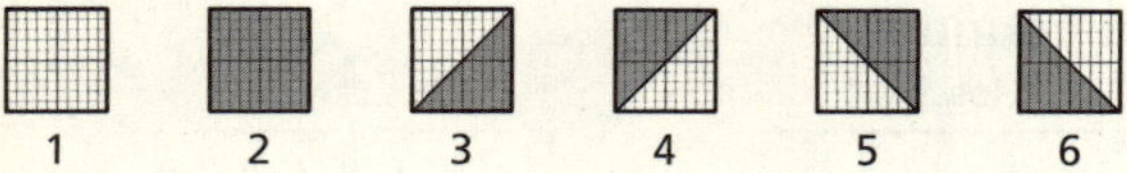

1

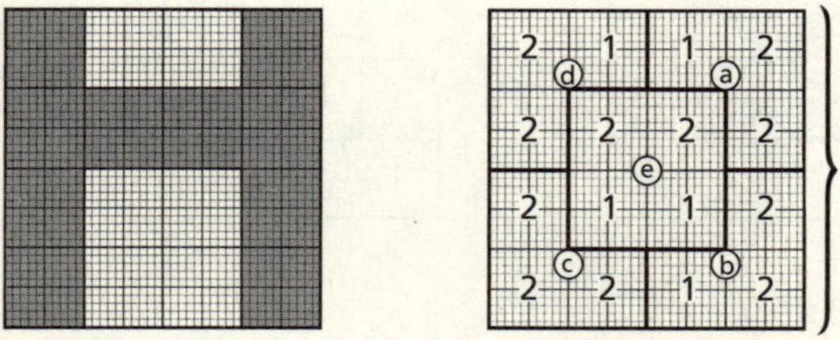

- a
- b
- c
- d
- e

2

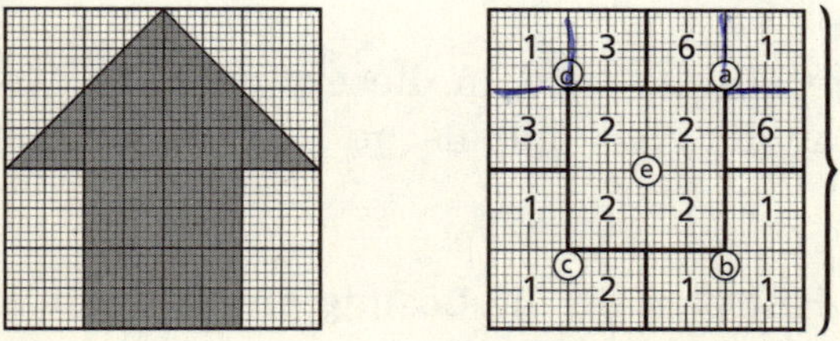

- a
- b
- c
- d
- e

3

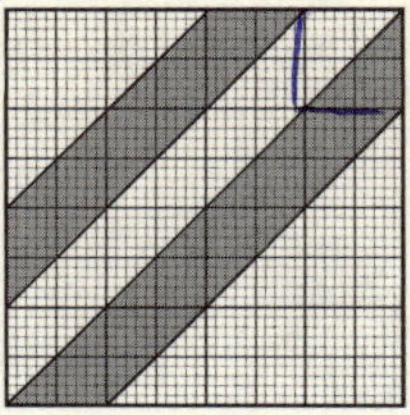

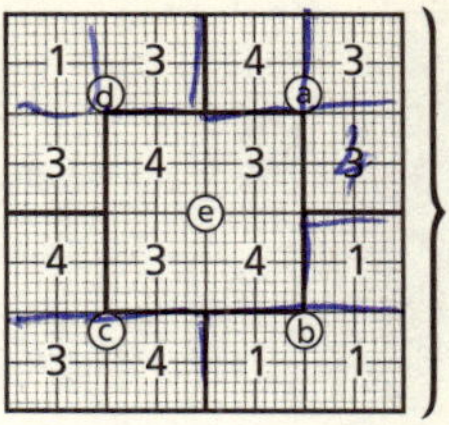

a

b

c

d

e

4

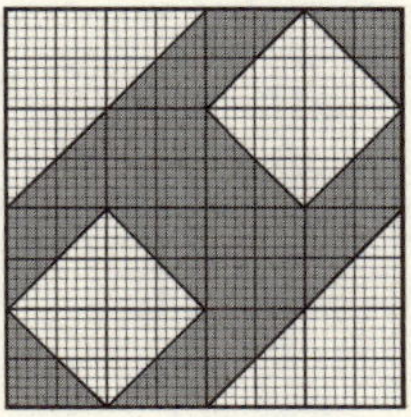

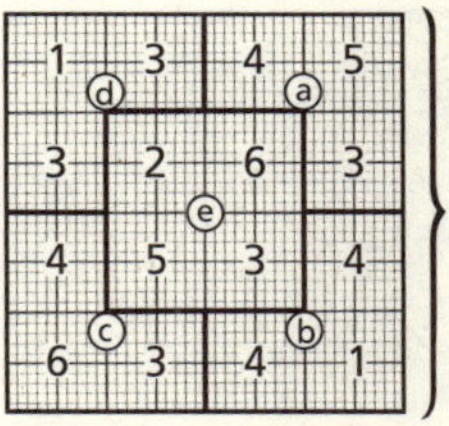

a

b

c

d

e

5

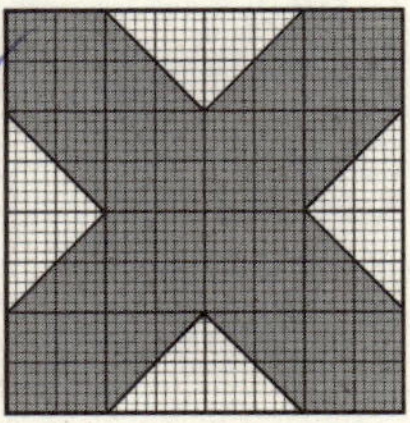

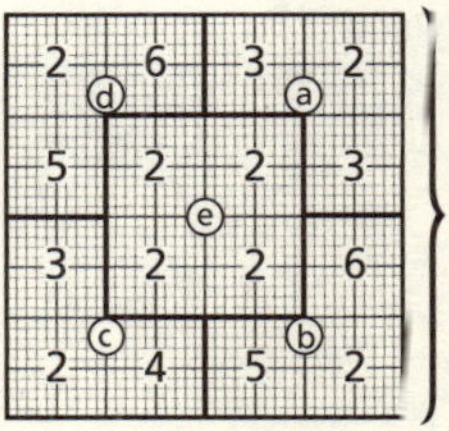

a

b

c

d

e

6

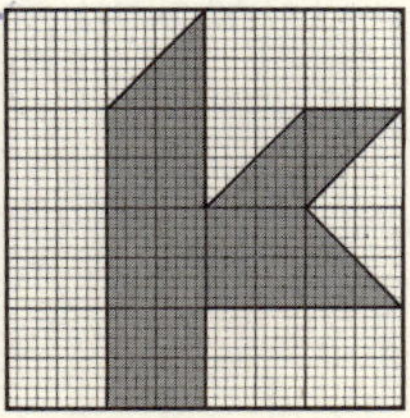

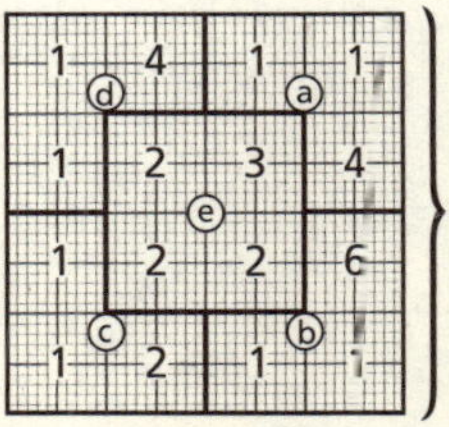

a

b

c

d

e

7

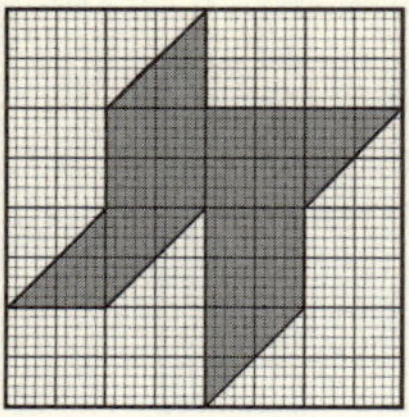

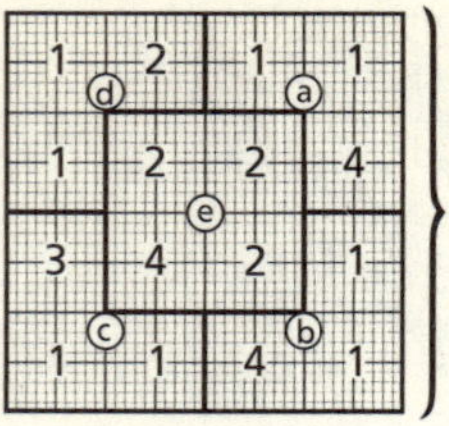

a

b

c

d

e

8

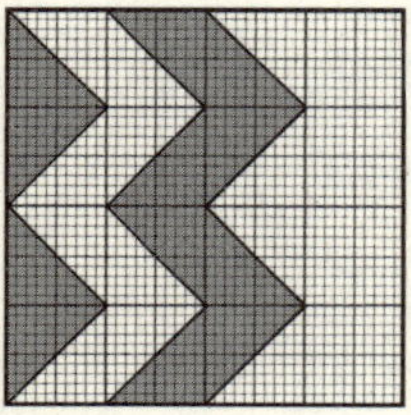

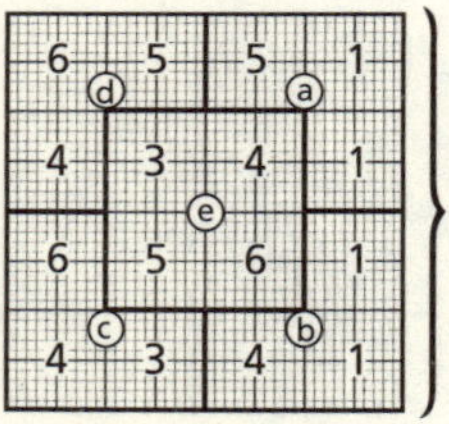

a

b

c

d

e

Mosaiksteine

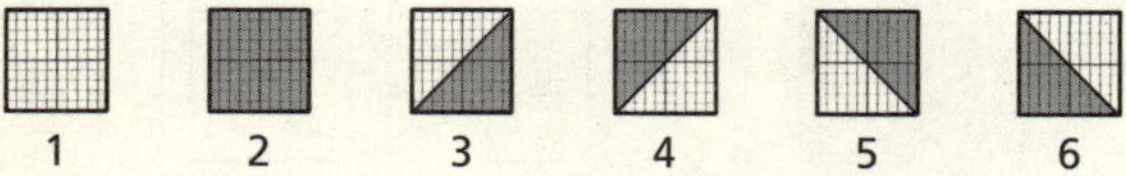

Die Lösungen zu den Aufgaben 1–8 (Mosaiken entschlüsseln) siehe S. 407.

Räumliches Vorstellungsvermögen	*Spiegelbilder erkennen*

Bearbeitungshinweis:
Sechs Figuren werden Ihnen vorgegeben. Wenn man sie in ihre Grundstellung dreht, sind fünf von ihnen deckungsgleich. Bei einer Figur klappt dies nicht. Sie ist nicht gedreht, sondern gewendet (gekippt) worden, sodass nur ihr Spiegelbild zu sehen ist. Diese Figur sollen Sie auswählen und ankreuzen.

Beispiel:

☐ a	☐ b	☐ c	x d	☐ e	☐ f

Erklärung:
Ihr Kreuz müssen Sie bei *d* machen, da nur diese Figur durch Drehung *nicht* die Zahl sieben ergeben wird.

➧ **TIPP:** Da Ihre Zeit knapp ist, versuchen Sie zunächst durch einen Überblick die spiegelbildliche Figur herauszufinden. Gelingt das nicht, dann gehen Sie die einzelnen Positionen der Figuren durch. Vollziehen Sie dabei gedanklich die Drehung in eine Grundposition. Dabei sollten Sie Ihre Aufmerksamkeit besonders auf markante Merkmale richten (z. B. spitze Ecken, vorstehende Balken, geschwärzte Flächen) und deren Bewegung verfolgen.

Beginnen Sie jetzt mit der Bearbeitung der Testaufgaben. Ihre Vorgabezeit beträgt 5 Minuten!

1

a b c d e f

2

a b c d e f

3

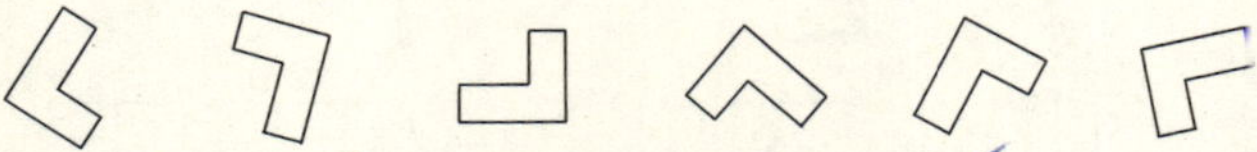

a b c d e f

4

a b c d e f

5

a b c d e f

6

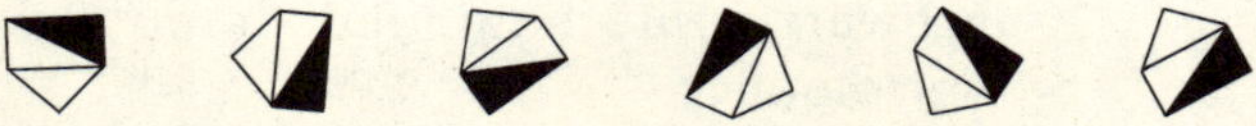

a b c d e f

7

a b c d e f

8

a b c d e f

9

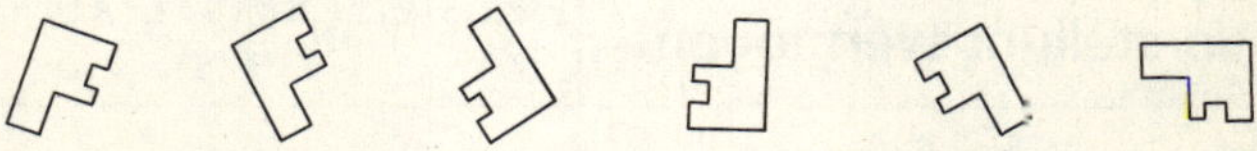

a b c d e f

10

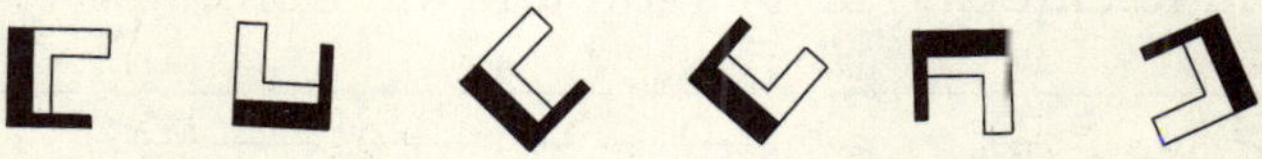

a b c d e f

11

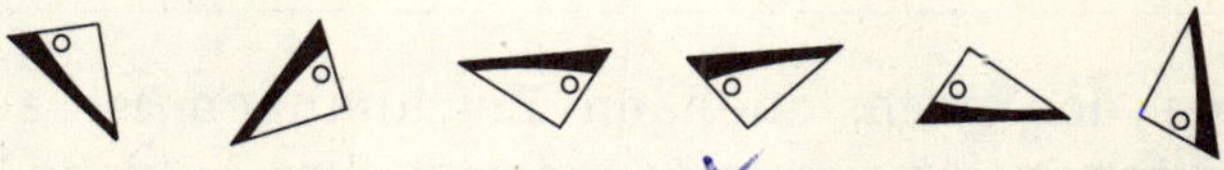

a b c d e f

12

a b c d e f

13

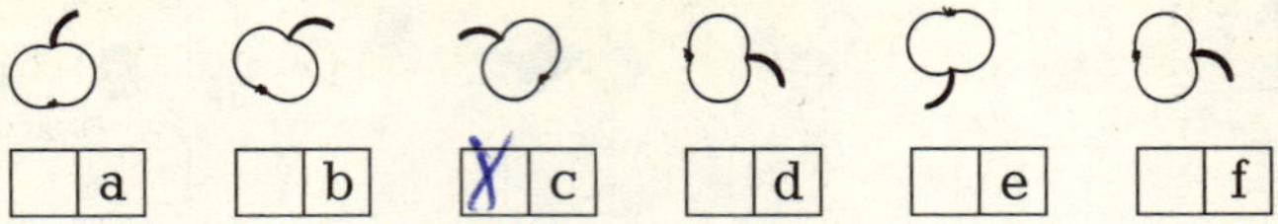

Die Lösungen zu den Aufgaben 1–13 (Spiegelbilder erkennen) siehe S. 407.

Räumliches Vorstellungsvermögen	*Musterfiguren erkennen*

Bearbeitungshinweis:
5 Musterfiguren werden Ihnen vorgegeben. Im Einzelnen sind das ein Kreis, zwei gleichschenklige Dreiecke, ein Rechteck, ein Quadrat und ein Karo.

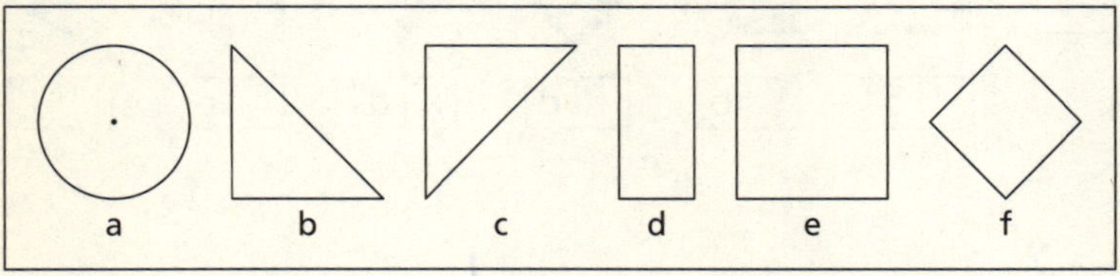

Jede der nachstehenden Zeichnungen ist aus den Musterfiguren zusammengesetzt. Ihre Aufgabe besteht darin zu erkennen, welche der Musterfiguren das sind.

Beispiel einer vorgegebenen Zeichnung:

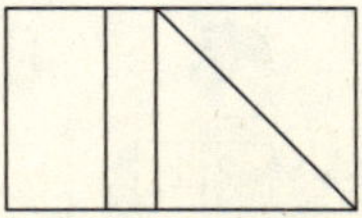

Die Zeichnung besteht aus den Musterfiguren Dreieck (b), Rechteck (d) und Quadrat (e). Das kleine Rechteck ist kein Bestandteil der Lösung, da es keine Musterfigur ist.

➡ **TIPP:** Wichtig ist es, sich auf die Grundfiguren zu konzentrieren. Linien, die keine Bestandteile der Grundfiguren sind, müssen erkannt werden. Bei Musterfiguren, die sich sehr ähnlich sind, besteht die Gefahr, sie zu verwechseln. So kann es z.B. leicht passieren, dass die grafischen Unterschiede zwischen b und c in der Hektik der Bearbeitung übersehen werden. Zu beachten ist auch, dass die gleichen Musterfiguren mehrere Male in einer Zeichnung auftauchen können. In die Lösung gehen sie aber nur einmal ein.

Bearbeiten Sie jetzt die folgenden Aufgaben. Sie haben 5 Minuten Zeit.

1

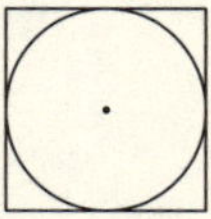

2

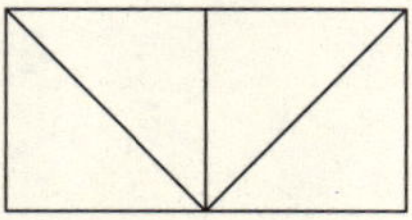

3

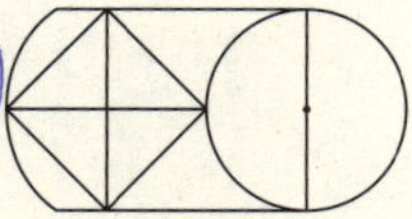

4

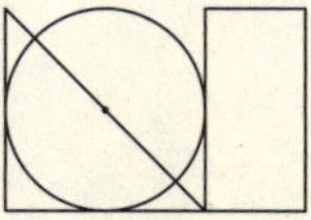

5

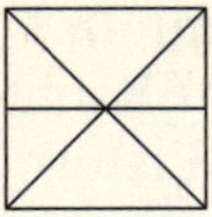

b, c, e

6

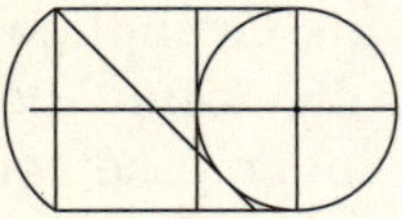

a, b, d

7

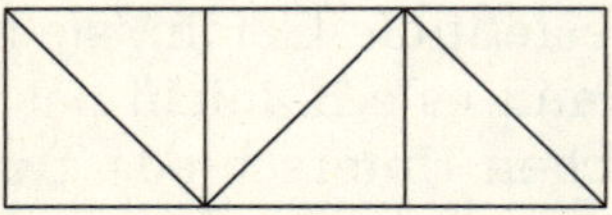

e, b, c

8

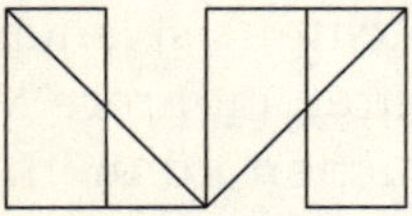

d, b, c

9

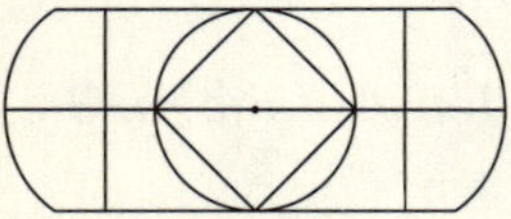

a, d, f

10

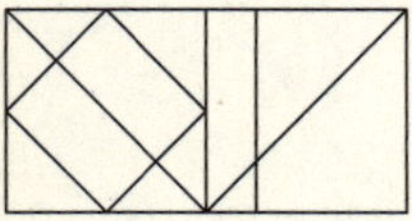

b, c, e, f

11

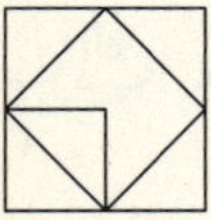

e, f

12

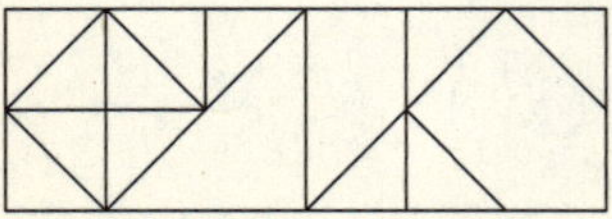

c, d, e, f

13

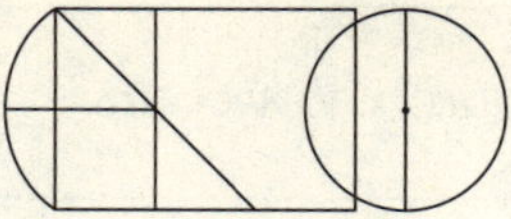

A, e, b, d

14

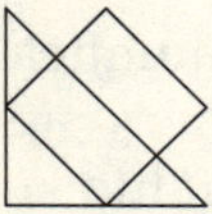

b, [illegible] f

15

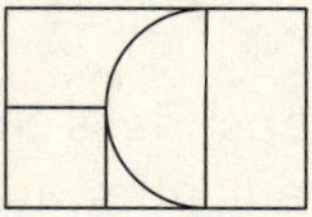

d, e

16

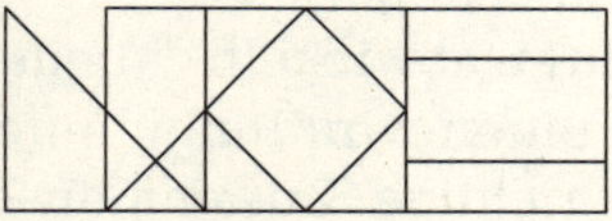

f, b, c, d, e

17

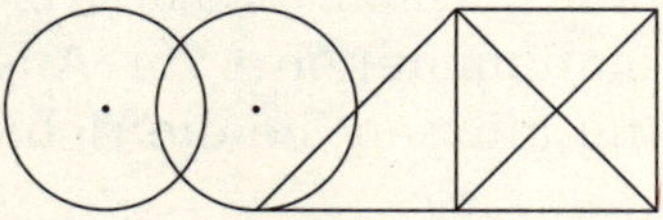

a, b, c

18

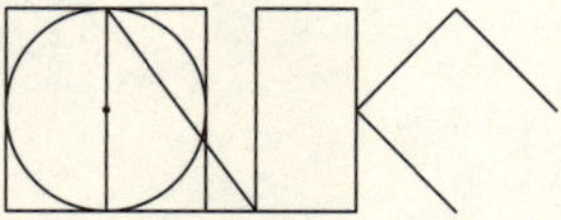

a, e, d, b

19

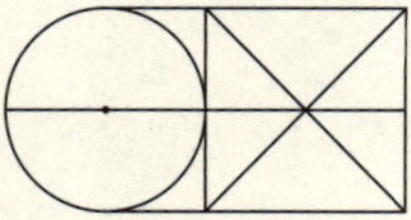

a, e, b, c

20

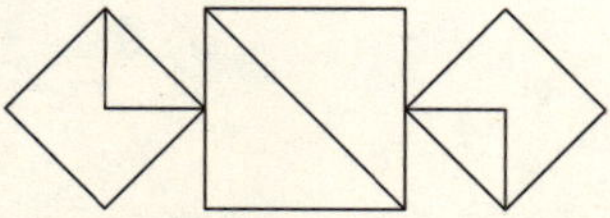

e, b, f

Die Lösungen zu den Aufgaben 1–20 (Musterfiguren erkennen) siehe S. 407.

Räumliches Vorstellungsvermögen	*Figuren abwickeln*

Bearbeitungshinweis:
Bei dieser Aufgabenstellung steht das räumlich-bildliche Vorstellungsvermögen des Bewerbers auf dem Prüfstand. Sie sollen beweisen, dass Sie fähig sind, gedanklich mit Bildern von zusammengefalteten Gegenständen zu arbeiten.

Dieses abstrakte Denken setzt voraus, dass Sie sich einmal mit dem Gegenstand als Ganzem, aber auch mit einzelnen Details vertraut machen.

Die Aufgabenreihe »Figuren abwickeln« gliedert sich in zwei Teilbereiche. Zum einen wird Ihnen eine Figur vorgegeben, der Sie die richtige Zusammensetzung bzw. Abwicklung zuordnen müssen. Bei dem zweiten Aufgabenkomplex geht man umgekehrt vor. Aus einer vorgegebenen Abwicklung müssen Sie die richtige Figur ableiten.

Beispiel 1:
Welche der Figuren a bis d gehört zu folgender Abwicklung?

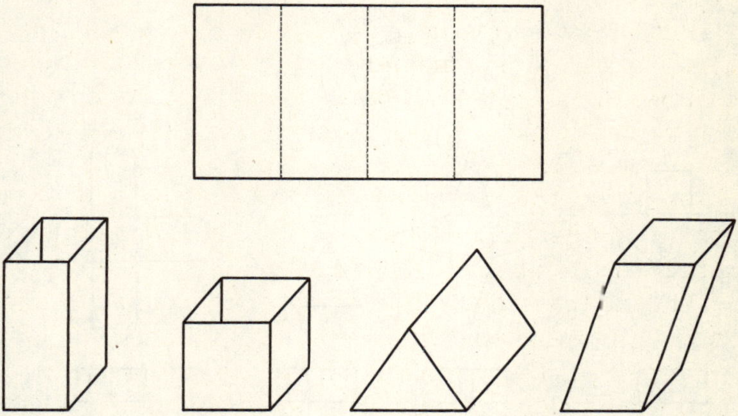

x a   b   c   d

Erklärung:
Ihr Kreuz muss bei Figur *a* stehen. Die obige Abwicklung zeigt vier rechteckige Seiten. Die daraus zu faltende Figur muss einen Quader ergeben, der unten und oben offen ist.

Beispiel 2:
Welche der Abwicklungen a bis d entspricht folgender Figur?

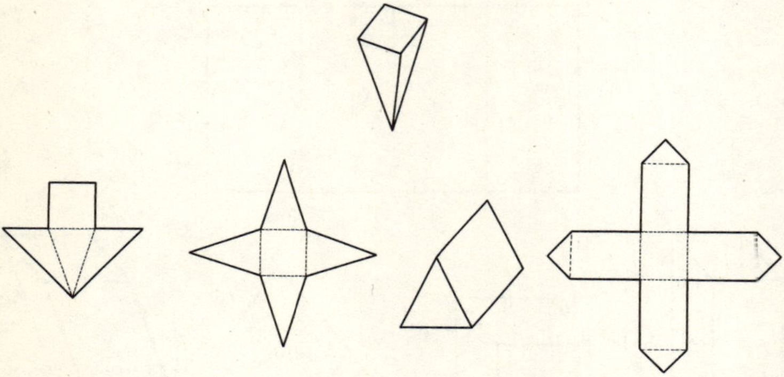

	a	x	b		c		d

Erklärung:
Richtig ist die Abwicklung *b*. Die Figur ist eine Pyramide mit einer quadratischen Grundfläche und vier Seiten mit gleichschenkligen Dreiecken. Diese Bedingung wird nur von b erfüllt!

Beginnen Sie jetzt mit der Bearbeitung der Testaufgaben. Sie haben dazu 5 Minuten Zeit!

1 Welche Figur ergibt sich aus dieser Abwicklung?

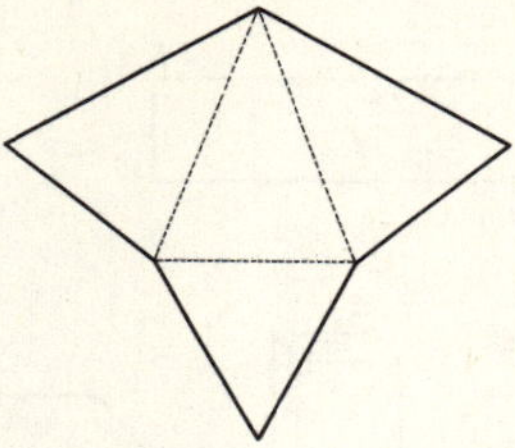

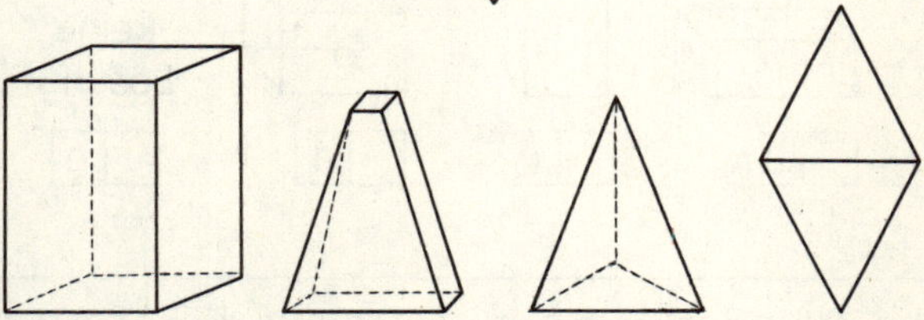

keine Lösung

a b c d e

2 Welcher Körper entsteht, wenn man diese Abwicklung zusammenklebt?

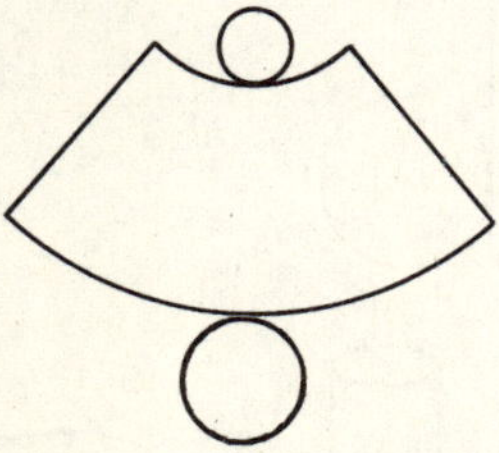

keine Lösung

a b c d e

3 Falten Sie gedanklich diese Abwicklung zusammen. Welcher Körper entsteht?

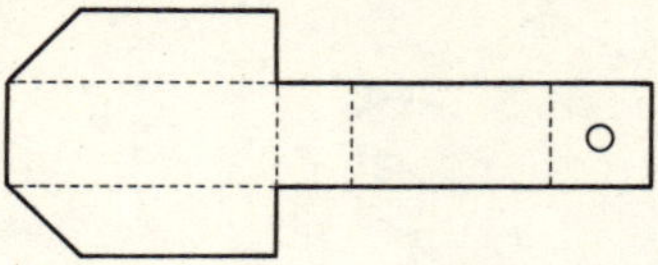

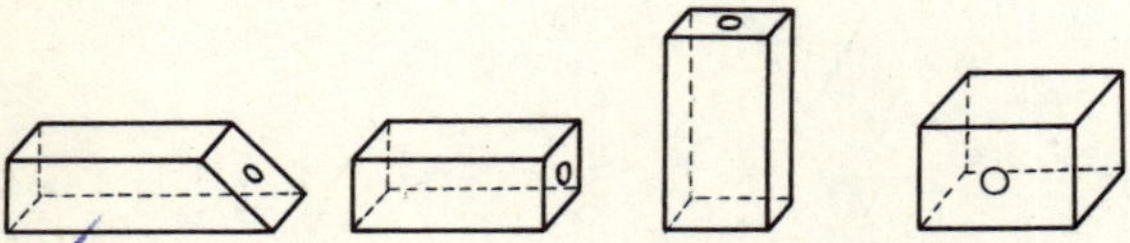

a | b | c | d | keine Lösung e

4 Welche Zylinderform ergibt sich aus dieser Abwicklung?

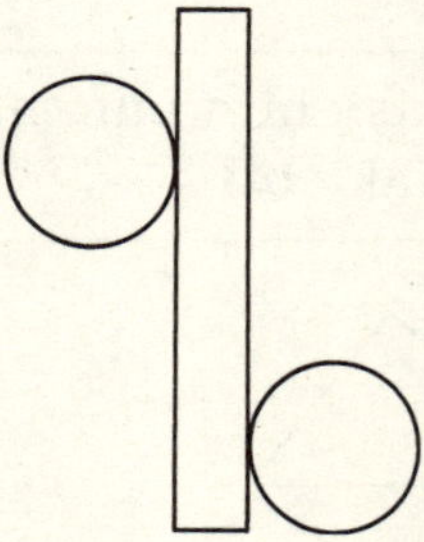

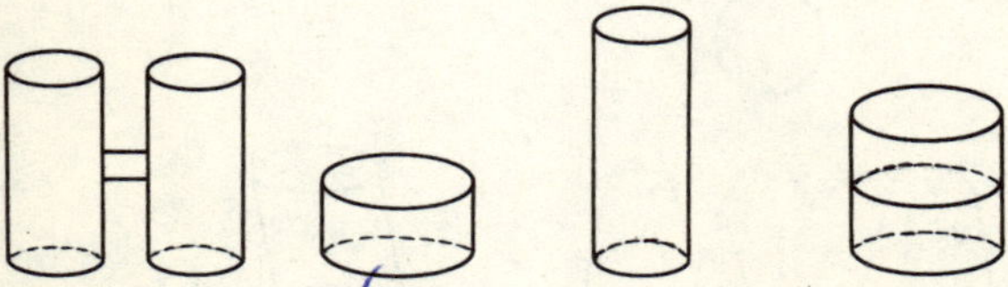

a | b | c | d | keine Lösung e

5	Wie wird diese »Käseschachtel« richtig abgewickelt?

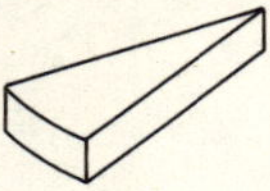

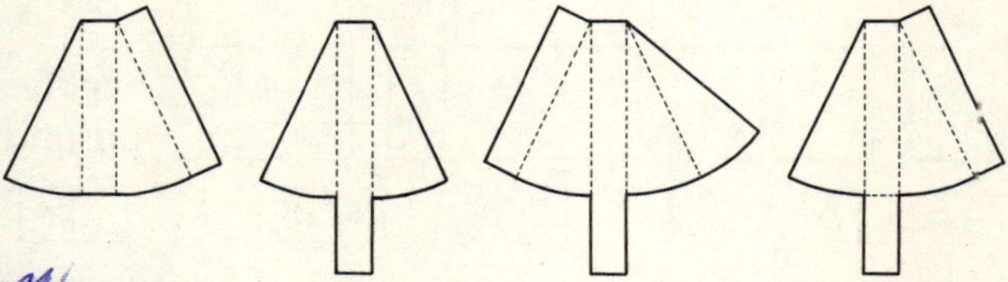

keine Lösung

a | b | c | d | e

6	Welcher Abwicklung entspricht dieser Turm?

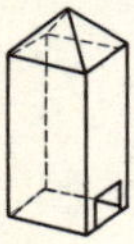

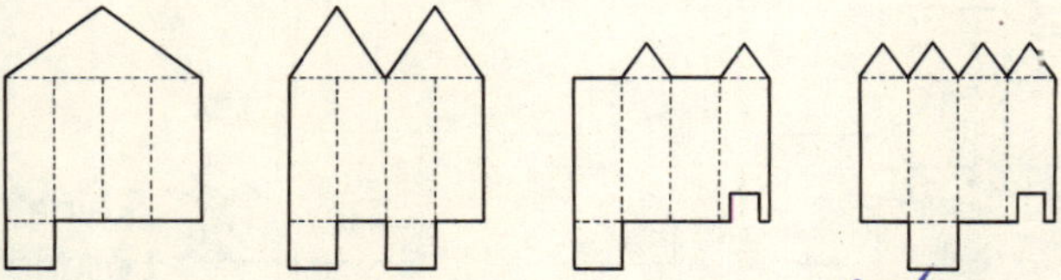

keine Lösung

a | b | c | d | e

7	Wickeln Sie diese Figur ab!

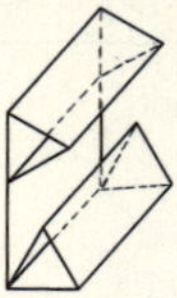

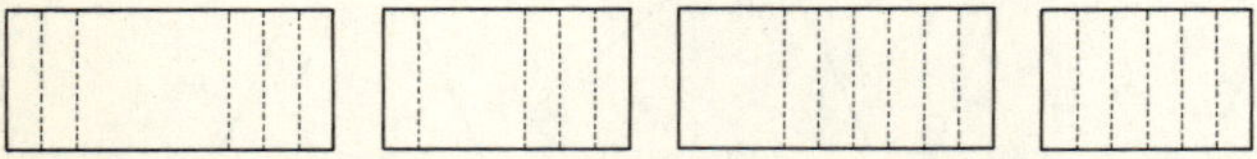

a b c d e keine Lösung

8	Welche Abwicklung entspricht diesem L-förmigen Körper?

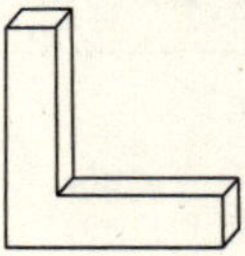

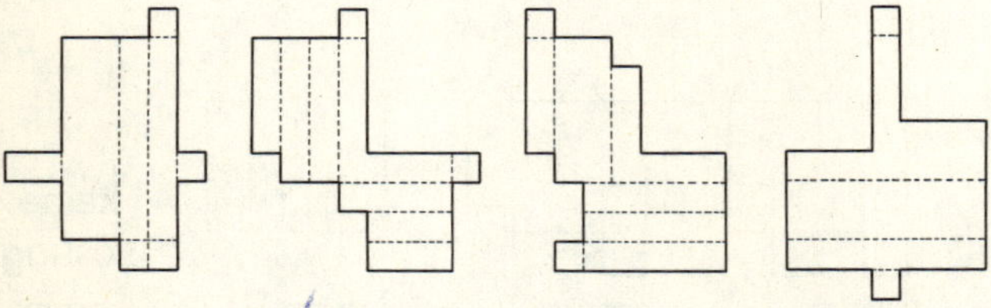

a b c d e keine Lösung

9	Aus welcher der nachfolgend abgebildeten Abwicklungen ergibt sich dieser Pappbecher?

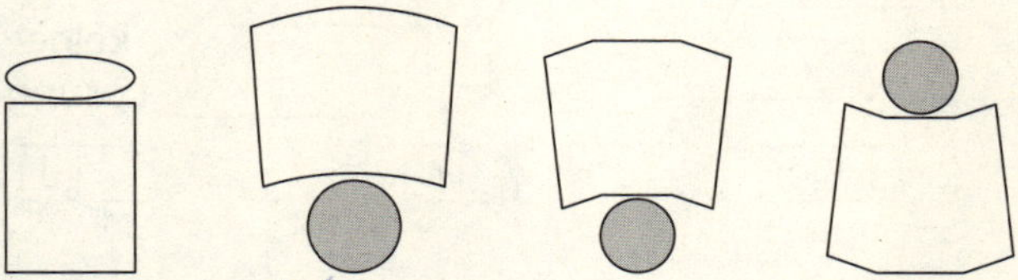

keine Lösung

a b c d e

10	Welcher Körper ergibt sich aus folgender Abwicklung?

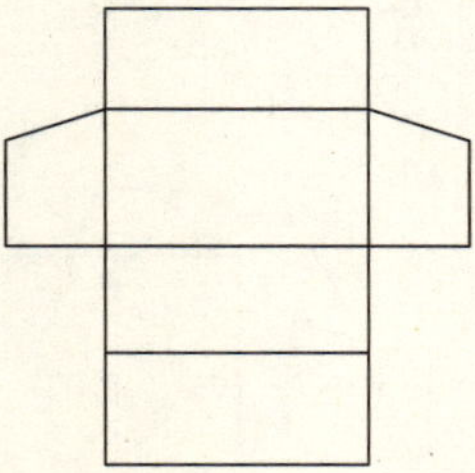

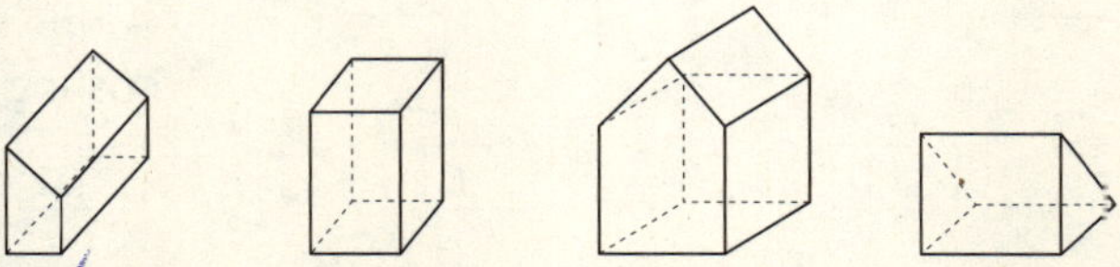

keine Lösung

a b c d e

11 Wie sieht die Abwicklung dieser abgeschnittenen Pyramide aus?

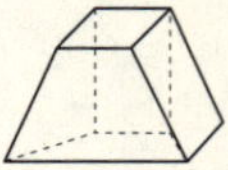

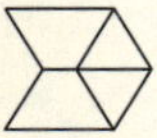

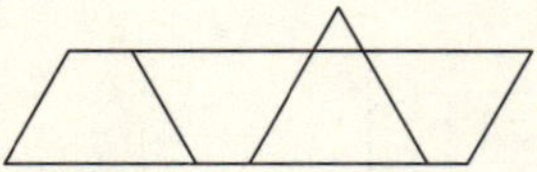

keine Lösung

a b c d

12 Wie sieht die Abwicklung des abgebildeten Briefkastens aus?

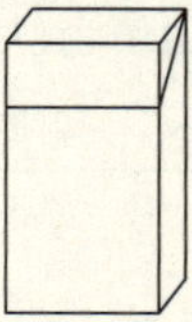

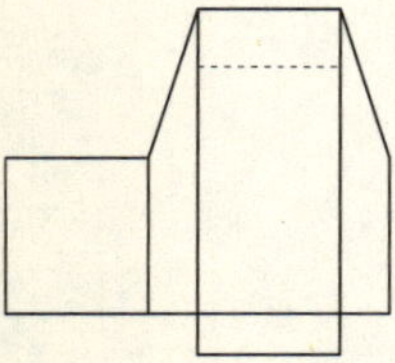

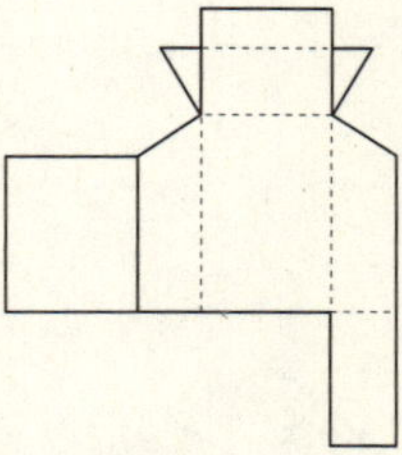

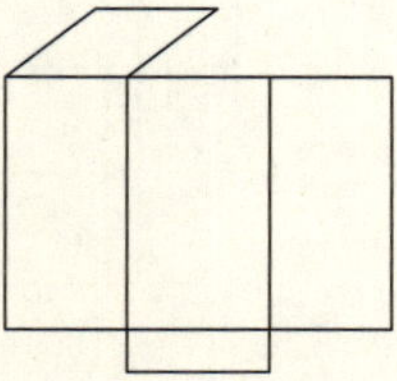

keine Lösung

a b c d

13	Wie sieht die Abwicklung eines Gefäßes mit einem Rand aus?

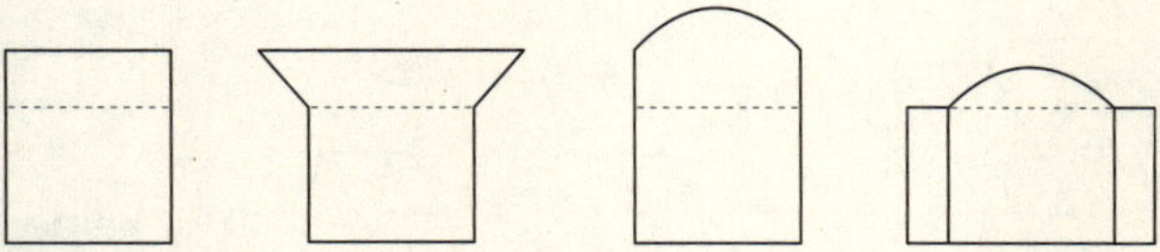

keine Lösung

a b c d e

14	Welche Schachtel ergibt sich, wenn man die folgende Abwicklung zusammenfaltet und klebt?

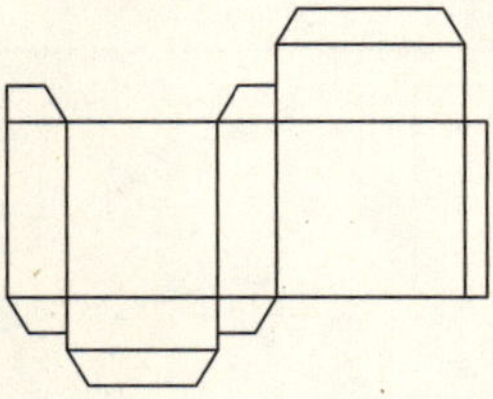

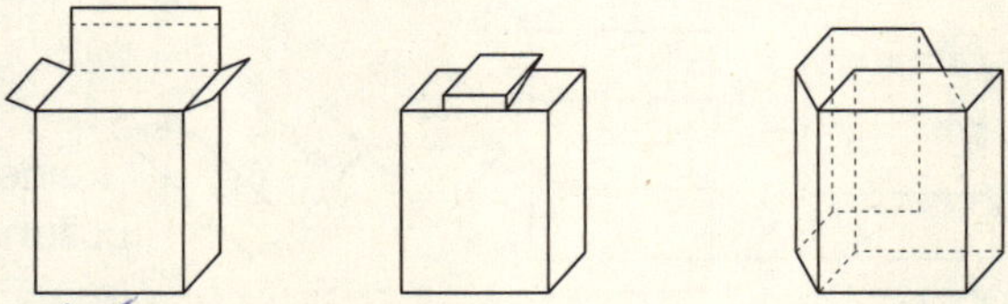

keine Lösung

a b c d

15 Welcher Körper ergibt sich aus folgender Abwicklung?

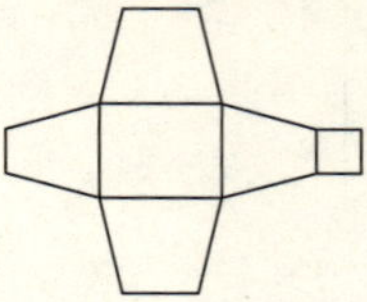

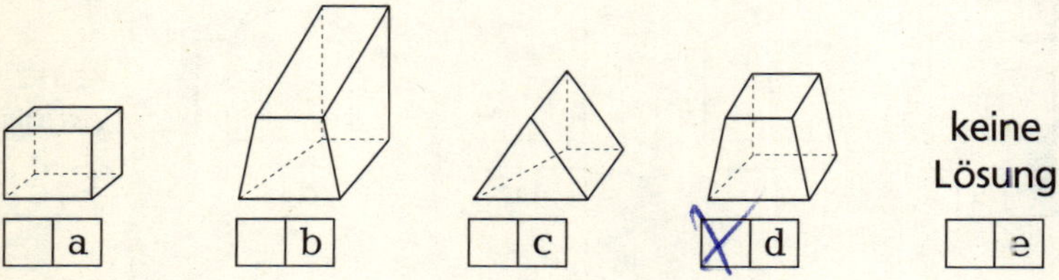

16 Wickeln Sie diese oben und unten offene Figur richtig ab!

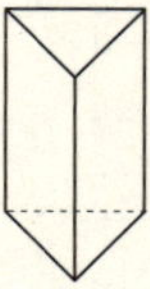

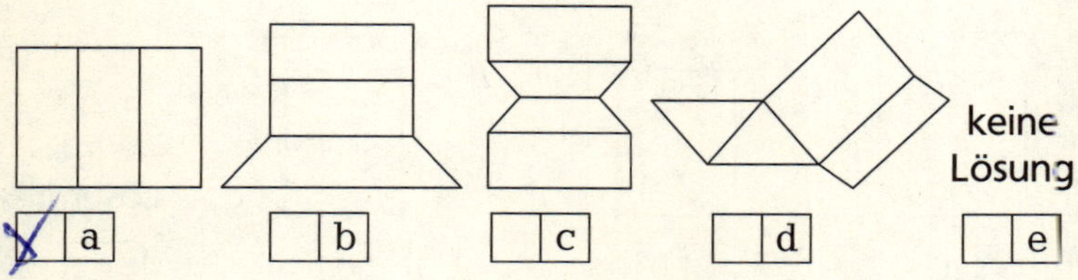

17 Ein Brotkasten hat folgendes Profil: Welche Abwicklung ergibt sich?

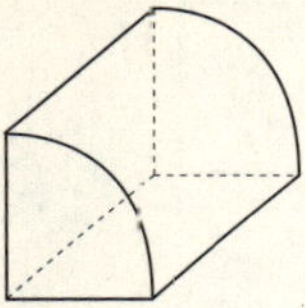

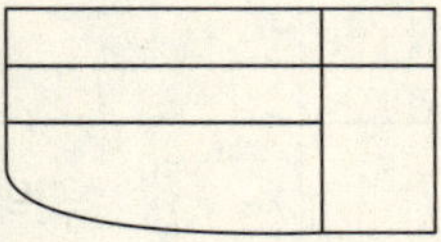

a

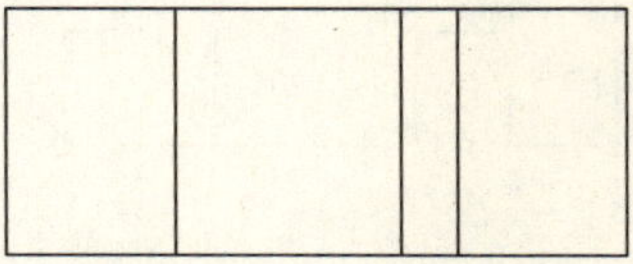

b

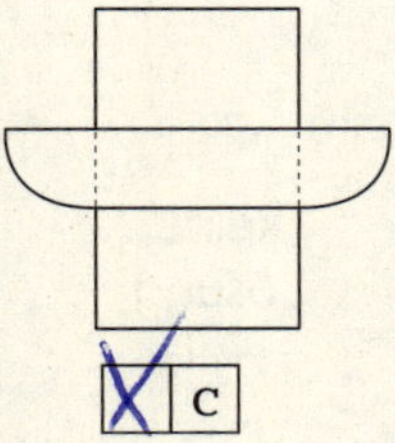

c

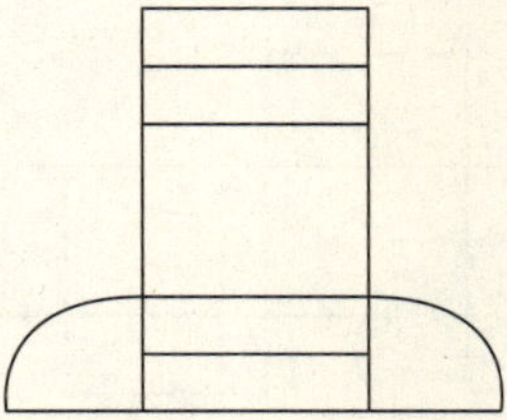

d

keine Lösung

e

18 Welche Abwicklung entspricht dieser Figur?

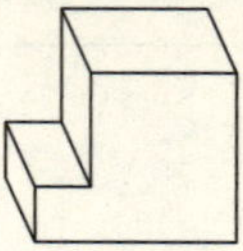

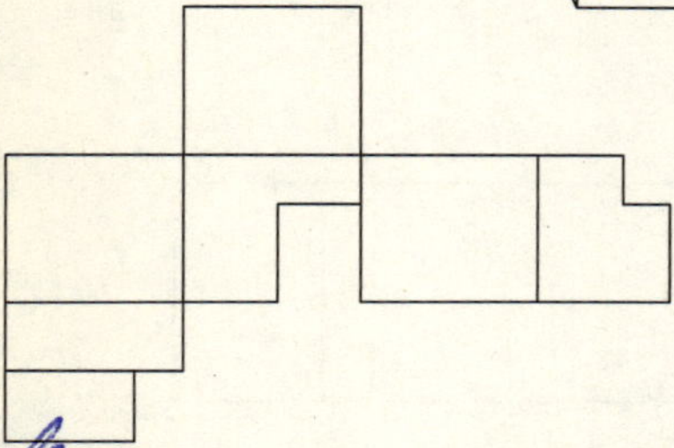

a

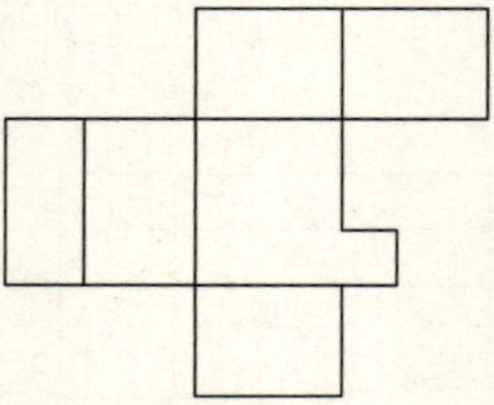

b

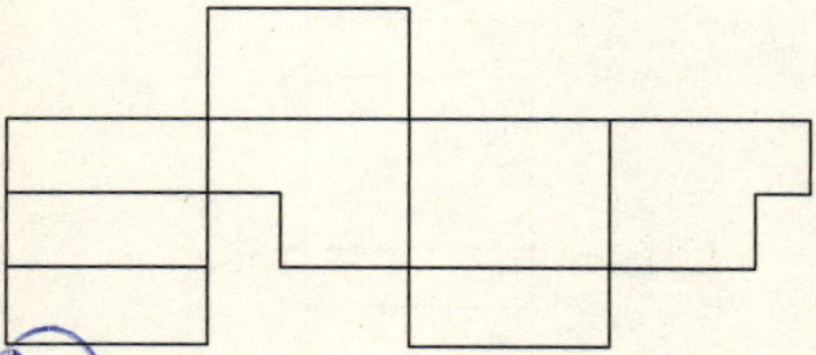

c

keine Lösung

d

19	Durch welche Abwicklung wird das folgende oben und unten offene Profil dargestellt?

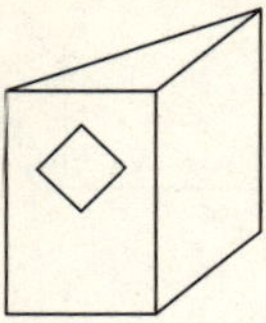

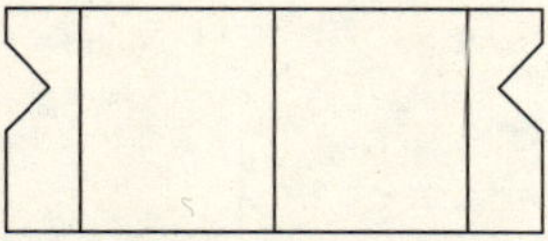

a

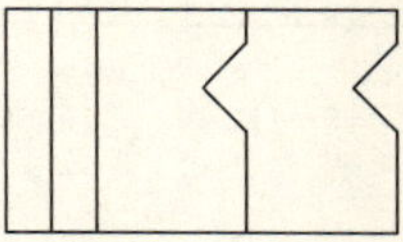

b

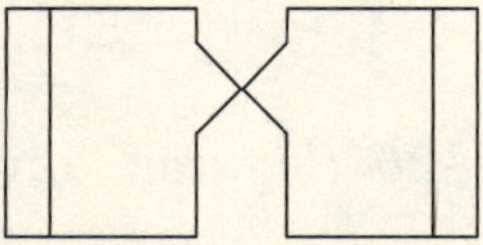

c

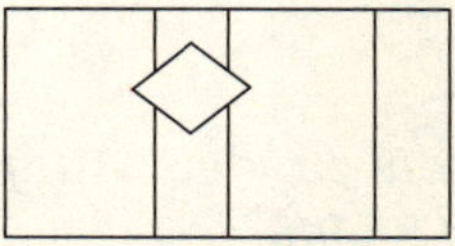

d

keine Lösung

e

20 Welche Abwicklung ist die richtige, um folgenden Körper zu konstruieren?

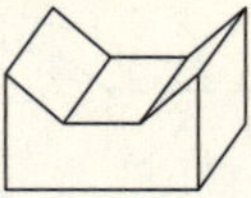

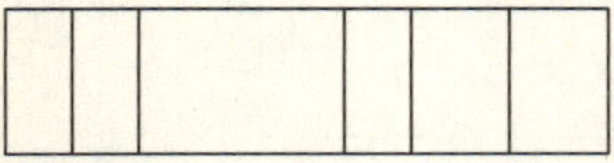

a

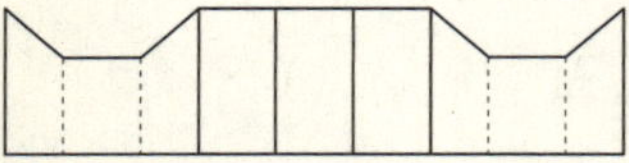

b

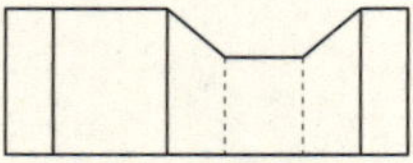

c

keine Lösung

d

Die Lösungen zu den Aufgaben 1–20 (Figuren abwickeln) siehe S. 408.

Räumliches Vorstellungsvermögen	*Würfelaufgaben*

Bearbeitungshinweis:
In diesen Aufgaben wird Ihr räumliches Vorstellungsvermögen gefordert. Ein Musterwürfel wird verdreht. Sie haben die Aufgabe, möglichst schnell die neue, richtige Würfelstellung herauszufinden.

Unter den angebotenen Lösungen können sich auch Würfel befinden, die mit dem Original nicht übereinstimmen. Dies kann durch unterschiedlich oder fehlerhaft angeordnete Symbole bedingt sein.

Im ersten Lösungsschritt sollten Sie versuchen, die Würfel auszusondern, bei denen Symbole auftreten, die der Ursprungswürfel nicht hat.

Beispiel:

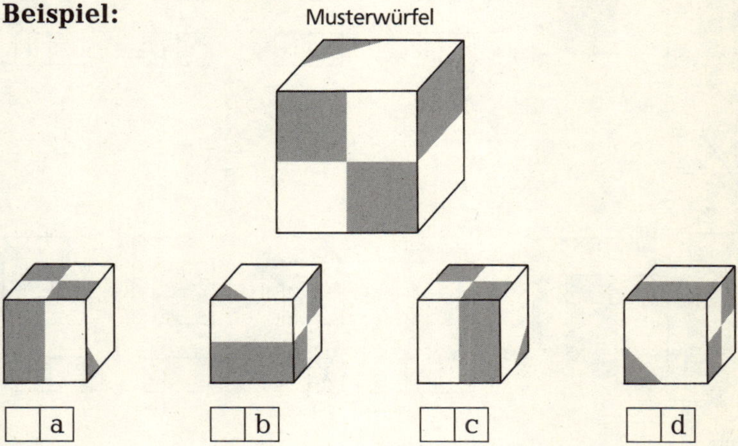

Erklärung:

Richtig ist die Lösung *d.* Der Würfel wurde zweimal gedreht.

Bei a, b, c stimmen entweder die Seiten grundsätzlich nicht oder die Aufteilung der einzelnen Würfelseiten mit den jeweiligen Symbolen ist nicht richtig.

Im Falle von b und c lässt sich dies bspw. daran erkennen, dass hier jeweils zwei dunkle Würfelseiten an der Kante aneinanderstoßen. Dies ist beim Musterwürfel nicht der Fall.

Beginnen Sie jetzt mit der Bearbeitung der Testaufgaben. Ihre Vorgabezeit beträgt 4 Minuten!

1

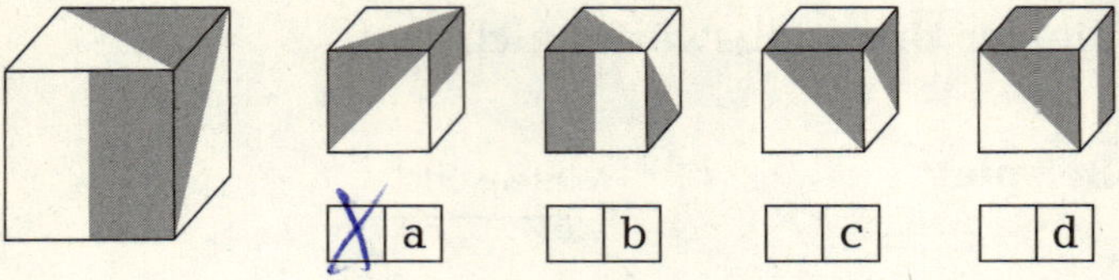

2

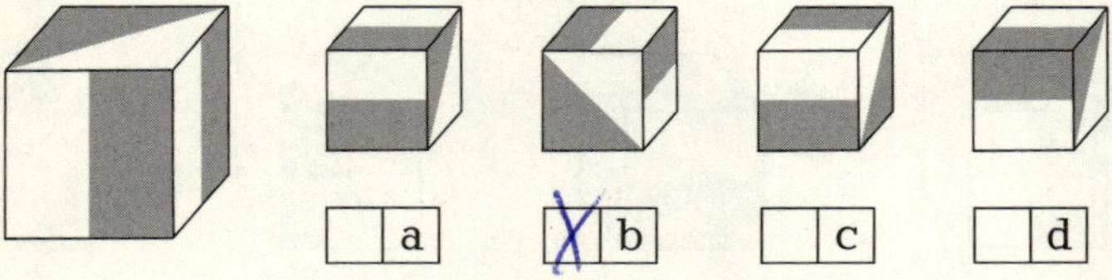

3

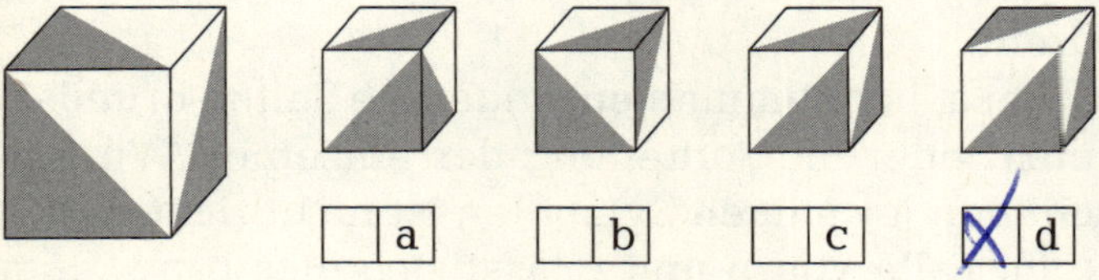

4

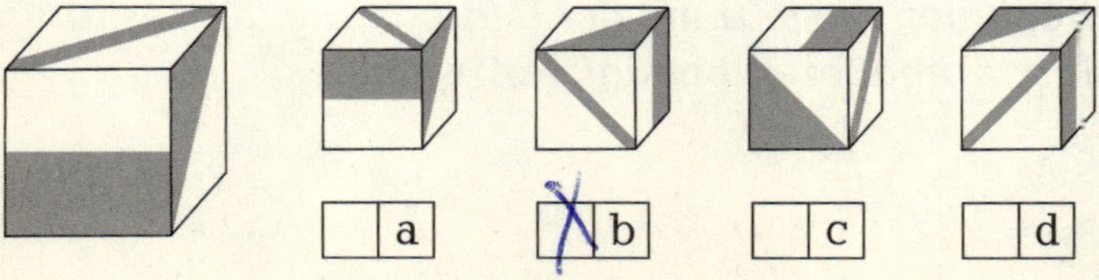

5

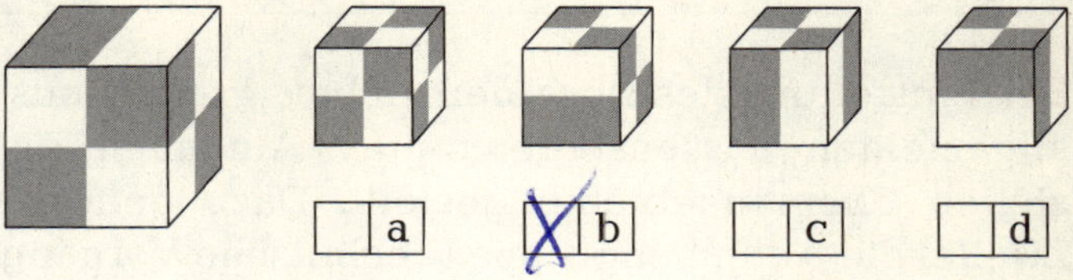

6

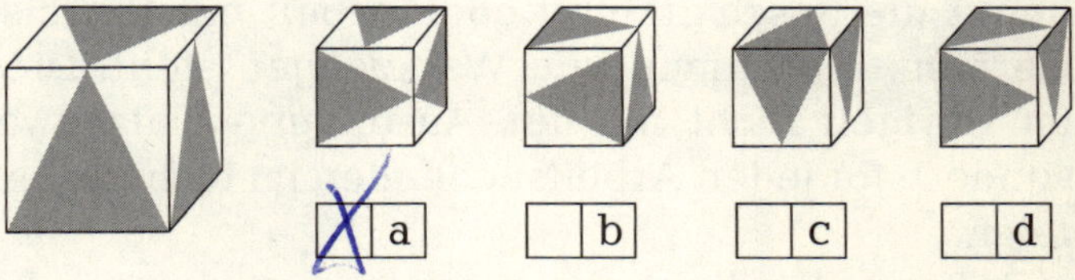

7

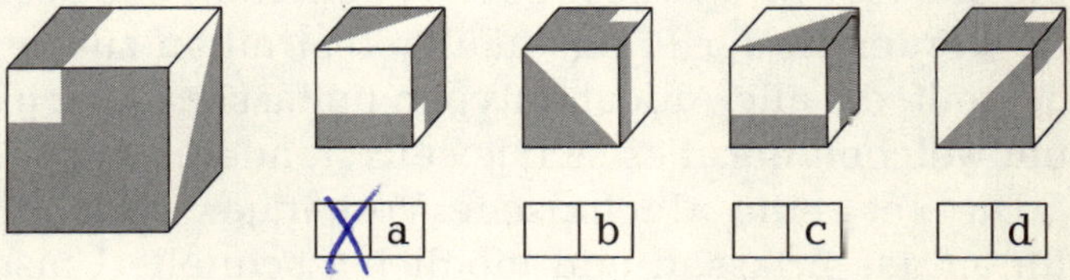

8

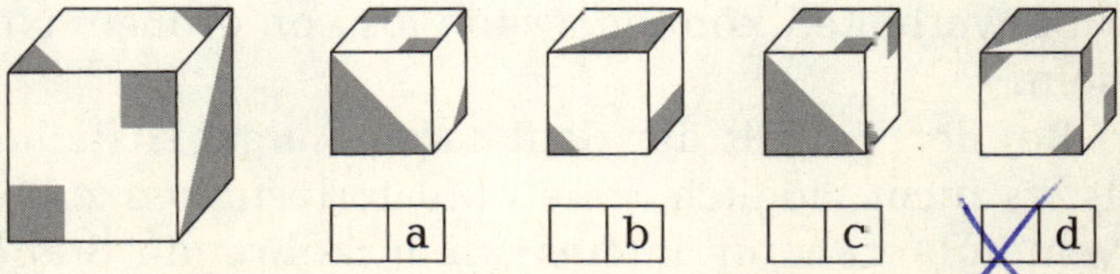

Die Lösungen zu den Aufgaben 1–8 (Würfelaufgaben) siehe S. 408.

Technische Vorgänge

Bei Einstellungstests werden neben Fragen aus dem allgemeinen Wissensbereich auch Aufgaben aus speziellen Themengebieten gestellt. Dazu gehört ohne Zweifel die Aufgabengruppe »Technische Vorgänge«.

Aufgaben dieser Art kommen überwiegend bei Bewerbungen im gewerblich-technischen Berufsfeld zum Einsatz, d.h. bei Ausbildungsberufen, in deren Mittelpunkt die Beschäftigung oder Arbeit mit technischen Geräten, Maschinen und Werkzeugen steht. Dies gilt im Übrigen nicht nur für Ausbildungsplatzbewerber, sondern für jeden Arbeitsuchenden im technischen Bereich.

Es kann allerdings auch vorkommen, dass ein künftiger Arbeitgeber oder Ausbilder daran interessiert ist, auch die Neigungen und Schwerpunkte zu erkennen, die Sie über Ihre angestrebte Tätigkeit hinaus besitzen. So werden in der Praxis häufig Testreihen zusammengestellt, die alle Aufgabentypen umfassen, ganz gleich, um welchen Beruf es sich jeweils handelt.

Die Testreihe »Technische Vorgänge« verlangt von Ihnen das Erfassen und möglichst schnelle Umsetzen von mechanischen, technischen und physikalischen Vorgängen. Allgemeine Vorkenntnisse aus dem Bereich der Physik oder Erfahrungen mit Bastel- oder Hobbyarbeiten können zweifellos von großem Nutzen sein.

Bei der Vielfalt der denkbaren Aufgabenstellungen ist es nicht möglich, Ihnen Musterlösungen zum Auswendiglernen für immer wiederkehrende Standardfragen zu geben. Mit den folgenden Beispielaufgaben erhalten Sie aber einen Querschnitt durch den Anforderungskatalog.

➡ **TIPP:** Sollte Ihnen die Bearbeitung der Aufgaben schwergefallen sein, beschreiten Sie einen (zunächst sehr ungewöhnlichen) neuen Weg: Formulieren Sie die Aufgabenstellungen etwas um und versuchen Sie dann, die neuen Lösungen herauszufinden. So werden Sie plötzlich zum Aufgabensteller, der seine »Musterlösung« jeweils zu begründen hat. Der Vorteil ist, dass Sie sich auf diesem Wege noch stärker mit dem Aufgabentyp auseinandersetzen.

Bearbeitungshinweis:
Die Anwendung Ihres physikalisch-technischen Wissens steht im Vordergrund der folgenden Aufgaben. Dabei geht es nicht immer um die Erinnerung an möglichst viele konkrete Einzelheiten dieses Lernbereiches, sondern vielmehr um das grundsätzliche Verständnis.

Die Aufgaben können aus den unterschiedlichsten Teilbereichen kommen. Häufig sind sie mit Situationen aus dem praktischen Alltag verknüpft.

Beispiel:
Welche Aussage zu folgender Darstellung eines Bewegungssystems stimmt?

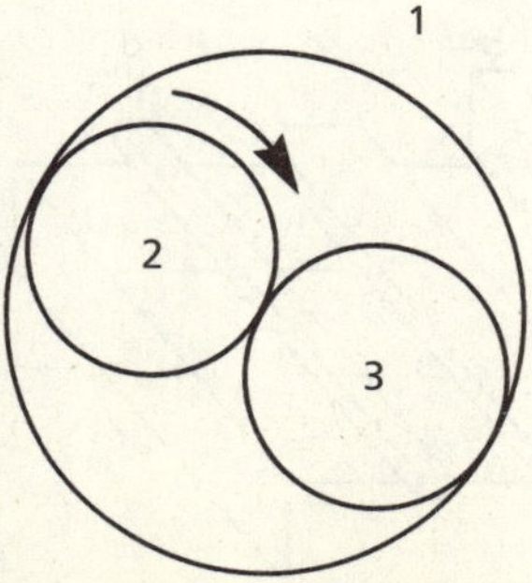

[ ] a Nr. 3 dreht in folgender Richtung: 

[ ] b Nr. 1 dreht in folgender Richtung: 

[ ] c Nr. 1 dreht in folgender Richtung: 

[x] d Modell funktioniert nicht.

Erklärung:
Sie müssen als richtige Lösung *d* ankreuzen. Das gezeigte Bewegungsmodell funktioniert deshalb nicht, weil die Bewegungsabläufe entgegengesetzt sind. Die beiden »Innenläufer« 2 und 3 versuchen, das Außenrad 1 jeweils entgegengesetzt anzutreiben!

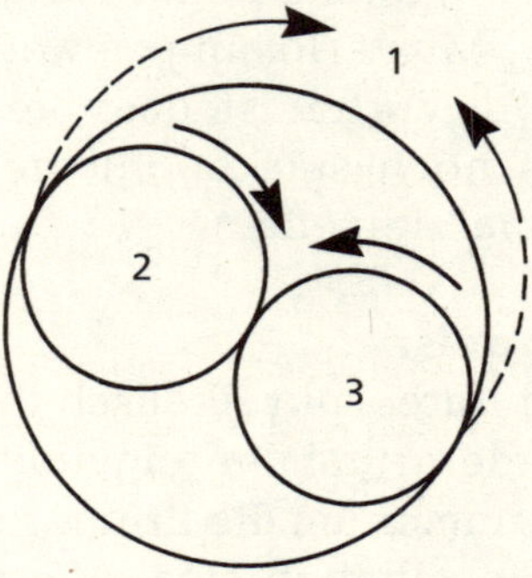

Beginnen Sie jetzt mit der Bearbeitung der Testaufgaben. Sie haben zur Lösung 4 Minuten Zeit!

1	Sie wollen eine ausgehobene Baugrube abdecken. Ihnen stehen mehrere Holzbalken zur Verfügung. Welches Profil hat die höchste Tragfähigkeit?

☐ a

☐ b

☐ c

☐ d

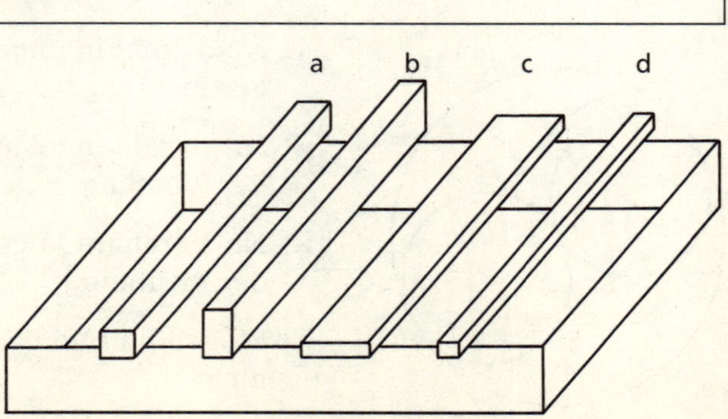

2	Ein Dachdecker stellt eine Leiter an eine Dachrinne. Der Untergrund ist glatter Beton. Welcher Leiterfuß ist am geeignetsten?

☐ a  Metallspitze

☐ c  Gummikappe

☐ b  flacher Holzfuß

☐ d  Gummispitze

3	Bei welcher der folgenden gezeigten Leiterstellungen ist die Gefahr des Leiterbruches am größten?

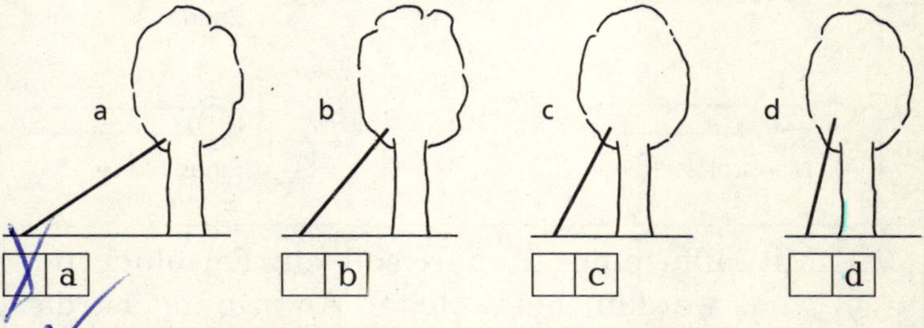

☐ a ☐ b ☐ c ☐ d

4	Bei welcher der folgenden Kombinationen von Windrichtung und Ruderstellung fährt das Boot geradeaus?

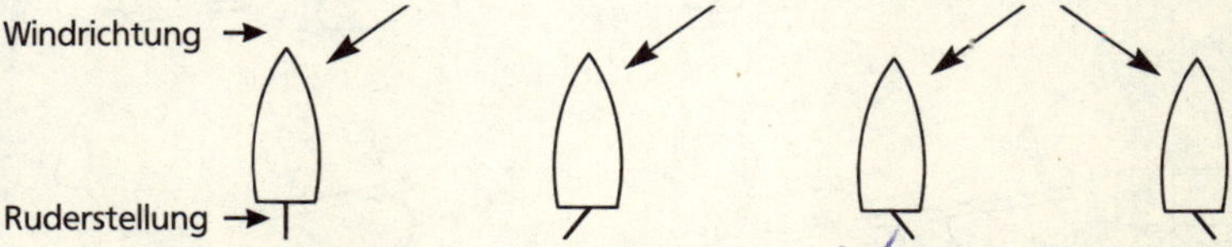

☐ a ☐ b ☐ c ☐ d

5	Welche Lichtreflexion durch einen Spiegel wird richtig dargestellt?

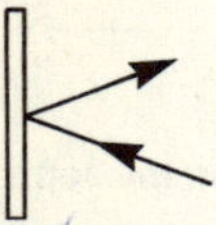
☐ a

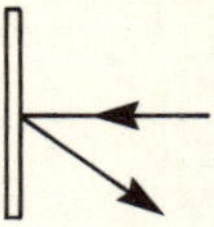
☐ b

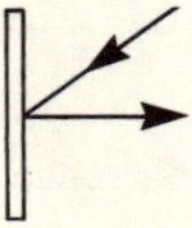
☐ c

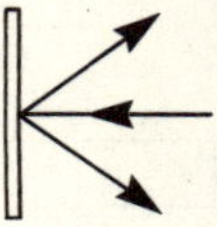
☐ d

6	Sie wollen eine recht fest sitzende Schraube lösen. Es handelt sich um eine Sechskantschraube. Welches der folgenden Werkzeuge ist am besten geeignet?

☐ a 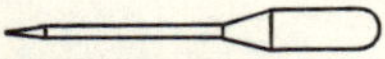
Schraubenzieher

☐ c 
Zange

☐ b 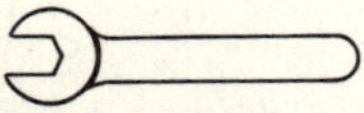
Maulschlüssel

☐ d 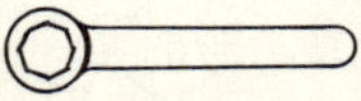
Ringschlüssel

7	Mit Hilfe eines Hebels soll ein Felsblock bewegt werden. Bei welcher Anordnung ist die Kraftanstrengung am geringsten?

☐ a 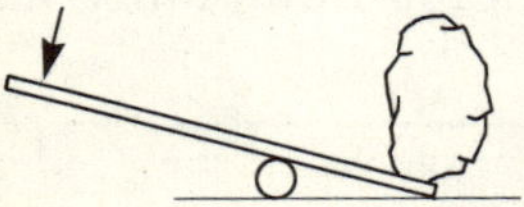

☐ c 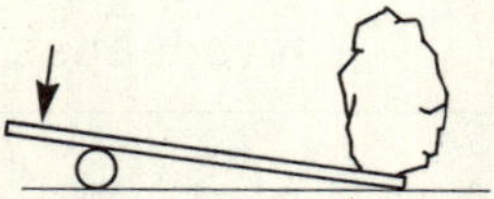

☐ b 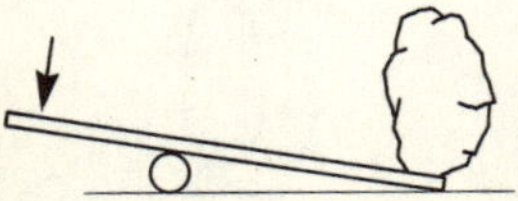

☐ d 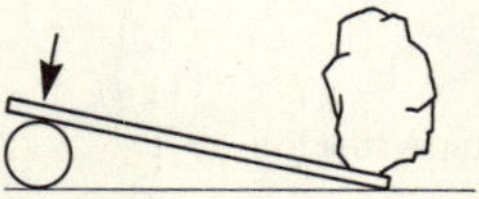

8	Welche Zahnräder drehen sich in der gleichen Richtung wie das Antriebsrad?

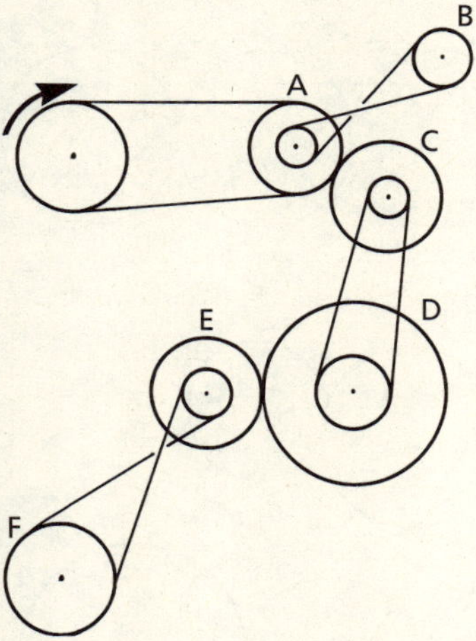

- a B – C – E
- b A – E
- c A – C – D
- d C – F
- e A – E – F

9	Bei welcher Kombination dreht sich das angetriebene Rad am schnellsten?

a
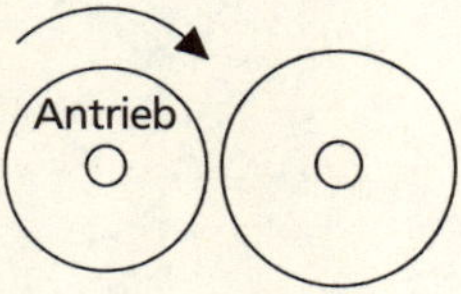

c
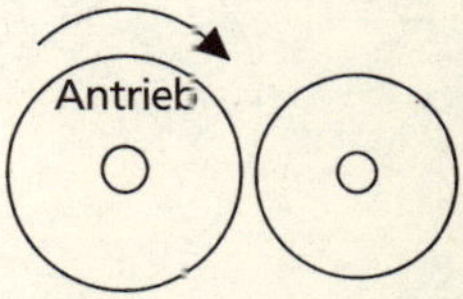

b
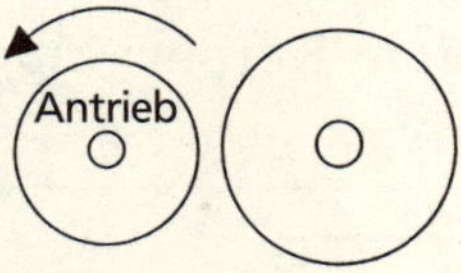

d
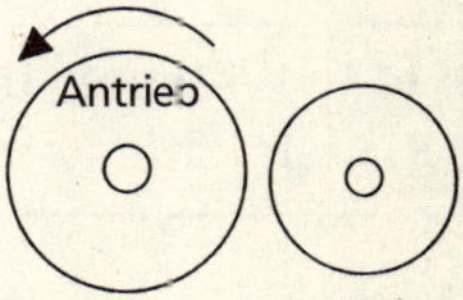

10	Welche Kombination treibt das letzte Rad mit der geringsten Geschwindigkeit an?

☐ a

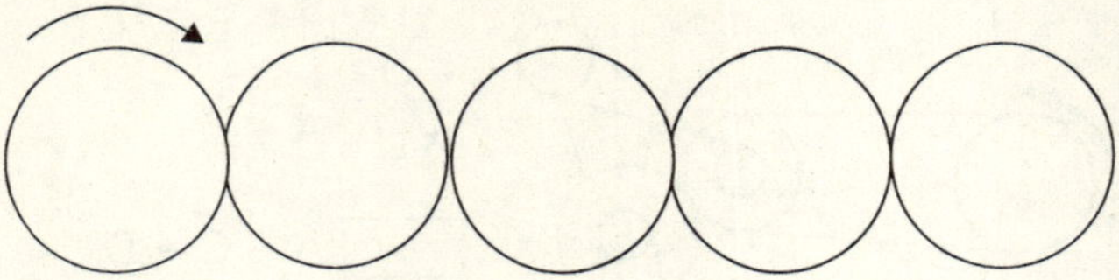

☐ b

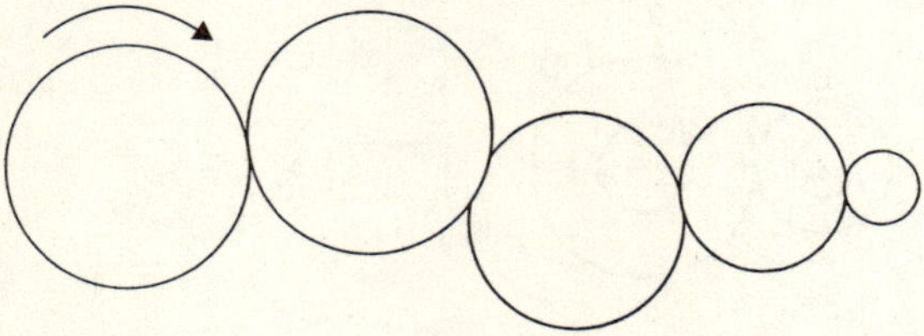

☐ c

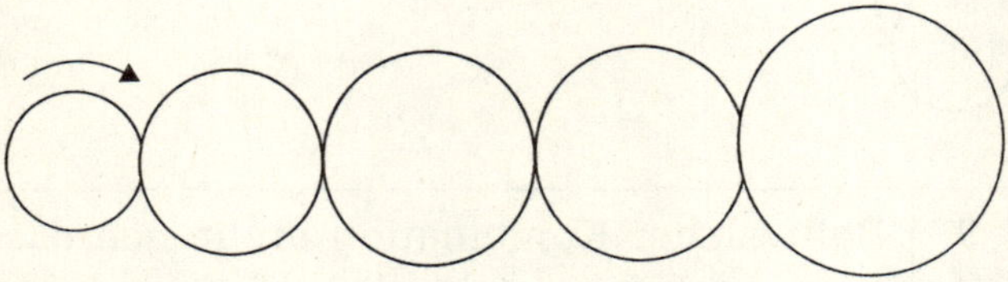

☐ d

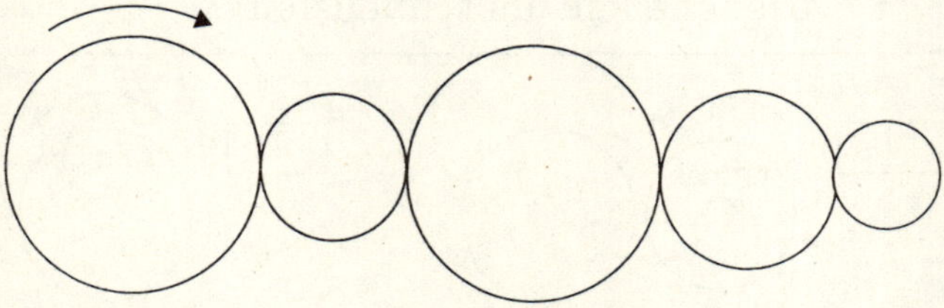

11	Welcher der abgebildeten Körper kippt am leichtesten um?

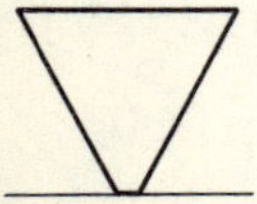

☐ a

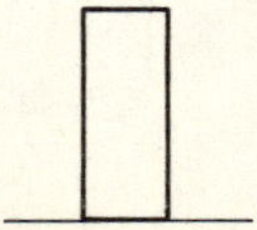

☐ b

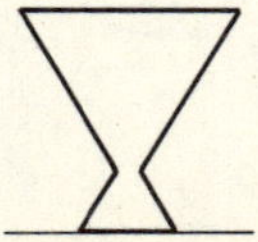

☐ c

☐ d

12	Ein Radfahrer möchte bei einer bestimmten Geschwindigkeit möglichst wenig strampeln. Welche Kombination von vorderem und hinterem Zahnkranz am Fahrrad ermöglicht dieses am ehesten?

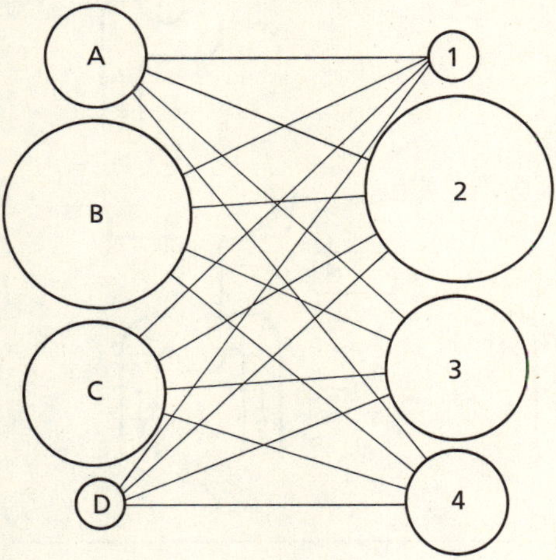

- a D – 2
- b D – 1
- c B – 1
- d A – 4
- e B – 2

13	An welcher Stelle ist das Fallrohr einer Dachrinne falsch ineinandergesteckt?

- a
- b
- c
- d

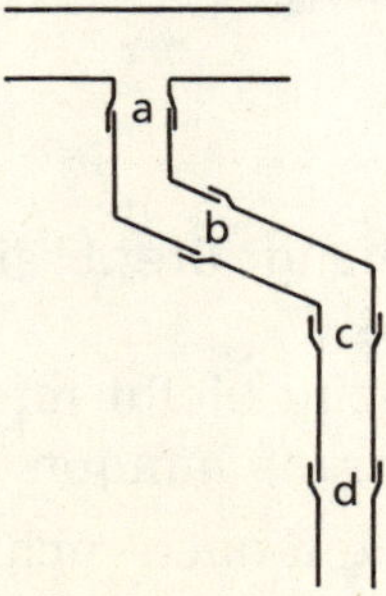

14 Welcher der folgenden Geruchsverschlüsse funktioniert?

a

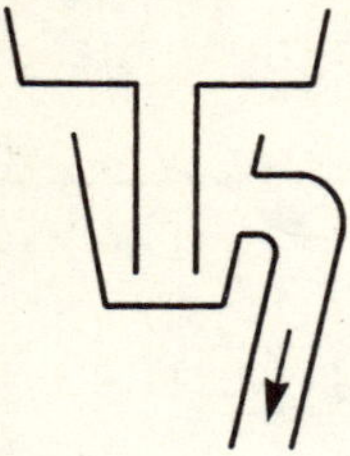

c

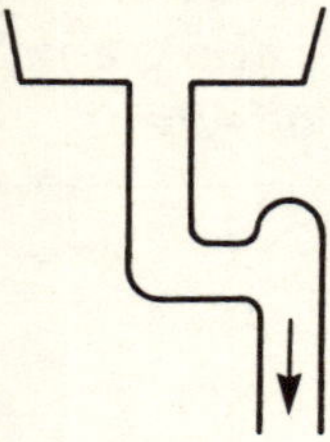

b

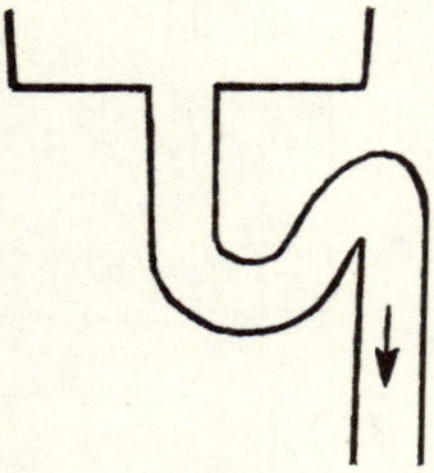

d

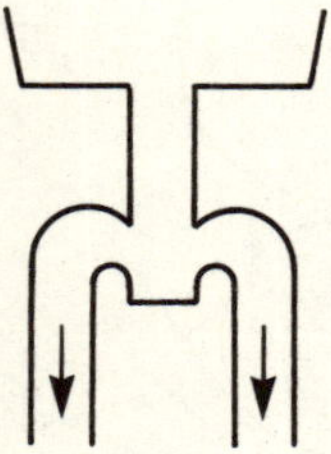

15 Welche Aussage ist zu folgender Abbildung richtig?

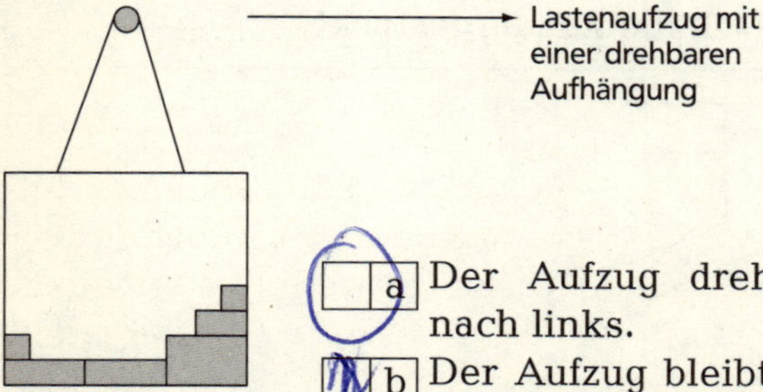

a Der Aufzug dreht sich unten nach links.

b Der Aufzug bleibt im Gleichgewicht gerade hängen.

c Der Aufzug dreht sich unten nach rechts.

d Der Aufzug kann sich nicht drehen.

16	Wie bewegt sich das Gewicht, wenn sich das Antriebsrad im Uhrzeigersinn dreht?

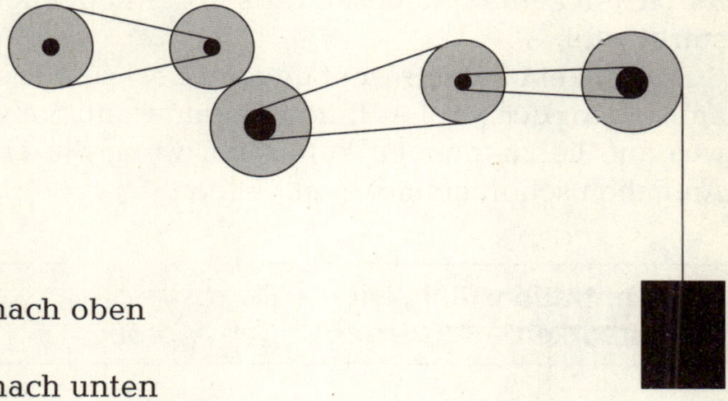

- [X] a nach oben
- [ ] b nach unten
- [ ] c System blockiert sich selbst, deshalb keine Bewegung.

Die Lösungen zu den Aufgaben 1–16 (Technische Vorgänge) siehe S. 408.

Konzentrationsfähigkeit – Belastbarkeit – Ausdauer

Ihr zukünftiger Arbeitgeber/Ausbilder will neben den intellektuellen Fähigkeiten des Bewerbers über dessen voraussichtliches Arbeitsverhalten Kenntnis erlangen. Hierzu will er mit Tests Ihre Konzentrationsfähigkeit und Belastbarkeit sowie Ihre Ausdauer im Arbeitsprozess kennen lernen. Alle drei Eigenschaften sind wichtige Schlüsselqualifikationen.

Keine Frage, dass Sie versuchen, sich bei einem Eignungstest optimal zu konzentrieren. Dies kann Ihnen jedoch in einer Situation mit erhöhtem Stress besonders schwerfallen. Vor allem, da der Druck, eine optimale Leistung zu bringen, besonders groß ist und durch den Zeitdruck dieser Tests in der Regel noch verstärkt wird.

Es gibt kein Patentrezept gegen Stress und Prüfungsangst; dennoch wird es Ihnen helfen, wenn Sie wissen, was auf Sie zukommen kann, und wenn Sie ähnliche Aufgaben schon einmal geübt haben.

Konzentrationsfähigkeit – Belastbarkeit – Ausdauer	*Durchstreich-Nervenprobe*

Bearbeitungshinweis:
Nachstehend finden Sie eine große Menge der Buchstaben »m« und »n«. Ihre Aufgabe ist es, nur die »m«, die zwei Querstriche haben, durchzustreichen. Die Striche können sich über oder unter dem »m« befinden. Möglich ist auch, dass ein Strich über und einer unter dem »m« steht.

Ziel dieser Übung ist die Überprüfung Ihrer Konzentration und Ihrer Belastbarkeit. Dabei kommt es sowohl auf Arbeitsgeschwindigkeit als auch auf Arbeitsgenauigkeit an.

Beispiel:

$$\not{\overline{\underline{\mathrm{m}}}}\;\not{\overline{\overline{\mathrm{m}}}}\;\overline{\overline{\mathrm{n}}}\;\overline{\underline{\mathrm{m}}}\;\overline{\overline{\underline{\underline{\mathrm{n}}}}}\;\mathrm{m}\;\not{\overline{\underline{\mathrm{m}}}}\;\underline{\underline{\mathrm{n}}}\;\overline{\overline{\underline{\mathrm{m}}}}$$

Erklärung:
Nur der Buchstabe »m«, der zwei Querstriche hat, wurde durchgestrichen. Alle anderen »m« dürfen nicht durchgestrichen werden. Dies gilt auch für den Buchstaben »n«, unabhängig von der Anzahl der Querstriche.

➡ **TIPP:** Konzentrationstests arbeiten häufig mit Buchstaben und Zahlen, die man bei schnellerem Lesen schlecht auseinanderhalten kann. Besonders nach längerer konzentrierter Arbeit kann es passieren, dass die wenigen Unterscheidungsmerkmale der verwendeten Zeichen vor dem Auge verschwimmen. Schauen Sie dann ein paar Sekunden in eine andere Richtung oder schließen Sie die Augen für einen Moment. Denken Sie auch daran, dass nicht die Sauberkeit der Arbeit bewertet wird. Wählen Sie deshalb die für Sie schnellste Art und Weise, die auszuwählenden Zeichen durchzustreichen. Legen Sie ein Blatt jeweils unter die zu bearbeitende Reihe!
Lesen Sie zuerst nur jeweils die Buchstaben. Erst wenn Sie bei einem zu suchenden Buchstaben angelangt sind – in unserer Übung ein »m« –, überprüfen Sie die Anzahl der Striche.
Um ein Zeitgefühl zu erlangen, lassen Sie am besten einen anderen die Zeit messen und jeweils nach 8 Sekunden »Stopp!« sagen. Sie können sich leicht ähnliche Aufgaben selbst konstruieren.

Ihre Vorgabezeit pro Zeile beträgt 10 Sekunden. Ist diese Zeit vorbei, beginnen Sie bitte mit der nächsten Zeile usw.

Bei dieser Übung ist es sinnvoll, eine Hilfsperson zu haben, welche die Zeit stoppt.

1 m n m n n n m m n n m n n n m m n n m m n

2 n n m n n n n n n m n m m n m m m m n m m n m n

3 m m m n n n n n m m n m m n n m m m m m m

4 m n m n n m m n m m m n m m m n m n m n

5 m n m n m m m n n m m n n n m n m n m m

6 n m n m m m n m n m m n n m n m n m n m n

7 n m m n n n m m m n m n n m m n m m m m n

8 m n m n m n m m m n n m m m n n n m m m m n

9 m n m n m n n n m m n n m n m m n n m m m n m

10 m m m n m n n n m n n m m m m n m n m n n n

11 m n m n m m n n m m m m n m m n m m n m m n

12 m n m n n m m n m n m m n n m m m n n n m n m

13 m n n m n m m m m n m m n m m n m m m n m m

14 m m n m m n m m n n m n n n m m n m n n m n

15 m m m m n m m n m m n m m m n m m n m m n n

16 m n n m n n m m n m n m n m m n m m n m m m m

17 m m n m m n m m n m m n m n m m m n m n n m m

18 n n m m n m n n n m m n n m n m m n m n m

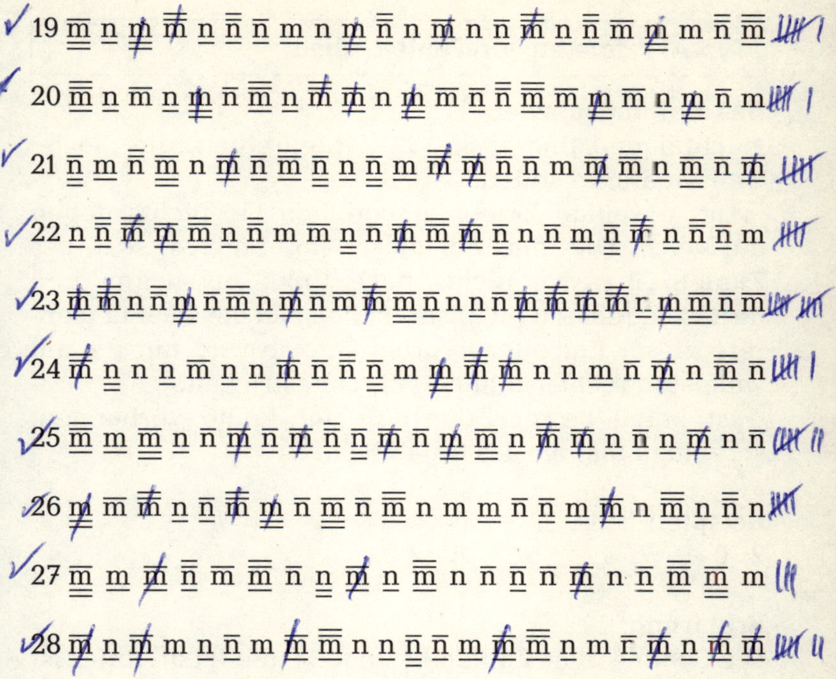

Die Lösungen zu den Aufgaben 1–28 (Durchstreich-Nervenprobe) siehe S. 408f.

Konzentrationsfähigkeit – Belastbarkeit – Ausdauer	*Rechen-Konzentrationstest*

Hier sollen Ihnen drei Testvarianten vorgestellt werden, die das Ziel haben, Ihre Schlüsselqualifikationen Konzentration und Ausdauer unter erhöhter Belastbarkeit zu prüfen.

Typ A: Addieren von Zahlenreihen

Bearbeitungshinweis:
Nachfolgend finden Sie 32 Zahlenreihen, die Sie jeweils addieren sollen.

Das jeweilige Ergebnis schreiben Sie rechts neben die Reihe. Die Endziffer dieses Ergebnisses ist in der Zahlenreihe von rechts nach links zu suchen und durchzustreichen (in unserem Beispiel die 4). Sind mehrere dieser Endziffern vorhanden, so wird nur die am weitesten rechts stehende durchgestrichen.

Ist keine dieser Ziffern in der Reihe vorhanden, schreiben Sie nur das Ergebnis hin.

Beispiel:
2 0 3 7 4 1 5 ~~4~~ 8 = 34

Erklärung:
Die Summe aller Zahlen beträgt 34, die letzte Ziffer ist also die 4. Da sie zweimal in der Reihe vorhanden ist, wird nur die rechte 4 durchgestrichen.

Sie sollen zwar so schnell wie möglich rechnen, doch Fehler auf Grund zu großer Eile bringen Ihnen keine Punkte und rauben Ihnen kostbare Zeit.

Fassen Sie gedanklich möglichst mehrere kleine Zahlen zu einer größeren zusammen und addieren Sie diese, dann gewinnen Sie kostbare Zeit.

Z.B.: 3 2 4 9 2 4 5 7 3 = 39

9 + 9

18 + 2 + 9 + 10 = 39

Wenn in einer Reihe alle Ziffern von 1–9 (je einmal) vorhanden sind, ergibt dies 45; merken Sie sich dieses Ergebnis.

Im Einstellungstest können Ihnen ca. 400 solcher Zahlenreihen vorgelegt werden. Sie haben hierfür ca. 40 Minuten Zeit. Alle Aufgaben werden Sie in dieser Zeit nicht schaffen können. Mit etwas Übung können Sie jedoch Ihre Leistung steigern. Bilden Sie sich daher selbst weitere Zahlenreihen (Zeit: pro Reihe 6 Sek.).

Lösen Sie jetzt die folgenden Aufgaben; Zeitvorgabe: 3 Min., 12 Sek.

1	5 2 4 1 3 9 8 7 0	
2	1 4 9 3 2 8 5 2 1	
3	2 5 4 4 1 7 7 4 0	
4	3 6 9 5 2 8 7 1 2	
5	1 2 4 8 9 3 5 6 1	
6	6 5 2 1 9 3 8 7 4	
7	9 8 6 5 4 3 2 1 1	
8	7 4 6 5 7 3 1 2 0	
9	3 2 4 5 6 1 9 8 7	
10	5 4 3 4 5 3 2 1 2	
11	7 6 7 5 8 9 7 1 2	
12	6 3 1 2 4 5 7 8 9	
13	0 5 3 6 7 8 9 1 2	
14	3 5 5 4 8 2 2 1 9	
15	8 6 7 7 5 4 2 1 9	
16	4 5 6 4 6 5 2 1 3	
17	5 8 7 6 4 3 9 1 0	
18	8 7 8 6 5 6 4 1 3	
19	4 2 3 5 8 7 3 2 8	
20	4 3 1 2 5 6 4 8 2	

21	7 8 9 4 0 3 6 8 1	
22	6 1 8 7 5 0 4 3 2	
23	3 8 5 4 7 6 8 0 9	
24	8 7 5 2 4 1 9 6 0	
25	3 6 9 4 5 8 1 7 2	
26	4 9 3 6 8 5 1 7 2	
27	1 2 3 4 5 6 7 8 9	
28	3 2 4 7 6 5 4 3 2	
29	1 2 3 1 2 3 1 2 8	
30	7 8 6 5 4 3 7 8 6	
31	9 8 7 6 5 4 3 2 1	
32	1 3 5 7 9 2 4 6 8	

Die Lösungen zu den Aufgaben 1–32 (Rechen-Konzentrationstest – Typ A) siehe S. 410.

Typ B: Additions-/Subtraktionsaufgaben

Bearbeitungshinweis:
Die folgenden Aufgaben bestehen jeweils aus zwei Reihen. Rechnen Sie zuerst die obere aus und merken Sie sich das Ergebnis. Danach rechnen Sie die untere Reihe aus. Auch dieses Ergebnis sollen Sie sich merken. Ist das zweite Ergebnis kleiner als das erste, ziehen Sie es vom ersten ab und notieren Sie die Differenz.

Ist das zweite jedoch größer, müssen Sie beide Ergebnisse addieren.

Sie dürfen keine Zwischenergebnisse, sondern nur das jeweilige Endergebnis notieren.

Beispiel 1:

$6 + 7 - 3$
$2 + 5 - 4 \quad = \underline{7}$

Erklärung 1:

Die Summe der ersten Zeile ergibt 10; diese Zahl merken Sie sich. Die Summe der zweiten Reihe ist 3, also kleiner als die der ersten Zeile. Sie subtrahieren also 10 – 3 und notieren als Ergebnis 7.

Beispiel 2:

$8 - 6 + 2$
$9 + 3 - 7 \quad = \underline{9}$

Erklärung 2:

Die Summe der ersten Reihe ist 4, die der zweiten 5. Da diejenige der zweiten Zeile größer ist, müssen Sie beide Zahlen addieren und notieren als Ergebnis 9.

➧ **TIPP:** Rechnen Sie schnell, aber sicher, und achten Sie vor allem darauf, dass Sie nicht die Addition bzw. Subtraktion der beiden Ergebnisse verwechseln.

Wenn Sie sich die Zwischenergebnisse nur schwer merken können, zeigen Sie mit einem Finger auf eine Zahl auf dem Aufgabenblatt, die das Ergebnis der ersten Reihe darstellt, oder nehmen Sie die Finger Ihrer Hand zu Hilfe, falls das Ergebnis zwischen 1 und 5 liegt.

Lösen Sie jetzt die folgenden 30 Testaufgaben. Sie haben 3 Min. Zeit.

1
4 + 8 + 6
9 − 7 + 8

2
3 − 5 + 4
6 + 4 − 5

3
8 − 2 + 6
9 − 4 + 5

4
8 − 4 + 6
7 − 6 + 7

5
3 − 5 + 6
9 − 2 + 7

6
9 + 4 − 7
3 − 5 + 9

7
6 + 7 + 3
8 − 7 + 9

8
6 + 2 − 4
4 − 6 + 9

9
5 + 8 + 2
6 + 3 − 5

10
2 + 7 − 8
5 + 6 − 4

11
8 + 2 − 7
9 + 3 − 5

12
8 − 6 + 9
7 + 3 − 1

13
6 + 3 − 2
8 − 9 + 3

14
1 − 4 + 8
7 − 3 + 6

15
9 − 4 + 2
8 + 4 − 9

16
5 + 4 − 6
7 − 8 + 5

17
4 − 5 + 6
7 − 6 + 2

18
9 + 2 − 8
6 − 4 + 5

19
1 + 2 + 3
9 − 4 − 3

20
8 − 9 + 3
7 + 5 − 8

21
6 + 3 + 5
8 + 9 − 6

22
5 + 4 − 1
7 + 6 − 9

23
6 − 8 + 5
2 − 3 + 6

24
7 − 5 + 4
3 − 4 + 9

25
8 − 2 + 3
6 + 4 − 5

26
10 + 2 − 7
9 − 4 + 1

27
8 + 6 − 3
7 − 1 − 0

28
3 + 4 + 7
8 − 7 + 6

29
4 − 0 + 7
5 + 1 + 0

30
6 + 5 − 3
8 − 4 + 9

Die Lösungen zu den Aufgaben 1–30 (Rechen-Konzentrationstest – Typ B) siehe S. 410.

Typ C: Additions-/Subtraktionsgedächtnistest

Bearbeitungshinweis:
Bei den nachstehenden Aufgaben sollen die jeweils übereinanderstehenden Zahlen miteinander verglichen werden.

Ist die obere Zahl größer, wird die untere von ihr abgezogen. Ist die obere Zahl kleiner, werden beide Zahlen addiert.

Gehen Sie so von links nach rechts vor, merken Sie sich die jeweiligen Zwischenergebnisse (nicht aufschreiben) und addieren Sie diese. Lediglich dieses Endergebnis wird notiert.

Beispiel:

9	5	4	2	6	8	1	
8	3	7	8	3	4	5	37
g	g	k	k	g	g	k	

Erklärung:
Von den Zahlenpaaren, unter denen ein »g« steht, ist die jeweils obere Zahl die größere. In diesem Fall wird die untere von der oberen abgezogen.

Die Zahlenpaare, unter denen ein »k« steht, müssen addiert werden, da die obere Zahl kleiner als die untere ist.

Das ergibt folgende Zwischensummen:
1 + 2 + 11 + 10 + 3 + 4 + 6 und die Gesamtsumme 37.
Diese Rechenarten erfordern höchste Konzentration und Merkfähigkeit. Arbeiten Sie daher trotz des Zeitdrucks langsam und sicher.

Für folgende 15 Aufgaben stehen Ihnen 5 Min. zur Verfügung.

1	6 8 1 3 6 7 8 5 6 2 1 4 5 9 __	**9**	1 1 5 7 4 9 5 2 4 6 3 2 1 7 __
2	3 6 4 3 2 1 5 1 3 2 7 4 3 2 __	**10**	5 7 8 2 6 9 4 3 6 4 7 1 7 6 __
3	4 5 1 3 4 6 9 5 4 2 2 7 4 8 __	**11**	9 8 7 4 3 2 5 5 6 4 5 6 4 3 __
4	3 5 1 7 8 9 9 5 2 3 4 5 4 7 __	**12**	8 9 1 7 8 9 3 6 1 2 6 3 4 2 __
5	7 8 9 6 3 2 2 4 5 7 2 5 4 1 __	**13**	7 5 3 1 5 7 9 4 8 2 4 6 5 8 __
6	5 4 3 5 4 8 9 2 1 4 4 7 6 3 __	**14**	6 3 4 5 7 2 8 8 2 5 7 6 4 6 __
7	4 5 2 8 8 9 6 6 7 3 6 7 5 8 __	**15**	9 3 1 6 7 8 7 2 4 5 5 9 1 3 __
8	7 3 1 8 7 3 9 3 2 3 2 4 5 6 __		

Die Lösungen zu den Aufgaben 1–15 (Rechen-Konzentrationstest – Typ C) siehe S. 410.

Typ D: Kettenrechnen

Das geht einfach, doch Achtung: Konzentrieren Sie sich voll. Lieber etwas langsamer und nicht fertig geworden, dafür aber mehr richtig, als zu schnell und viele Aufgaben falsch.

➡ **TIPP:** Hier gilt nicht Punkt- vor Strichrechnung – wie in der Schule –, sondern einfach nacheinander rechnen.
Je Reihe haben Sie 15 Sekunden.

1 $7 + 5 - 3 + 1 - 6 : 2 + 9 - 5 : 3 + 2 + 7 - 1 =$

2 $6 + 9 + 4 - 5 + 8 - 7 : 5 + 8 - 2 : 3 + 8 + 5 : 4 =$

3 $3 + 6 + 9 - 5 - 8 + 4 : 3 + 9 + 7 + 5 - 3 : 7 =$

4 $8 : 2 - 1 + 3 + 6 - 5 + 8 : 5 + 9 : 3 + 6 =$

5 $7 + 8 : 3 + 5 : 2 + 9 + 3 - 1 : 2 + 7 : 5 + 6 =$

6 $8 + 7 - 5 : 2 + 5 - 3 + 9 - 6 + 3 - 5 \cdot 8 - 4 =$

7 $6 - 3 + 2 + 5 - 4 + 7 - 6 \cdot 5 - 7 : 4 \cdot 8 =$

8 $3 + 2 + 8 + 9 - 7 : 5 + 4 \cdot 6 - 2 : 4 =$

9 $5 + 4 : 3 + 8 - 1 \cdot 6 : 5 - 2 \cdot 3 + 8 =$

10 $8 + 4 \cdot 0 + 8 - 1 + 3 : 5 + 7 : 3 \cdot 0 =$

Die Lösungen zu den Aufgaben 1–10 (Rechen-Konzentrationstest – Typ D) siehe S. 410.

Typ E: Summen korrigieren

Die Zahlen sind jeweils senkrecht und waagerecht addiert. Sie sollen nachrechnen und die falschen Zahlen durchstreichen.

Beispiel:

54	27 =	~~82~~	Diese Summen sind falsch!
33	69 =	102	
87	~~95~~		

Pro Aufgabe haben Sie 10 Sekunden Zeit!

1

13	99 =	112
84	77 =	171
97	176	

2

26	88 =	104
87	59 =	146
123	147	

3

77	66 =	143
44	88 =	132
111	144	

4

89	57 =	146
63	84 =	147
152	141	

5

39	64 =	113
81	56 =	137
120	120	

6

55	87 =	152
69	21 =	90
134	118	

7

76	93 =	169
35	58 =	93
111	151	

8

23	87 =	120
69	58 =	127
92	155	

9

88	67 =	145
94	98 =	192
172	165	

10

63	86 =	149
58	44 =	92
121	130	

Die Lösungen zu den Aufgaben 1–10 (Rechen-Konzentrationstest – Typ E) siehe S. 410.

Konzentrationsfähigkeit – Belastbarkeit – Ausdauer	*Unterschiede erkennen*

In dieser Aufgabe sind zehn Reihen mit je vier Grafiken vorhanden. Eine Grafik hat jeweils eine kleine Abweichung, die anderen sind jeweils völlig identisch.

Nachfolgend ein Muster. Hier ist allerdings der Unterschied (Grafik *c*) etwas zu schwer zu erkennen.

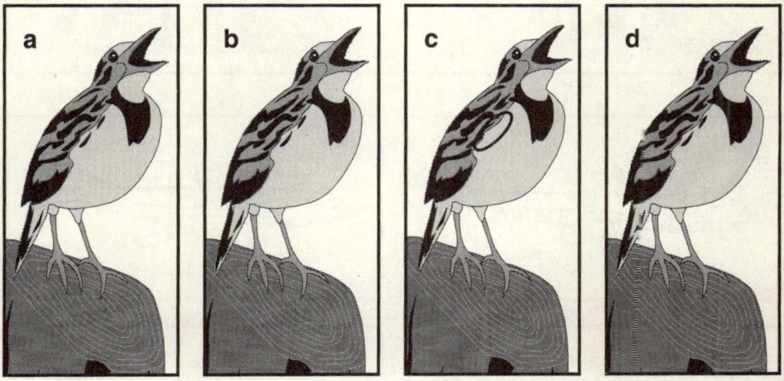

➡ **TIPP:** Konzentrieren Sie sich sehr genau auf die Details. Wenn Sie eine Abweichung in zwei Bildern gefunden haben, vergleichen Sie das dritte nur mit dieser Abweichung. Die anderen Bilder brauchen Sie somit nicht mehr zu vergleichen und können auf diese Weise Zeit sparen.

Im Test werden Sie nie alle Aufgaben lösen können. Daher versuchen Sie, die zusammengehörigen Grafiken so schnell wie möglich zu vergleichen.

Für folgende 10 Aufgaben stehen Ihnen 2 Minuten zur Verfügung. Lösungen siehe S. 410.

1a

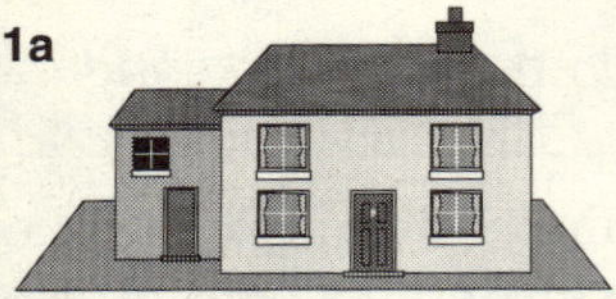

1b

1c

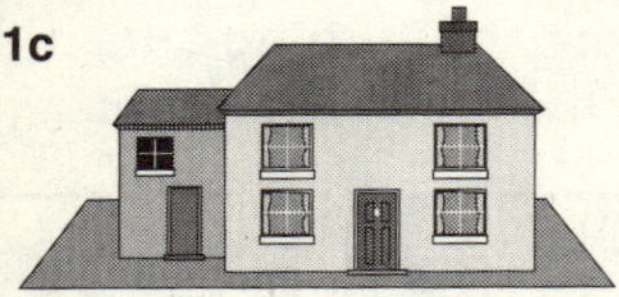

1d

2a

2b

2c

2d

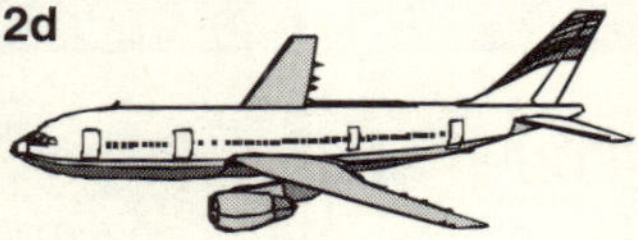

3a

3b

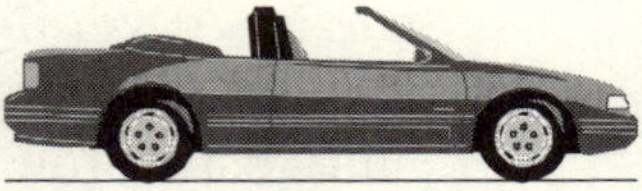

3c

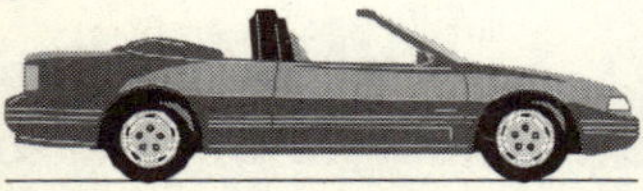

3d

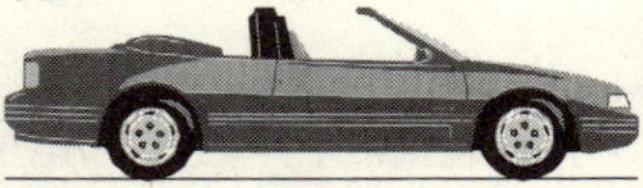

4a

4b

4c

4d

5a

5b

5c

5d

6a

6b

6c

6d

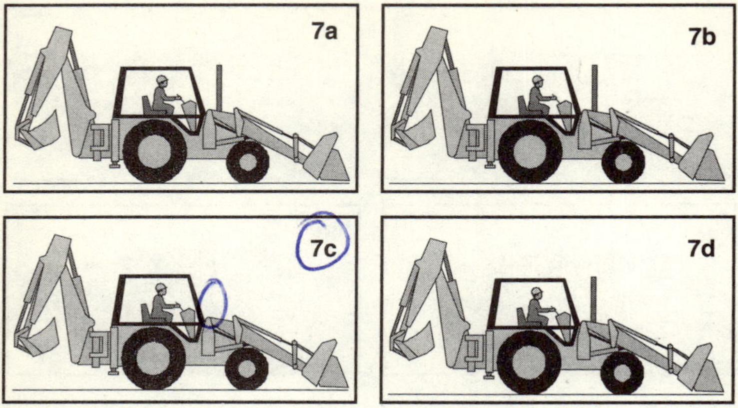
7a
7b
7c
7d

8a
8b
8c
8d

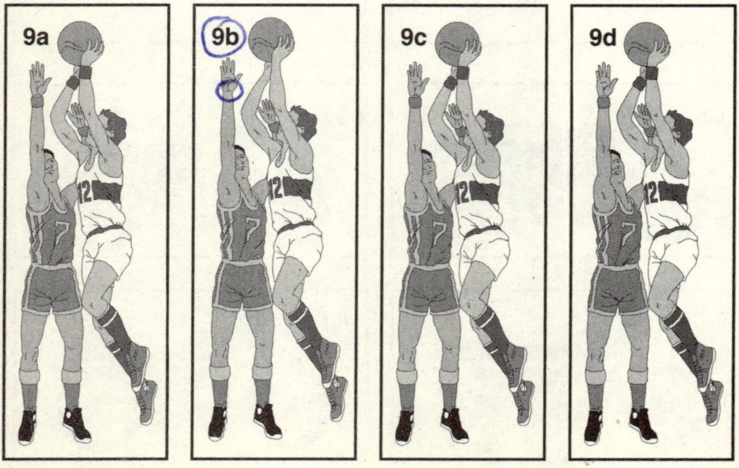
9a
9b
9c
9d

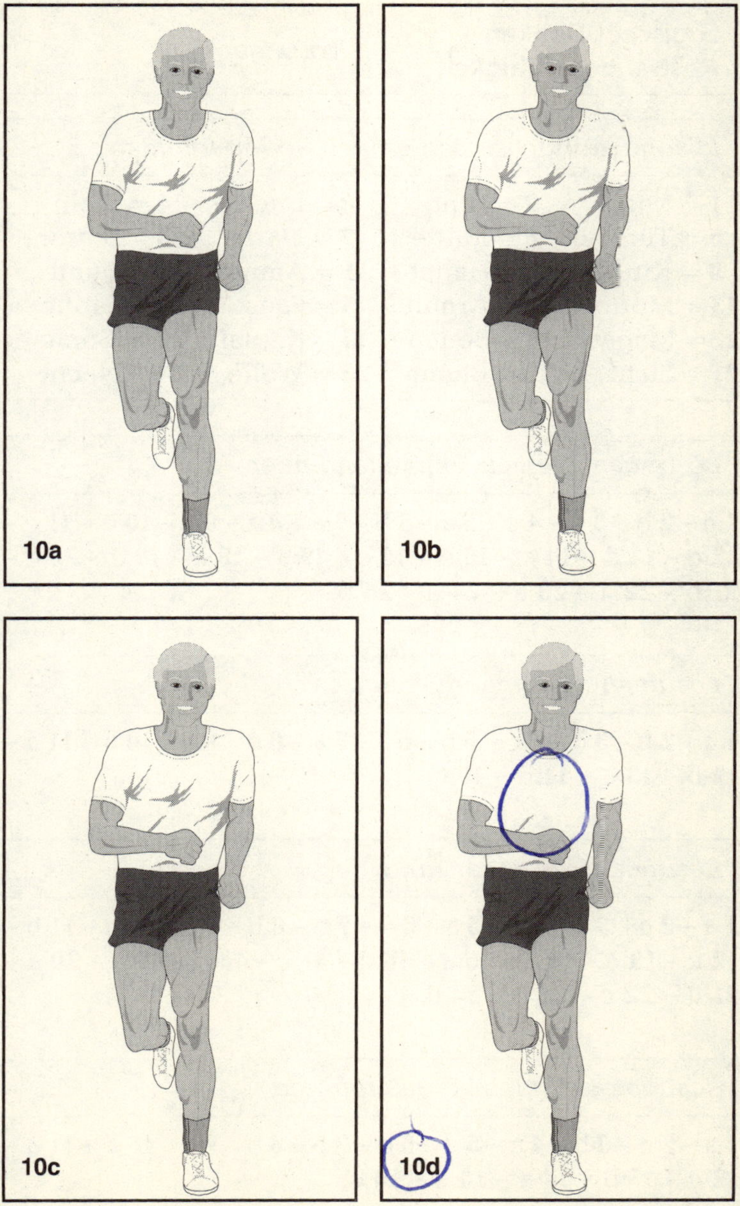

10a

10b

10c

10d

Logisches Denken – Abstraktionsfähigkeit	*Lösungen*

Lösungen: Buchstaben ordnen – Wörter bilden

1 = Milch	**2** = Kino	**3** = Buch	**4** = Stein
5 = Tümpel	**6** = Matte	**7** = Narbe	**8** = Butter
9 = Kittel	**10** = Haupt	**11** = Amme	**12** = Duett
13 = Motto	**14** = Armut	**15** = Faust	**16** = Tanne
17 = Magen	**18** = Banane	**19** = Kessel	**20** = Sommer
21 = Licht	**22** = Blume	**23** = Wolle	**24** = Nacht

Lösungen: Gemeinsamkeiten finden

1 d – **2** b – **3** d – **4** c – **5** a – **6** b – **7** a – **8** a – **9** b – **10** d – **11** c – **12** c – **13** d – **14** a – **15** b – **16** c – **17** a – **18** a – **19** d – **20** c – **21** b – **22** a – **23** a – **24** d – **25** b

Lösungen: Wortpaare ergänzen

1 a – **2** b – **3** d – **4** c – **5** b – **6** a – **7** a – **8** d – **9** c – **10** b – **11** a – **12** b – **13** c – **14** d – **15** c

Lösungen: Satzergänzung

1 a – **2** c – **3** a – **4** c – **5** a – **6** d – **7** b – **8** b – **9** d – **10** c – **11** b – **12** c – **13** c – **14** d – **15** a – **16** d – **17** c – **18** b – **19** a – **20** a – **21** d – **22** c – **23** b – **24** d

Lösungen: Zahlenreihen ergänzen

1 a – **2** c – **3** b – **4** a – **5** d – **6** d – **7** b – **8** b – **9** c – **10** d – **11** a – **12** c – **13** b – **14** a – **15** d – **16** c

Lösungen: Figuren ergänzen

1 b – **2** c – **3** a – **4** d – **5** a – **6** b – **7** b – **8** d – **9** b – **10** a – **11** c – **12** d

Lösungen: Dominosteine ergänzen

1 a – **2** b – **3** e – **4** a – **5** c – **6** d – **7** c – **8** d

Lösungen: Räumliche Erinnerung

1 a – **2** d – **3** g – **4** d – **5** b – **6** c – **7** c – **8** f – **9** b – **10** f

Lösungen: Begriffliche Erinnerung

1 a – **2** b – **3** a – **4** d – **5** b – **6** a – **7** c – **8** c – **9** c – **10** c – **11** a – **12** c – **13** b – **14** d – **15** d – **16** b – **17** d

Lösungen: Mosaiken entschlüsseln

1 c – **2** b – **3** a – **4** e – **5** a – **6** d – **7** d – **8** a

Lösungen: Spiegelbilder erkennen

1 c – **2** a – **3** e – **4** c – **5** a – **6** f – **7** b – **8** b – **9** e – **10** d – **11** d – **12** f – **13** c

Lösungen: Musterfiguren erkennen

1 ae – **2** bce – **3** aef – **4** abd – **5** bce – **6** abd – **7** bc – **8** bcd – **9** af – **10** bcef – **11** ef – **12** cdef – **13** abde – **14** bf – **15** de – **16** bcdef – **17** abc – **18** abde – **19** abce – **20** bf

Lösungen: Figuren abwickeln

1 c – **2** c – **3** a – **4** b – **5** d – **6** d – **7** a – **8** b – **9** b – **10** a – **11** d – **12** b – **13** e – **14** a – **15** d – **16** a – **17** c – **18** c – **19** a – **20** a

Lösungen: Würfelaufgaben

1 a – **2** b – **3** d – **4** b – **5** b – **6** a – **7** a – **8** d

Lösungen: Technische Vorgänge

1 b – **2** c – **3** a – **4** c – **5** a – **6** d – **7** a – **8** b – **9** d – **10** c – **11** a – **12** c – **13** a – **14** b – **15** a – **16** a

Konzentrationsfähigkeit – Belastbarkeit – Ausdauer | *Lösungen*

Lösungen: Durchstreich-Nervenprobe

1 m n $\overline{m}$ $\overline{\underline{n}}$ $\overline{\underline{\underline{n}}}$ n $\overline{\overline{\underline{\underline{m}}}}$ $\overline{\overline{\underline{m}}}$ $\overline{\underline{n}}$ $\overline{\overline{n}}$ $\overline{m}$ $\overline{\underline{n}}$ $\overline{\overline{n}}$ n $\overline{\underline{\underline{m}}}$ $\overline{\overline{\underline{m}}}$ $\overline{n}$ $\overline{\underline{n}}$ m $\overline{m}$ $\overline{n}$

2 $\underline{\underline{n}}$ $\underline{n}$ $\overline{m}$ $\overline{n}$ $\overline{n}$ n n $\overline{\underline{n}}$ n m n $\overline{m}$ $\cancel{\overline{\overline{m}}}$ n m $\overline{m}$ $\cancel{\overline{\underline{m}}}$ $\cancel{\overline{\overline{m}}}$ n $\cancel{\overline{\underline{m}}}$ $\cancel{\overline{\overline{m}}}$ n m $\overline{\underline{n}}$

3 $\cancel{\overline{\underline{m}}}$ m $\overline{m}$ $\overline{\underline{n}}$ $\overline{\overline{n}}$ n $\overline{\underline{\underline{n}}}$ n $\overline{\underline{\underline{m}}}$ $\overline{m}$ n $\cancel{\overline{\underline{m}}}$ $\overline{\overline{\underline{\underline{m}}}}$ $\overline{n}$ $\overline{\overline{\underline{n}}}$ $\overline{\underline{\underline{m}}}$ $\overline{m}$ $\cancel{\overline{\underline{m}}}$ $\overline{\overline{\underline{m}}}$ $\overline{\underline{\underline{m}}}$ $\underline{m}$

4 $\cancel{\overline{\underline{m}}}$ $\overline{\underline{n}}$ $\cancel{\overline{\overline{m}}}$ n $\overline{\underline{n}}$ $\overline{m}$ $\overline{\overline{\underline{m}}}$ $\overline{\underline{n}}$ $\cancel{\overline{\underline{m}}}$ $\overline{m}$ $\overline{m}$ $\underline{n}$ $\cancel{\overline{\overline{m}}}$ $\underline{m}$ $\overline{\overline{\underline{m}}}$ $\overline{n}$ $\cancel{\overline{\underline{m}}}$ $\overline{\underline{\underline{n}}}$ $\overline{m}$ $\overline{n}$

5 $\cancel{\underline{\underline{m}}}$ $\overline{n}$ $\cancel{\overline{\underline{m}}}$ $\overline{\underline{\underline{n}}}$ $\cancel{\overline{\overline{m}}}$ $\overline{m}$ $\cancel{\overline{\overline{m}}}$ $\underline{n}$ $\underline{\underline{n}}$ $\overline{m}$ $\cancel{\overline{\overline{m}}}$ $\overline{\underline{n}}$ $\underline{n}$ $\overline{n}$ $\cancel{\overline{\underline{m}}}$ $\overline{n}$ $\cancel{\overline{\overline{m}}}$ $\underline{n}$ $\cancel{\overline{\underline{m}}}$ $\overline{m}$

6 $\overline{\underline{n}}$ $\cancel{\overline{\underline{m}}}$ $\overline{\underline{n}}$ $\cancel{\underline{\underline{m}}}$ $\cancel{\overline{\overline{m}}}$ $\overline{m}$ $\overline{\overline{\underline{n}}}$ $\overline{\overline{\underline{m}}}$ $\underline{n}$ $\underline{m}$ $\cancel{\overline{\overline{m}}}$ $\underline{n}$ $\overline{\overline{n}}$ $\cancel{\overline{\underline{m}}}$ $\underline{n}$ $\cancel{\overline{\overline{m}}}$ $\overline{\overline{n}}$ $\overline{m}$ n m $\overline{\underline{n}}$

7 n $\cancel{\overline{\underline{m}}}$ $\cancel{\overline{\overline{m}}}$ $\underline{n}$ $\overline{\underline{n}}$ $\overline{\overline{\underline{n}}}$ $\overline{m}$ $\overline{\overline{\underline{m}}}$ $\overline{\underline{\underline{m}}}$ $\overline{n}$ $\overline{\overline{\underline{m}}}$ $\overline{n}$ $\overline{\underline{n}}$ $\cancel{\overline{\underline{m}}}$ $\overline{m}$ $\overline{\underline{n}}$ $\overline{m}$ $\underline{m}$ $\cancel{\underline{\underline{m}}}$ $\overline{m}$ $\overline{n}$

8 $\cancel{\overline{\underline{m}}}$ $\overline{\underline{n}}$ $\cancel{\overline{\overline{m}}}$ $\underline{n}$ $\overline{\underline{\underline{m}}}$ $\overline{n}$ $\overline{m}$ $\cancel{\overline{\overline{m}}}$ $\overline{\overline{\underline{m}}}$ $\overline{\overline{\underline{n}}}$ $\underline{\underline{n}}$ $\underline{m}$ $\cancel{\overline{\underline{m}}}$ $\cancel{\overline{\underline{m}}}$ $\overline{\underline{n}}$ n $\overline{n}$ $\overline{m}$ $\overline{\overline{\underline{m}}}$ $\overline{\underline{\underline{m}}}$ $\overline{m}$ $\overline{n}$

9 $\cancel{\overline{\underline{m}}}$ $\overline{\underline{n}}$ $\cancel{\overline{\underline{m}}}$ $\overline{\underline{\underline{n}}}$ $\overline{\overline{\underline{m}}}$ $\overline{\underline{n}}$ $\overline{n}$ $\overline{n}$ $\cancel{\overline{\underline{m}}}$ $\underline{m}$ $\overline{n}$ $\overline{\underline{\underline{n}}}$ $\overline{m}$ $\underline{n}$ $\cancel{\overline{\overline{m}}}$ $\overline{\underline{\underline{m}}}$ $\overline{\underline{n}}$ $\overline{\underline{n}}$ $\overline{m}$ $\cancel{\overline{\underline{m}}}$ $\cancel{\overline{\overline{m}}}$ $\underline{\underline{n}}$ $\cancel{\underline{\underline{m}}}$

10 m m m n m n n n m n n m m m m n m n m n n n

11 m n m n m m n n m m m m n m m n m m n m m n

12 m n m n n m m n m n m m n n m m m n n n m n m

13 m n n m n m m m m n m m n m m n m m m n m m

14 m m n m m n m m n n m n n n m m n m n n m n

15 m m m m n m m n m m n m m m n m m n m m n n

16 m n n m n n m m n m n m n m m n m m n m m m m

17 m m n m m n m m n m m n m n m m m n m n n m m

18 n n m m n m n n n m m n n m n m m n m n m

19 m n m m n n n m n m n n m n n m n n m m m n m

20 m n m n m n m n m m n m m n n m m m m n m n m

21 n m n m n m n m n n n m m m n n m m m n m n m

22 n n m m m n n m m n n m m m n n n m n m n n n m

23 m m n n m n m n m n m m m n n n n m m m m n m m n m

24 m n n n m n n m n n n m m m m n n m n m n m n

25 m m m n n m n m n n m n m m n m m n n n m n n

26 m m m n n m m n m n m n m m n n m m n m n n n

27 m m m n m m n n m n m n n n n m n n m m m

28 m n m m n n m m m n n n n m m m n m n m n m m

Lösungen: Rechen-Konzentrationstest

Typ A: Addieren von Zahlenreihen

1/39 – **2**/35 – **3**/34 – **4**/43 – **5**/39 – **6**/45 – **7**/39 – **8**/35 – **9**/45 – **10**/29 – **11**/52 – **12**/45 – **13**/41 – **14**/39 – **15**/49 – **16**/36 – **17**/43 – **18**/48 – **19**/42 – **20**/35 – **21**/46 – **22**/36 – **23**/50 – **24**/42 – **25**/45 – **26**/45 – **27**/45 – **28**/36 – **29**/23 – **30**/54 – **31**/45 – **32**/45

Jeweils die letzte Ziffer der Summe von rechts in der Aufgabenreihe streichen.

Typ B: Additions-/Subtraktionsaufgaben

1/8 – **2**/7 – **3**/2 – **4**/2 – **5**/18 – **6**/13 – **7**/6 – **8**/11 – **9**/11 – **10**/8 – **11**/10 – **12**/2 – **13**/5 – **14**/15 – **15**/4 – **16**/7 – **17**/2 – **18**/10 – **19**/4 – **20**/6 – **21**/3 – **22**/4 – **23**/8 – **24**/14 – **25**/4 – **26**/11 – **27**/5 – **28**/7 – **29**/5 – **30**/21

Typ C: Additions-/Subtraktionsgedächtnistest

1/29 – **2**/30 – **3**/28 – **4**/28 – **5**/27 – **6**/33 – **7**/48 – **8**/29 – **9**/45 – **10**/33 – **11**/35 – **12**/25 – **13**/36 – **14**/45 – **15**/48

Typ D: Kettenrechnen

1/10 – **2**/4 – **3**/3 – **4**/10 – **5**/9 – **6**/60 – **7**/56 – **8**/10 – **9**/38 – **10**/0

Typ E: Summen korrigieren

1/171 – **2**/104/123 – **3**/111/144 – **4**/alle richtig – **5**/113 – **6**/134/118/152 – **7**/alle richtig – **8**/155/120 – **9**/172/145 – **10**/92

Lösungen: Unterschiede erkennen

1b – **2**c – **3**a – **4**c – **5**a – **6**b – **7**c – **8**d – **9**b – **10**d

Fertigkeitstests

Bewerber für einen Beruf, in dem besondere Präzision und Geschicklichkeit vorausgesetzt werden, müssen sich unter Umständen einem Fertigkeitstest unterziehen. Hierbei geht es nicht um Geschwindigkeit, sondern um die so genannte motorische Geschicklichkeit (das »Handgeschick«).

Vorstellbar wäre dieser Test in Auswahlverfahren für die Berufe: Feinmechaniker, Modellbauschreiner, Werkzeugmacher, Radio- und Fernsehtechniker, Optiker, Zahntechniker u. Ä. Hier können betriebsspezifisch verschiedene Tätigkeiten (»Bastelarbeiten«) verlangt werden.

Ein bekannter und öfter angewendeter Fertigkeitstest ist die so genannte »Drahtbiegeprobe«. Der Testkandidat erhält einen Draht von ca. 1 mm Durchmesser und ca. 25 cm Länge. Hiermit muss er eine vorgezeichnete Figur möglichst genau nachbiegen. Erschwert wird die Arbeit dadurch, dass

- kein Werkzeug benutzt werden darf,
- am Ende kein Drahtrest übrig bleiben darf und
- die Zeichnung einen größeren Maßstab als die mit dem Draht nachzubiegende Figur hat.

Arbeiten Sie genau und lieber etwas langsamer!

Besonders bewertet werden bei diesem Test:

- Genauigkeit der Streckenlängen und Winkel,
- Parallelität und Gradlinigkeit der Strecken und
- Radien bzw. Krümmungen.

Unter Umständen können auch andere Fertigkeitstests eingesetzt werden. Denkbar wären:

- Zeichnungen für die Berufe Porzellan-, Schilder- und Plakatmaler bzw. Grafiker u. Ä.;
- Nachzeichnen einer Vorlage für technische Zeichner;

- das Auseinander- und Zusammenbauen eines Vergasers für den Kfz-Mechaniker.

Sie können sich auf solche Tests vorbereiten, indem Sie frühere Testkandidaten oder Arbeitnehmer eines in Frage kommenden Betriebes über solche Tätigkeiten befragen und diese zu Hause üben.

Spezielle berufsbezogene Tests

Neben dem Allgemeinwissen, der Belastbarkeit und dem logischen Denkvermögen sowie der Geschicklichkeit (siehe Fertigkeitstests) will Ihr zukünftiger Arbeitgeber eventuell spezielle berufsbezogene Kenntnisse bei Ihnen testen. Damit sollen Ihre Neigung und Ihr Interesse an Ihrem Beruf festgestellt werden. Es handelt sich hier in der Regel um selbst gemachte, so genannte »hauseigene« Tests. Sie sind daher in Abhängigkeit vom Beruf und dem jeweiligen Betrieb sehr unterschiedlich.

Hier sollen Ihnen an Beispielen die Anforderungen, die mit solchen Tests an Sie gestellt werden, dargelegt werden.

Sie können sich auf diese Tests vorbereiten, indem Sie:

- sich über Ihren zukünftigen Beruf informieren und sich mit Hilfe von Büchern oder in diesem Beruf tätigen Personen mit wesentlichen Fakten aus dem Tätigkeitsbereich vertraut machen;
- sich bei Personen erkundigen, die bereits in diesem Unternehmen einen Einstellungstest absolviert haben.

Elektriker, Mechaniker, Werkzeugmacher und ähnliche Berufe

Neben den eventuellen Fertigkeitstests könnten Fragen aus folgenden Gebieten gestellt werden:

- Handhabung von gebräuchlichem Werkzeug wie Hammer, Zangen usw.;
- Entstehung der Elektrizität;
- Kernkraft, Kohle- und Wasserkraftwerke;
- Bleche, Stahl und andere Werkstoffe, deren Herstellung und Verwendung;
- Schrauben, Nieten, Schweißen, Bohren, Fräsen und andere Metall bearbeitende Tätigkeiten;
- Fakten aus den Berufsgebieten, von denen auch Laien durch den täglichen Umgang wissen sollten. Z. B.: Was ist eine Kilowattstunde? Wie hoch ist die normale Spannung in Deutschland? Wie schneidet oder biegt man ein Blech? Wann nehme ich Stein-, Holz- oder Eisenbohrer? Was ist Rost und wie wird er verhindert oder beseitigt?

Kaufleute im Einzelhandel
Neben Grundkenntnissen über die Waren, die Sie verkaufen sollen, könnte vor allem der Umgang mit Kunden angesprochen werden.
Beispiele:
- Moderichtungen und Interesse an der Mode für Textilverkäufer;
- Umgang mit und Arten von Tieren für den Zoofachverkäufer;
- Lebensmittel, Herstellung und Verwendung für den Lebensmittelverkäufer usw.

Siehe auch das Kapitel »Sprachbeherrschung« auf S. 27ff.

Bankkaufleute
Hier könnten die Aufgaben, die Banken für ihre Kunden übernehmen, gefragt werden. Z. B.: Geldanlage, Zahlungsverkehr, Kredite, Aktien, An- und Verkauf von Edelmetallen, Beratung usw. (Siehe hierzu auch: Schnei-

der/Zindel/Münscher, Wirtschaftlich denken und handeln, Winklers Verlag, Darmstadt.)

Daneben wird nach wirtschaftlichen Grundbegriffen, wie Sozialprodukt, Wirtschaftspolitik usw., gefragt. Hier sei auf die Testfragen zu »Wirtschaft und Soziales«, S. 171 ff., und die Literaturhinweise, S. 171, verwiesen. Sie sollten sich in jedem Fall auch über aktuelle politische und wirtschaftliche Problematiken in den Medien informieren.

Wichtig ist auch das Kapitel »Sprachbeherrschung«, siehe S. 27ff.

Industrie- und Bürokaufleute, Kaufleute im Groß- und Außenhandel sowie Verwaltungsangestellte

Neben grundsätzlichen Fakten aus »Wirtschaft und Soziales« sowie »Politik« (siehe S. 171 ff. und S. 195ff.), die ein interessierter Staatsbürger wissen sollte – siehe auch die Literaturhinweise S. 195 –, sowie »Deutsch« und »Rechnen« (siehe S. 27ff. und S. 93ff.) werden hier eventuell zusätzlich spezielle Tests eingesetzt.

Zwei häufig angewendete Tests sind der Karteikarten-Sortier-Test und der Adressen-Prüf-Test.

Spezielle berufsbezogene Tests	*Karteikarten-Sortier-Test*

Bearbeitungshinweis:

Sie erhalten eine Liste von Kundennamen, die in die Kundenkartei Ihrer Firma eingeordnet werden sollen. Die Kundenkartei ist nach folgendem Ordnungsschema aufgebaut:

Aa–Am 1	An–Az 2	Ba–Br 3	Bs–Bz 4	Ca–Cz 5	Da–Di 6	Dm–Dz 7	Ea–Ej 8	Ek–Ez 9	Fa–Fr 10	Fs–Fz 11
Ga–Gj 12	Gk–Gz 13	Ha–Hr 14	Hs–Hz 15	Ia–Iz 16	Ja–Jz 17	Ka–Ko 18	Kr–Kz 19	La–Lp 20	Lq–Lz 21	Ma–Mf 22
Mg–Mo 23	Mp–Mz 24	Na–Ni 25	Nm–Nz 26	Oa–Oz 27	Pa–Pz 28	Q 29	Ra–Ri 30	Rm–Rz 31	Sa–Sc 32	Sch 33
Sd–Sz 34	Ta–Tz 35	U–V 36	Wa–Wz 37	X–Y 38	Za–Zz 39					

Beispiel:
Scheerer 33; Kramer 19

Erklärung:
Sie tragen die Zahl des Karteikästchens, in welches der Name eingeordnet werden müsste, hinter dem Namen ein.
Für folgende 40 Kundennamen haben Sie 3 Minuten Zeit.

1	Teichmann ✓	35	**9**	Szekeresch ✓	34
2	Müller ✓	24	**10**	Älter ✓	1
3	Pullmann ✓	28	**11**	Michel ✓	23
4	Schmitt ✓	33	**12**	Leichsenring ✓	20
5	Jesper ✓	17	**13**	Sachse ✓	32
6	Losekamp 20	21 f	**14**	Borsing ✓	3
7	Meier ✓	22	**15**	Dietrich ✓	6
8	Ring ✓	30	**16**	Ekmann ✓	9

17	Achenbach	1	**29**	Blüm	3
18	Rose	31	**30**	Noll	26
19	Wunsch	37	**31**	Anger	2
20	Maier	22	**32**	Dunkel	7
21	Alter	1	**33**	Eckel	8
22	Buchmann	4	**34**	Ruvenstruth	31
23	Zindel	39	**35**	Zinn	39
24	Neitzel	25	**36**	Fischer	10
25	Ellermann	9	**37**	Fuhrmann	11
26	Lingnau	20	**38**	Apter	2
27	Yasper	38	**39**	Kraushaar	19
28	Fleischer	10	**40**	Klante	18

Die Lösungen zu den Aufgaben 1–40 (Karteikasten-Sortier-Test) siehe S. 424.

Spezielle berufsbezogene Tests	*Adressen-Prüf-Test*

Bearbeitungshinweis:
Sie erhalten zwei Listen mit Adressen, ein Original und eine Abschrift. Letztere soll auf Tippfehler überprüft werden.

Beispiel:
Original

Name	Straße	PLZ	Wohn-ort	Tel.
1. Wolfgang Schmidt,	Buchenstr. 7,	34560	Fritzlar,	06690/5432
2. Heinz Schuller,	Th.-Heuss-Str. 91,	50996	Köln,	0221/8649375

Abschrift

Name	Straße	PLZ	Wohn-ort	Tel.
1. Wolfgang Schmitt,	Bucherstr. 7,	34560	Fritzlar,	0669/5432,
2. Heinz Schuller,	Th,-Heuss-Str. 91,	50995	Köln,	02211/864375,

Erklärung:
In der Abschrift der ersten Adresse sind drei, in der zweiten vier Fehler (Unterstreichungen). Die Fehler unterstreichen Sie und tragen deren Anzahl rechts in der jeweiligen Zeile ein.

Zeigen Sie beim Lesen mit dem linken (rechten) Zeigefinger jeweils auf den Namen, die Straße etc. des Originals und mit dem Schreibgerät auf das Gegenstück in der Abschrift.

Richten Sie besondere Aufmerksamkeit auf Kommas, Punkte, Zahlen und Buchstaben, die ähnliches Aussehen haben (z. B. n und r), sowie Doppelbuchstaben.

Für folgende 20 Adressen haben Sie 6 Minuten Zeit. Lösungen siehe S. 425.

Original

Aufgabe	Name	Straße	PLZ	Wohnort	Tel.	Fehler
1	Karl Allgöwer,	Großer Ring 43/B,	22457	Hamburg,	040/8354910	
2	Martha Schüssler,	Industriestr. 85,	25920	Risum-Lindholm,	04123/8610	
3	Bernd Krawzyk,	Hohe-Tauern-Str. 5,	85244	Röhrmoos	–	
4	Klaus Laage,	Birkenstr. 184,	54570	Rockeskyll,	09564/8933	
5	Hein-Dirk Wickert,	Lange Str. 81,	65375	Oestrich-Winkel,	06723/81549	
6	Klaus-Dieter Pfalzgraph,	Am Schießstand 43a,	92526	Oberviechtach-Pullenried,	09677/8613	
7	Martin Kleinpeter,	Schildbürgerweg 111,	89420	Höchstädt a.d. Donau,	09074/534	
8	Karl Werner Schmidtdiehl,	Affoldener Str. 18,	29386	Hankensbüttel,	05823/1714	
9	Melanie Schumacher,	Kleine Gasse 11,	36318	Schwalmtal/Hess.,	06638/1739	

10	Fritz Kiotzlecki,	Hummelssang 117,	39397	Schwanebeck,	05284/3996
11	Carola Wentzlick,	Jahnstr. 49,	25872	Ostenfeld,	04776/3116
12	Gilda Wachsmuth,	Carolusstr. 88,	34127	Kassel-Ndzw.,	0561/871714
13	Giovanni Pascarelli,	Burghofstr. 22,	30982	Pattensen,	05101/8333
14	Daniel Schimmelpfeng,	Trotschenreutherstr. 59,	39398	Pessenburgheim/ b. Rain	–
15	Xaver Unsinn,	Trosbachertalpfad 4,	92318	Neumarkt/Oberpf.,	09181/179
16	Fa. Joh. Schulze OHG,	Postf. 14,	52385	Nideggen-Schmidt,	02474/2873
17	Karl Umbach – GmbH & Co. KG,	Gründenseestr. 5,	60386	Frankfurt/M.,	0 61/12181439
18	Dr. med. Ferd. Achler,	Ständeplatz 175B,	34117	Kassel,	0561/1288773
19	Ann-Kristin Schneider,	Buchenstr. 7 u. 9,	34599	Neuental,	06693/360
20	Karin Möller,	Karlstr. 185,	56858	Rödelhausen,	06543/3371

Abschrift

Aufgabe	Name	Straße	PLZ	Wohnort	Tel.	Fehler
1	Karl Allgöver,	Großer Ring 43+B,	22457	Hamburg,	04/8354910	
2	Marta Schüssler,	Industristr. 85,	25920	Risum/Lindholm,	04123/8610	
3	Bernd Krawzyk,	Hohe-Tauern-Str. 5,	85244	Rohrmoos	–	
4	Klaus Laage,	Birkenstr. 184,	54570	Rokkeskyl,	09564/8933	
5	Hein-Dirk Wickert,	Lange Str. 81,	65375	Östrich-Winkel,	06723/81549	
6	Klaus-Dieter Pfalzgraf,	Am Schiesstand 43A,	92526	Obervichtach-Pullenried,	09677/8619	
7	Martin Kleinpeter,	Schildbürgerweg 111,	89420	Hochstedt a d Donau,	09074/534	
8	Karl-Werner Schnittdiehl,	Affolderner Str. 18,	29386	Hauckensbüttel,	05823/1714	
9	Melanie Schumacher,	Kleine Gosse 11,	36318	Schwalmthal/Hess.,	06638/1739	

10	Fritz Kiotzlecki,	Hummelssang 117,	39397	Schwanebeck,	05284/3996
11	Karola Wentzlick,	Jahnstr. 49,	25872	Ostenfeld,	04776/3116
12	Gilda Wachsnuth,	Karolusstr. 88,	34127	Kassel-Ndzw.,	0561/871714
13	Giovanni Pasca-relli,	Burghofstr. 22,	30982	Patenzen,	0511/8333
14	Daniel Schimmel-pfeng,	Totschenreuther-str. 59,	39398	Pessemburgheim/b Rain	–
15	Xawer Unsinn,	Trosbachertalpfad 4,	92318	Neumark/Oberf.,	09181/179
16	Fa Joh. Schulze OHG,	Postf 14,	53285	Nideggen-Schmitt,	02474/2873
17	Karl Umbach – GmbH & Co KG,	Gründenseestr. 5,	60368	Frankfurth/O.,	061/12181439
18	Dr. med. Ferd. Achler,	Standeplatz 175b,	34117	Kassel,	0561/128873
19	Ann-Christine Schneider,	Buchenstr. 7 u. 9,	34599	Neuenthal,	06693/360
20	Karin Müller,	Karlsstr. 185,	56858	Rödelhausen,	05643/3371

Spezielle berufsbezogene Tests	*Mit Preislisten arbeiten*

Standardbrief	*0,55 €*

Höchstmaße*: L 235 mm, B 125 mm, H 5 mm
Gewicht bis 20 g
Mindestmaße: L 140 mm, B 90 mm

Kompaktbrief	*0,90 €*

Höchstmaße*: L 235 mm, B 125 mm, H 10 mm
Gewicht bis 50 g
Mindestmaße: L 100 mm, B 70 mm

Großbrief	*1,45 €*

Höchstmaße (B4): L 353 mm, B 250 mm, H 20 mm
Gewicht bis 500 g
Mindestmaße: L 100 mm, B 70 mm

Maxibrief	*2,20 €*

Höchstmaße (B4): L 353 mm, B 250 mm, H 50 mm
Gewicht bis 1000 g
Mindestmaße: L 100 mm, B 70 mm

Postkarte	*0,45 €*

Höchstmaße (C6)*: L 162 mm, B 114 mm
Mindestmaße: L 140 mm, B 90 mm

* Die Länge muss mindestens das 1,41-fache der Breite betragen.

Zuzüglich zum Beförderungsentgelt für die Sendungen:

Einschreiben Einwurf	*1,60 €*

bei Briefen, Postkarten, Büchersendungen

Einschreiben	*2,05 €*

bei Briefen, Postkarten, Blindensendungen

Eigenhändig	*1,80 €*

nur bei Nachnahme und Einschreiben

Rückschein	*1,80 €*

nur bei Nachnahme und Einschreiben

Nachnahme	*2,00 €*

bei Briefen und Postkarten (bis 1 600 €)
für die Geldübermittlung
(wird vom eingezogenen Betrag abgesetzt)

Mit Hilfe der Preislisten auf Seite 422 und 423 sollen Sie das Porto für die jeweiligen Briefe innerhalb Deutschlands berechnen.

Zeit: 4 Minuten

1 Brief; 18 g; 225 mm × 115 mm × 2 mm
2 Brief mit Einschreiben Einwurf; 375 g; 340 mm × 249 mm × 18 mm
3 Brief; 40 g; 230 mm × 125 mm × 8 mm; Einschreiben mit Rückschein
4 Brief; 14 g; 225 mm × 115 mm × 2 mm
5 Brief; 40 g; 230 mm × 125 mm × 8 mm; per Nachnahme, Wert: 723,– €
6 Postkarte; Einschreiben
7 Brief; 956 g; 350 mm × 250 mm × 45 mm; per Nachnahme, Wert: 1243,– €
8 Brief; 80 g; 240 mm × 125 mm × 10 mm
9 Brief; 18 g; 225 mm × 115 mm × 2 mm; Einschreiben; eigenhändig
10 Brief; 850 g; 225 mm × 115 mm × 10 mm; per Nachnahme, Wert: 925,– €

Die Lösungen zu den Aufgaben 1–10 (Mit Preislisten arbeiten) siehe S. 425.

Lösungen: Karteikarten-Sortier-Test

1/35 – **2**/24 – **3**/28 – **4**/33 – **5**/17 – **6**/20 – **7**/22 – **8**/30 – **9**/34 – **10**/1 – **11**/23 – **12**/20 – **13**/32 – **14**/3 – **15**/6 – **16**/9 – **17**/1 – **18**/31 – **19**/37 – **20**/22 – **21**/1 – **22**/4 – **23**/39 – **24**/25 – **25**/9 – **26**/20 – **27**/38 – **28**/10 – **29**/3 – **30**/26 – **31**/2 – **32**/7 – **33**/8 – **34**/31 – **35**/39 – **36**/10 – **37**/11 – **38**/2 – **39**/19 – **40**/18

Lösungen: Adressen-Prüf-Test

1/3 – **2**/3 – **3**/1 – **4**/2 – **5**/1 – **6**/5 - **7**/4 – **8**/5 – **9**/2 – **10**/0 – **11**/1 – **12**/2 – **13**/3 – **14**/3 – **15**/3 – **16**/5 – **17**/5 – **18**/3 – **19**/3 – **20**/4

Lösungen: Mit Preislisten arbeiten

1/0,55 € – **2**/3,04 € – **3**/4,85 € – **4**/0,55 € – **5**/3,00 € – **6**/2,50 € – **7**/4,20 € – **8**/1,44 € – **9**/4,40 € – **10**/4,20 €

Literaturhinweise

Intelligenztests

Es gibt zahlreiche Bücher auf dem Markt, die sich mit den Intelligenztests beschäftigen. Wir empfehlen Ihnen – falls Sie noch mehr üben wollen:

☛ Keil, Joachim, Testtrainer für Ausbildungsplatzsuchende, Falken, Niedernhausen

☛ Hennenhofer, G., Angst überwinden, Rowohlt, Reinbek

☛ Orientierungshilfe zu Auswahltests, eine Broschüre, die es beim Arbeitsamt kostenlos gibt.

☛ Mehrere Banken und Sparkassen geben Testhilfen – oft kostenlos – aus.

Spezielle berufsbezogene Tests – auch für das Vorstellungsgespräch

- Kaufmännische Berufe:
  Einen guten Überblick über wirtschaftliches Grundwissen geben Ihnen die leicht verständlichen Bücher: Lötzerich/Schneider/Zindel, Entscheidungsfeld Wirtschaft (ein Buch, das Sie auch gut in der Berufsaus-

bildung/Berufsschule einsetzen können), Winklers Verlag, Darmstadt
Lötzerich/Schneider/Zindel, Handlungsfeld Wirtschaft, Winklers Verlag, Darmstadt

- Zum Grundwissen Politik gibt Ihnen folgendes Buch einen umfassenden Überblick:
  Schneider/Zindel, Moment mal ..., Winklers Verlag, Darmstadt
- Berufe in Verwaltungen sowie Polizei und Bundesgrenzschutz:
  Für Eignungstests dieser Berufe wird vermehrt politisches Grundwissen vorausgesetzt. Für eine umfassende Information empfehlen wir ebenfalls:
  Schneider/Zindel, Moment mal ..., Winklers Verlag, Darmstadt
- Technische Berufe:
  Ein interessantes Buch für alle technischen Berufe:
  Bibliographisches Institut (Hrsg.), Wie funktioniert das? – Technik heute, Mannheim

IV. NEUE TESTS

Persönlichkeitstests

Vorsicht, Sie sollen durchleuchtet werden!
Ein Neuer kommt in Ihre Klasse oder wird in Ihre Clique mitgebracht. Alle taxieren zuerst sein Äußeres, dann werden erste Fragen gestellt. Wie verhält sich der Neue, wird er zu uns in die Klasse passen oder wird er Schwierigkeiten machen? Wird er eine Bereicherung für unsere Clique werden?

Sie machen einen Persönlichkeitstest.

Und genauso wird sich der Personalsachbearbeiter oder Ihr neuer Chef eventuell auch fragen:

»Passt dieser Jugendliche zu uns? Fügt er sich möglichst ohne Schwierigkeiten in unser Team ein? Lässt er sich gut ausbilden? Wird er für uns ein verlässlicher und guter Mitarbeiter werden?«

Im Vorstellungsgespräch wird man versuchen, diese Fragen zu beantworten.

Viele Betriebe versuchen dies noch zusätzlich mit einem Personalfragebogen und/oder einem Persönlichkeitstest. Letzterer wird auch bei Tests für Ausbildungsplatzsuchende vor allem in Großbetrieben immer häufiger angewendet.

Mit diesen Persönlichkeitstests versucht man – wie ein Arzt mit einem Ultraschallgerät – in Sie hineinzusehen und zu ergründen, ob Sie in den Ausbildungsbetrieb menschlich passen. Sind Sie willensstark, fleißig, fügen Sie sich gut ein, werden Sie gut mit den Mitarbeitern harmonieren, sind Sie leicht zu führen? Sind Sie kontaktfreudig, freundlich und aufgeschlossen zu Kunden, können Sie kommunizieren, sind Sie teamfähig usw.? Alles Fragen nach bestimmten Schlüsselqualifikationen. Ihre individuelle Persönlichkeitsstruktur interessiert Ihren möglichen neuen Ausbildungsbetrieb. Entsprechen Sie diesbezüglich den Erwartungen und Anforderungen des Betriebes? Es gibt bestimmte Schlüsselqualifikationen, die für alle Berufe notwendig sind, andere wiederum sind nur für bestimmte Berufe wichtig. So sind z.B. Teamfähigkeit, Kommunikationsfähigkeit usw. (siehe hierzu S. 13ff.) in nahezu allen Berufen grundlegend. Ehrgeiz und die Bereitschaft, Neues zu lernen, sind auch in nahezu allen Berufen für die Zukunft immer wichtiger. Daneben wird man von einem Bewerber um einen Ausbildungsplatz als Anlagenelektroniker auch noch andere Schlüsselqualifikationen erwarten als z.B. für den Beruf der Friseurin. Das heißt, es gibt auch eine Reihe von Schlüsselqualifikationen, die für spezielle Berufe oder Unternehmen besonders wichtig sind.

Was ist anders an Persönlichkeitstests?

Obwohl auch mit den Persönlichkeitstests Schlüsselqualifikationen der Bewerber erkannt werden sollen, unterscheiden sie sich von anderen Tests dadurch, dass nicht Ihr Wissen, Ihr Denk-, Konzentrations- oder Belastungsvermögen getestet werden und es auch nicht um die richtige oder falsche Antwort geht. Das scheint einfach und ungefährlich zu sein, doch Achtung: Sie sollen sich »outen«.

»Outen« ist ein anderes Wort für die Offenlegung der eigenen Persönlichkeit, für die Mitteilungen an andere, wie man denkt, fühlt, lebt, wie man tatsächlich ist.

Wer sich outet, der tut dies aus freien Stücken und will auch meist ein bestimmtes Ziel damit erreichen.

Das sollten Sie mit einem Persönlichkeitstest ebenfalls zu erreichen versuchen – nämlich Ihren Gesprächspartner davon zu überzeugen, dass Sie der oder die Richtige für diesen Ausbildungsplatz sind.

Tricksen Sie die Tester aus

Wenn Sie sich mit den Persönlichkeitstests beschäftigen und die Testverfahren, deren Aufbau, Fragetechnik und die damit angepeilten Ziele näher kennen lernen, dann können Sie die Tester mit ihren eigenen Waffen schlagen.

Da es unzählige Möglichkeiten der Fragestellung gibt, ist es nicht sinnvoll, die Beantwortung einzelner Fragen zu üben.

Erfolg versprechender scheint der Weg zu sein, dass Sie mit diesem Buch die wichtigsten Ziele und die Strukturen der Tests erkennen lernen. Denn dann können Sie bewusst und zielgerecht antworten.

Ein Persönlichkeitstest setzt voraus, dass Sie spontan und ehrlich antworten. Dies wird Ihnen der Tester auch vor Beginn des Tests sagen. Doch auch hier gilt: Ein bisschen Schummeln ist erlaubt – wenn Sie damit Ihrem Ziel, einen Ausbildungsplatz zu finden etwas näher kommen.

Keiner ist vollkommen …

… weder der einzustellende Auszubildende noch der Personalsachbearbeiter oder der Chef einer Firma. Das wissen natürlich auch Ihre Tester. Dennoch hat man bestimmte Zielvorstellungen von den zukünftigen Mitarbeitern, von ihrem Leistungsvermögen, aber auch von ihrer Persönlichkeitsstruktur. Sie hängt sicherlich erst einmal davon ab, in welchem Beruf und in welchem Betrieb man arbeitet. Von einer Friseurin erwartet man ein lockeres Auftreten und eine lockere Gesprächsbereitschaft über Alltägliches eher als von einer Bankkauffrau. Von einer Hotelfachfrau im Fünf-Sterne-Hotel werden sicherlich etwas andere Persönlichkeitsmerkmale erwartet als von einer Berufskollegin in einer Pension.

Fragen Sie eventuell andere Mitarbeiter oder Auszubildende über die erwarteten speziellen Eigenschaften, sprechen Sie mit Ihren Lehrern darüber.

➨ **TIPP:**
- Befolgen Sie diesmal nicht die Anweisung des Testers, möglichst spontan und unbeschwert an die Aufgaben heranzugehen.
- Informieren Sie sich über das Anforderungsprofil des angestrebten Ausbildungsberufs. Die von den Arbeitgebern erwarteten Eigenschaften sollten eine Orientierungshilfe für Ihre Antworten sein.
- Versuchen Sie bei den Tests, eine positive Lebenseinstellung zu vermitteln.
- Extremantworten bei Bild- und Satzergänzungstests sollten vermieden werden.

Was erwartet man nun von dem idealen Bewerber um einen Ausbildungsplatz?

Er soll möglichst optimistisch sein und Zukunftsprobleme wie Umweltschutz, Rentenproblematik, Arbeitslosigkeit o. Ä. zwar als wichtig erkennen, aber für durchaus lösbar halten. Er ist ehrlich, würde niemals etwas stehlen oder lügen. Er ist strebsam und zielstrebig, auch lern- und gruppenfähig und für Neues aufgeschlossen, aber nicht blind begeistert, sondern cool abwägend. In kleinen oder größeren Stresssituationen ist er nicht kopflos, aggressiv oder nervös, sondern gelassen, nett, zuvorkommend und zielbewusst handelnd. Er ist hilfsbereit. Trotz Zielstrebigkeit und Ehrgeiz ist er kein kühl berechnender, nur auf sein Fortkommen oder seinen eigenen Vorteil bedachter, rücksichtsloser Mitarbeiter.

➡ **TIPP:** Sie sollen der oben beschriebenen Idealvorstellung möglichst nahekommen. Daher dürfen Sie nicht, wie von den Testern gewollt, unbeschwert und spontan antworten, ohne groß nachzudenken. Im Gegenteil: Sie müssen sich sehr gut konzentrieren, denn Sie sollen ja einen positiven Eindruck vermitteln. Extreme Meinungen und Verhaltensweisen scheiden von daher aus. Achten Sie auf Kontrollfragen, mit denen man herausfinden will, ob Sie bei der Bearbeitung einer anderen Aufgabe nicht ehrlich waren.
Spielen Sie in diesem Test eine heile Welt vor.
Seien Sie zuversichtlich, zeigen Sie sich leicht ehrgeizig, aber rücksichtsvoll und hilfsbereit.

Wie sind die Persönlichkeitstests aufgebaut?
Aus den verschiedenen Testaufgaben soll ein Persönlichkeitsprofil von Ihnen abgeleitet werden

Die gebräuchlichsten Testaufgaben für Ausbildungsplatzbewerber sind:

Persönlichkeitstests	*Bildergänzung*

Hierbei sollen Sie eine Antwort oder eine Aussage auswählen und diese einer Person im Bild zuordnen. Achten Sie darauf: Diese Person im Bild sind natürlich Sie!

Nachfolgend drei Beispiele:

1

Auswahlantworten:

[ ] a »Ich habe Ihnen zigmal gesagt, Sie sollen schneller fahren. Jetzt löffeln Sie die Suppe aus, die Sie uns eingebrockt haben.«

[X] b »Sie bleiben hier und passen auf das Gepäck auf. Ich werde inzwischen dort anrufen und unsere Verspätung ankündigen.«

[ ] c »Eine Stunde Verspätung ist doch nicht tragisch. Das kann schon einmal passieren. Daher müssen wir nichts unternehmen.«

Antwort a würde zeigen, dass Sie einerseits nicht teamfähig wären. Andererseits zeigt diese Antwort auch, dass Sie in Stresssituationen die Verantwortung nicht selbst übernehmen. Dies zeigen Sie mit Antwort b. Mit Antwort c zeigen Sie eine zu gleichgültige Haltung.

2

Auswahlantworten:

- [ ] a »Ich werde Sie anzeigen, Sie Idiot, mich nachts aus dem Schlaf zu klingeln!«
- [ ] b »Das macht doch nichts, es hätte mir auch passieren können …«
- [x] c »Das ist sehr unangenehm. Wenn Sie um diese Zeit telefonieren, sollten Sie schon etwas besser aufpassen.«

Antwort a würde zeigen, dass Sie in Stresssituationen sehr ungehalten und unbeherrscht reagieren. Mit Antwort b wären Sie ein zu großer Anpasser. Antwort c würde Ihren Ärger, aber auch eine der Situation angemessene innere Haltung zeigen.

3

Auswahlantworten:

☐ a »Das macht doch nichts, das kann jedem mal passieren.«

☐ b »Hau ab, sonst knallt's!«

☒ c »Muss das sein? Pass doch gefälligst besser auf! Das Geld für die Reinigung kannst du mir gleich geben.«

Antwort a würde zeigen, dass Sie zu weich sind und kein Durchsetzungsvermögen und Selbstvertrauen haben. Antwort b beweist, dass Sie in Stresssituationen unbeherrscht und aggressiv reagieren. Mit Antwort c zeigen Sie ein großes Maß an Beherrschung und auch in Stresssituationen ein klares Denken und rationales Handeln.

Persönlichkeitstests	*Antworten auswählen*

Sie sollen die auf Sie zutreffende Antwort auswählen. Achten Sie darauf, welchen Eindruck Sie hinterlassen wollen.

4	Wenn man an meiner Leistung beim Sport oder in der Schule Kritik übt, dann …

- [ ] a … stört mich das erheblich.
- [x] b … denke ich über diese Kritik nach.
- [ ] c … ist mir das völlig egal.

Antwort b wäre richtig, da man mit ihr Kritikfähigkeit beweisen würde. Menschen, die im Team arbeiten, können Kritik ertragen und sich mit dieser auseinandersetzen. Sie nehmen diese an, wenn sie berechtigt war.

5	Ich lese lieber ein gutes Buch, als mit anderen zu klönen.

- [ ] a Stimmt.
- [x] b Manchmal (oder: Teils, teils).
- [ ] c Stimmt überhaupt nicht.

Antwort c würde zeigen, dass Sie teamfähig sind. Aus Antwort a würde man schließen, dass Sie ein Einzelgänger sind, der für moderne Gruppenarbeit nicht geeignet wäre.

6	Schulstress schlägt mir auf den Magen. Sonst könnte ich bessere Noten haben.

- [ ] a Stimmt.
- [ ] b Teils, teils.
- [x] c Stimmt überhaupt nicht.

Stimmen Sie hier ganz oder teilweise zu, dann zeigen Sie, dass Sie nicht sehr belastbar sind.

7	In diesem Test bin ich sehr nervös, da ich den Ausbildungsplatz unbedingt haben möchte.

- [ ] a Stimmt.
- [x] b Teils, teils.
- [ ] c Stimmt überhaupt nicht.

Achtung: Dies ist auch eine Kontrollfrage zu 6!

8	Ich fühle mich öfter einsam.

- [ ] a Stimmt.
- [ ] b Teils, teils.
- [x] c Stimmt überhaupt nicht.

Achtung: Das ist eine Kontrollfrage! Haben Sie in Nr. 5 c angekreuzt, dann sollten Sie es auch in Nr. 8 gemacht haben.

9	Wenn andere leise reden, dann denke ich,

- [ ] a … dass sie schlecht über mich reden.
- [ ] b … dass sie mit mir nicht reden wollen.
- [x] c … dass sie mich zum Geburtstag überraschen wollen.

Auch hier wäre die Antwort c die beste. Sie zeigt, dass Sie ein gesundes Selbstvertrauen haben. Dies haben Sie bei Antwort a überhaupt nicht, bei b kaum.

10	Bei gleichem Gehalt wäre ich lieber …

- [ ] a … Lehrer.
- [x] b Weiß nicht.
- [ ] c … Förster.

Auch hier ist wieder ein Zusammenhang mit den Fragen 5 und 8 zu erkennen. Entscheiden Sie sich für c (Förster), dann wollen Sie lieber allein sein. Bei a haben Sie sich für einen Beruf entschieden, der hauptsächlich mit Menschen zu tun hat. Sie würden als kontaktfreudig eingestuft. Dort, wo auf Teamfähigkeit oder Kontaktfreudigkeit (z.B. in Berufen mit viel Kundenkontakten wie im Einzelhandel, bei Banken, Versicherungen usw.) Wert gelegt wird, wäre die Antwort a erheblich besser.

Persönlichkeitstests	*Aussagen in eine Reihenfolge bringen*

Man gibt Ihnen Rangfolgen – z. B. von 1 (trifft gar nicht zu) bis 6 (trifft voll zu) –, mit denen Sie Aussagen bewerten sollen. Die Rangfolgen können verändert sein, das Prinzip bleibt aber gleich. In nachfolgendem Beispiel haben Sie die Antwortmöglichkeiten von –3 (stimmt gar nicht) über 0 (weiß nicht) bis +3 (ich stimme voll zu).

Aussage		Bewertung						
		–3	**–2**	**–1**	**0**	**+1**	**+2**	**+3**
11	Ich habe oft ein beklemmendes Gefühl in der Brust.			X				
12	Ich habe Qualitäten, die mich vielen anderen überlegen machen.					X		
13	Um meine Meinung durchzusetzen, würde ich mich auch streiten.				X			
14	Ich würde gerne Verantwortung für eine Arbeitsgruppe übernehmen.						X	

Bei Aussage 11 zeigt man mit –3 eine große Selbstsicherheit, mit +3 große Beklemmungen und Ängste. Sollten Sie bei Aussage 12 voll zustimmen, zeigen Sie ein recht hohes Maß an Geltungsbedürfnis. Es könnte schwer werden, mit Ihnen harmonisch zusammenzuarbeiten.

Das gilt auch für eine volle Zustimmung (+3) bei Aussage 13. Ihre Durchsetzungsbereitschaft ist zu stark ausgeprägt. Für moderne Teamarbeit scheinen Sie weniger geeignet.

Eine volle Zustimmung bei Aussage 14 dagegen würde Selbstbewusstsein, Durchsetzungsvermögen und Leistungsbereitschaft zeigen.

Persönlichkeitstests	*Wie verhalten Sie sich?*

Hier lesen Sie kleine Kurzgeschichten. Aus verschiedenen vorgegebenen Sätzen sollen Sie dann denjenigen auswählen, der Ihr Verhalten beschreiben würde.

Story: Während eines schriftlichen Tests für Ausbildungsplatzbewerber versucht Ihr Nebenmann von Ihnen abzuschreiben. Er signalisiert Ihnen, dass Sie die Zettel mit den Antworten etwas mehr zur Mitte schieben sollen, damit er die Antworten besser sieht. Wie verhalten Sie sich?

☐ a Sie schreiben absichtlich falsche Antworten auf den Zettel und denken sich: Den bin ich als Konkurrenten los.

☒ b Sie lassen Ihre Zettel so liegen und denken sich: Wenn er was abschreiben kann, dann soll er doch …

☐ c Sie bleiben stur und beim zweiten Mal melden Sie den Betrugsversuch der Aufsicht.

Was zeigen diese Antworten?
Alternative a: Großer Egoismus, Verlogenheit und Durchtriebenheit, Sie sind sehr rücksichtslos. Alterna-

tive b: Sie zeigen ein durchschnittliches, aber kontrolliertes Handeln. Sie sind nicht so skrupellos wie bei a. Alternative c: Sie sind sehr unkollegial und skrupellos.

Assessment-Center

Björn Schuhmann hatte ein gutes Gefühl, als er den schriftlichen Einstellungstest bei der Holzbau AG hinter sich gebracht hatte. Als nach vierzehn Tagen ein Brief kam, rechnete er eigentlich mit einer Einladung zu einem Vorstellungsgespräch. Stattdessen musste er lesen, dass er zu einem Assessment-Center in die Personalabteilung der Holzbau AG kommen sollte. Björn informierte sich über diesen Begriff und erfuhr Folgendes:

Das Wort Assessment-Center stammt aus dem englischen bzw. amerikanischen Sprachraum und ist zu übersetzen mit »Beurteilungs- oder Einschätzungszentrum«. Vollständige Assessment-Center dauern im Allgemeinen mindestens einen ganzen Tag. Nicht selten sind aber auch mehrere Tage hierfür angesetzt. Da derartige Seminare für die Betriebe kostspielig sind, werden sie vor allem bei der Besetzung von Führungspositionen durchgeführt.

In den letzten Jahren findet man immer häufiger typische Aufgabenstellungen eines Assessment-Centers auch bei der Besetzung von anspruchsvolleren Ausbildungsstellen. Selbstverständlich dauern derartige Testsituationen dann nur einige Stunden. Abiturienten, Fachoberschüler, aber auch Schüler mit mittlerem Bildungsabschluss sollten sich bei der Bewerbung um anspruchsvolle Ausbildungsstellen darauf vorbereiten, zu einem Assessment-Center eingeladen zu werden.

Auswahltests, die bei einem Assessment-Center durchgeführt werden, unterscheiden sich wesentlich von den üblichen Testverfahren. Sie verlaufen nämlich nicht nach dem üblichen Schema: »Frage-Antwort-Lösung«. Man beobachtet vielmehr das Verhalten der Kandidaten in der Testsituation. Ihr Wissen ist dabei von geringerer Bedeutung. Aufgaben, die es zu bearbeiten gilt, sind häufig typisch für die späteren beruflichen Anforderungen. Im Wesentlichen geht es dabei um eins: Die Bewerber sollen die Schlüsselqualifikationen unter Beweis stellen, die für einen beruflichen Erfolg unverzichtbar sind. Qualifikationen, nach denen die Testkandidaten durchleuchtet werden, sind vor allem: Team- und Kommunikationsfähigkeit, Einfühlungsvermögen, Belastbarkeit, Kritikfähigkeit, Durchsetzungsvermögen Kontaktfähigkeit und Organisationsvermögen. Andere Testverfahren (z. B. Test des Konzentrationsvermögens) werden häufig in ein Assessment-Center mit einbezogen.

Die Testkandidaten werden bei der Bearbeitung der Aufgaben von Beobachtern (Assessoren) bewertet. Diese können Führungskräfte des Unternehmens, aber auch externe Fachleute (z. B. Psychologen) sein. Die Einzelurteile der Beobachter fließen später in ein Gesamturteil über den Kandidaten ein.

Die aufwendige Verfahrensweise macht eines deutlich: Von allen vorgestellten Testverfahren bietet das Assessment-Center die beste und objektivste Möglichkeit, Aussagen über die vorhandenen Schlüsselqualifikationen bei den Bewerbern zu machen.

Übrigens werden Assessment-Center nicht nur bei der Personaleinstellung eingesetzt. Auch für die Zeit nach der Ausbildung sind zahlreiche Betriebe dazu übergegangen, ihre Mitarbeiter einem Assessment-Center-Check zu unterziehen. Das Assessment-Center ist hier ein Instrument der Personalentwicklung. Nur der Mitarbeiter kann dann mit einer Beförderung rechnen, der erfolgreich an einem Assessment-Center teilgenommen hat.

➡ **TIPP:**
- Häufig ist es hilfreich, sich vor einem Assessment-Center über das Unternehmen und seine Produkte zu informieren. Derartige Kenntnisse können bei der Bearbeitung mancher Aufgaben helfen.
- Den Mitbewerbern sollte man nie aggressiv, sondern freundlich begegnen.
- Auch in der übungsfreien Zeit stehen die Testkandidaten häufig unter Beobachtung. Wer also beim gemeinsamen Mittagessen durch schlechte Tischmanieren auffällt, kann hierfür Minuspunkte kassieren.
- Grundsätzlich sollte man eine positive Lebenseinstellung ausstrahlen, das gefällt den Beobachtern.
- Sollten Sie die Anforderungen des Assessment-Centers nicht erfüllt haben, dann bitten Sie den Betrieb um einen Gesprächstermin für eine Rücksprache. Auch wenn es schwerfällt, sollten Sie diese Gelegenheit nutzen, um wichtige Erkenntnisse über Ihr Verhalten zu erfahren. Sie haben nicht nur allgemeine persönliche Vorteile hiervon, auch Ihre Chancen für die noch anstehenden Bewerbungen dürften sich verbessern.

Wie sieht es nun mit den Aufgaben des Assessment-Centers aus? Welche können einem Bewerber um einen Ausbildungsplatz begegnen? Da für die Durchführung eines Assessment-Centers nur wenige Stunden zur Verfügung stehen, kommen von den vielen möglichen Aufgaben nur einige in Frage. Diese sollen auf den folgenden Seiten kurz vorgestellt werden:

Assessment-Center	*Steckbriefübung*

Das Verfahren dient dazu, sich der Gruppe der Zuhörer mit Hilfe eines persönlichen Steckbriefs bekannt zu machen. Durch die Vorstellung der eigenen Person erfahren die Beobachter nicht nur etwas über die Biografie des Kandidaten. Sie erhalten dadurch auch einen Eindruck, wie er mit dieser ungewohnten Situation umgeht. Den Inhalt des Steckbriefes können die Kandidaten manchmal frei wählen. Häufiger aber werden ihnen bestimmte Vorgaben gemacht. Auch unangenehme Fragen zur eigenen Person sind dabei nicht selten, denn besonders hier wird es für den Beobachter interessant zu sehen, wie der Testkandidat reagiert.

Arbeitsauftrag Steckbrief

⇩

Um Sie besser kennen zu lernen, benötigen wir einen Steckbrief von Ihnen.

Zeitvorgabe:
Vorbereitungszeit 15 Min., Dauer der Präsentation etwa 10 Min.

Was wir wissen wollen:
- Was halten Sie von Ihren Freunden?
- Worin bestehen Ihre Schwächen und worin Ihre Stärken?
- Welche vier Stationen in Ihrem Leben halten Sie für besonders wichtig?
- Warum hat es Ihnen an Ihrem letzten Urlaubsort gefallen (nicht gefallen)?

➡ **TIPP:**
- Halten Sie unbedingt die Zeitvorgabe ein.
- Versuchen Sie locker und nicht verkrampft zu wirken. Originelle und witzige Kommentare gefallen den Zuhörern.
- Nicht nur ablesen, sondern auch frei reden und dabei Blickkontakt mit den Zuhörern halten.
- Ein Steckbrief, der mit einer Karikatur oder Skizze angereichert ist, bringt Pluspunkte bei den Zuhörern.
- Persönliche Fragen sollten nach Möglichkeit auch beantwortet werden, es sei denn, sie sind wirklich unzumutbar.
- Fertigen Sie einen Steckbrief als Vorbereitung an, den Sie Ihren Eltern oder Freunden präsentieren.

Auf welche Schlüsselqualifikationen kommt es den Beobachtern bei einem Steckbrief an?

- Besitzt der Bewerber Einfühlungsvermögen und berücksichtigt er die Bedürfnisse der Zuhörer?
- Wie viel Kreativität und Einfallsreichtum beweist der Bewerber bei der Gestaltung seines Steckbriefs?
- Wie sieht es mit seiner Kommunikationsfähigkeit aus?
- Zeigt er auch noch Selbstvertrauen bei provozierenden Fragestellungen?
- Gelingt dem Bewerber auch eine kritische Beurteilung der eigenen Person?

Assessment-Center	*Partnerinterview*

Ähnlich wie das Steckbriefverfahren dient auch das Partnerinterview dazu, die Gruppenmitglieder miteinander bekannt zu machen. Merkmal: Jeder Kandidat hat sich ein Gruppenmitglied zu suchen, das er zu dessen persönlichen Daten und sonstigen markanten Eigenarten befragt. Die Interviewergebnisse sind anschließend der Zuhörer- oder Beobachtergruppe vorzutragen.

Arbeitsauftrag Partnerinterview

⇩

Wir wollen Sie kennen lernen. Suchen Sie sich deshalb einen Partner und führen Sie ein Interview mit ihm.

Zeitvorgabe:
Vorbereitungszeit 5 Min., Interviewzeit 10 Min., Zeit zur Präsentation der Ergebnisse maximal 10 Min.

Was Sie fragen sollen:

- Name, Alter, Wohnort
- Schulischer Werdegang
- Hobbys und sonstige Interessen
- Grund der Bewerbung für den Ausbildungsberuf x in dem Unternehmen y.

➡ **TIPP:**
- Auf die Zeitvorgaben unbedingt achten.
- Interviewergebnis in Stichworten notieren und später in freier Rede vortragen.
- Halten Sie Blickkontakt mit Ihren Zuhörern.
- Versuchen Sie, nicht nur nüchterne Informationen, sondern auch originelle Eigenarten Ihres Interviewpartners zu erfragen.

- Machen Sie Ihren Interviewpartner nicht schlecht, sondern stellen Sie ihn positiv dar, obwohl er ein Konkurrent von Ihnen ist.
- Führen Sie probeweise ein Partnerinterview mit einem Freund oder Klassenkameraden, der ebenfalls dabei ist, sich um einen Ausbildungsplatz zu bewerben. Tragen Sie Ihre Ergebnisse einem Zuhörerkreis (Eltern, Freunde) vor.

Auf welche Schlüsselqualifikationen kommt es den Beobachtern in einem Partnerinterview an?

- Besitzt der Bewerber die Fähigkeit, sich klar und deutlich gegenüber anderen mitzuteilen?
- Wie gut kann sich der Bewerber der ungewohnten Situation anpassen?
- Zeigt er das notwendige Maß an Feingefühl und Einfühlungsvermögen, um eine andere Person vorzustellen?
- Ist der Bewerber von seinen eigenen Fähigkeiten überzeugt und vermittelt er Selbstbewusstsein?

Assessment-Center	*Rollenspiel*

Von dem Bewerber wird hierbei verlangt, sich in die Rolle einer anderen Person zu versetzen. Inhalt des Rollenspiels sind immer irgendwelche Probleme, die mit einem Partner durchgespielt werden sollen. Die Probleme, die bei dieser »So-tun-als-ob-Übung« behandelt werden, haben häufig etwas mit dem betrieblichen Alltag zu tun. Mitarbeitergespräche, Einstellungsinterviews und Kundengespräche (Verkaufsgespräche) sind die drei geläufigen Gesprächssituationen in einem Rollenspiel. Bewerber um einen Ausbildungsplatz werden häufig mit einem typischen Problem aus einem Kundengespräch beglückt. Ein Beispiel hierfür ist eine Kundenreklamation.

Rollenspielpartner kann ein anderer Bewerber sein. Im Allgemeinen übernimmt aber ein Firmenmitarbeiter die Partnerrolle. So hat er die Möglichkeit, durch sein Verhalten den Spielverlauf zu beeinflussen.

Wie geht die Sache nun vor sich?

Zu Beginn der Übung bekommen die Bewerber ihre Rollenanweisungen. Wichtige Informationen zur Gesprächssituation und der Zeitdauer des Rollenspiels werden den Spielpartnern schriftlich ausgehändigt. Nach dem Rollenspiel findet ein Gespräch mit dem Spielbeobachter statt. Dass dieser sich kritisch über den Verlauf des Spiels äußert, ist daher normal. Er kann so beobachten, wie der Bewerber auf die Kritik reagiert.

Arbeitsauftrag:
Rollenspiel zwischen Verkäufer und Kundin

⇩

Rollenkarte Verkäufer
Sie arbeiten als Verkäufer in der Abteilung für Damenoberbekleidung des Textilfachgeschäfts Multimoda. An einem Montag im Winterschlussverkauf werden Sie von einer Stammkundin angesprochen, die sich für die braune Lederjacke eines namhaften Herstellers interessiert. Die Kundin verlangt, dass der Preis, ähnlich wie bei den anderen Jacken auf dem Ständer, um 20 % reduziert wird. Sie droht schließlich, falls man ihrem Wunsch nicht nachkomme, zukünftig ihre gesamte Konfektion in anderen Geschäften zu kaufen.

Zeitvorgabe:
Ihre Vorbereitungszeit beträgt 20 Min., für das eigentliche Rollenspiel sind 15 Min. vorgesehen.

Was Sie tun sollen:
Führen Sie ein Verkaufsgespräch mit der Kundin. Ihr Ziel sollte sein, die Kundin als Stammkundin zu behalten, ohne dabei ihre Preisvorstellungen zu akzeptieren.

Arbeitsauftrag

⇩

Rollenkarte Kundin
Sie sind eine langjährige Kundin des Textilfachgeschäfts Multimoda. Mit dem Sortiment und den Preisen waren Sie bisher sehr zufrieden. Sie sind aber enttäuscht, dass die braune Lederjacke einer der wenigen Artikel auf dem Ständer ist, die nicht reduziert wurden. Als gute Kundin meinen Sie, ein Recht darauf zu haben, dass auch dieser Artikel im Preis herabgesetzt wird.

Zeitvorgabe:
Ihre Vorgabezeit beträgt 20 Min., für die eigentliche Spieldauer sind 15 Min. geplant.

Was Sie tun sollen:
Versuchen Sie, den Verkäufer davon zu überzeugen, dass er Ihren Wünschen entgegenkommt. Seine Argumente sollten Sie entkräften und stichhaltige Gegenargumente vorbringen.

➡ **TIPP:**
- Schaffen Sie am Anfang eine lockere Gesprächsatmosphäre.
- Formulieren Sie Kritik nicht verletzend, sondern sachlich.
- Zeigen Sie, dass Sie Verständnis haben für die Position des anderen. Verfolgen Sie aber gleichzeitig das Ihnen vorgegebene Gesprächsziel.
- Versuchen Sie, immer ruhig und sachlich zu bleiben und aufkommenden Ärger zu unterdrücken.
- Können Sie Ihre Vorstellungen nicht durchsetzen, so kann auch ein Kompromiss sinnvoll sein. Halsstarrigkeit führt häufig nicht weiter.
- Versuchen Sie, das vorstehende Rollenspiel zusammen mit einem Freund oder Elternteil tatsächlich einmal »durchzuspielen«. Übernehmen Sie wechselweise beide Rollen.

Auf welche Schlüsselqualifikationen kommt es den Beobachtern bei einem Rollenspiel an?

- Wie flexibel verhält sich der Bewerber im Zweiergespräch?
- Zeigt er ein kooperatives Verhalten gegenüber seinem Gesprächspartner oder neigt er zu einem dominanten Auftreten?
- Kann er sich in das Fühlen und Denken des anderen hineinversetzen?
- Ist der Bewerber in der Lage, sich klar und deutlich mitzuteilen?
- Kann er seine Argumente mit Überzeugungskraft vorbringen?
- Wie konsequent verfolgt der Bewerber seine Ziele?
- Wie geht er mit Kritik um?

Assessment-Center	*Präsentation*

Eine Präsentation ist ein Kurzvortrag, der vor den Beobachtern gehalten wird. Ein bestimmtes Thema soll vorgestellt werden und nicht die eigene Person. In nur wenigen Minuten soll die Zuhörerschaft über die Meinung des Testkandidaten zu einem meist aktuellen Thema informiert werden. Denkbar ist, dass zu der Gruppe der Beobachter auch die Mitbewerber um den Ausbildungsplatz gehören.

Präsentationsübungen können so aussehen, dass der Bewerber vorgegebenes Material vorfindet, das er selbst erst strukturieren muss, um es dann der Zuhörerschaft vorzutragen. Vier auszuwertende Zeitungsartikel zu dem Thema »Sollte die Regierungszeit des Bundeskanzlers zukünftig begrenzt werden« könnten z. B. eine Arbeitsgrundlage für ein Kurzreferat sein.

Bei einer anderen Art von Präsentationsübung wird mit Kärtchen gearbeitet. Auf ihnen stehen die vorgegebenen Themen, der Bewerber muss sich ein Kärtchen aussuchen. Das dort vermerkte Thema muss nach einer Vorbereitungszeit den anderen Teilnehmern vorgetragen werden. Häufig schließt sich eine Diskussionsphase an. Der Redner wird hier mit Fragen und Einwänden konfrontiert, auf die es angemessen zu reagieren gilt. Das fachliche Wissen ist für die Beobachter häufig zweitrangig. Sie interessiert, wie gut das Thema strukturiert wurde und wie flüssig und anschaulich es dem Redner gelingt, seine Argumente vorzutragen. Sprachliche Sicherheit und souveränes Auftreten sind Eigenschaften des Bewerbers, die viele Pluspunkte bei den Beobachtern bringen. Sollten Overheadprojektoren, Flip-Charts oder andere Hilfsmittel zur Verfügung stehen, macht es natürlich einen guten Eindruck, wenn sie benutzt werden.

Arbeitsauftrag Präsentation

⇩

Von Ihnen wurde folgendes Thema ausgewählt:

»Autobahngebühren:
Ein Instrument zum Abbau der zahlreichen Verkehrsstaus?«

Zeitvorgabe:
Vorbereitungszeit 12 Min., Zeitdauer für das Kurzreferat nicht länger als 10 Min.

Was Sie tun sollen:

- Sammeln Sie Argumente für bzw. gegen die Einführung von Autobahngebühren.
- Wägen Sie die Argumente ab und entscheiden Sie sich.
- Tragen Sie Ihre Entscheidung den Zuhörern vor.

➡ **TIPP:**

- Blickkontakt zu den Zuhörern zu halten ist auch bei dieser Übung wichtig.
- Bringen Sie eine Struktur in Ihre Gedanken. Die klassische Einteilung in Einleitung, Hauptteil und Schluss ist häufig ein sinnvolles Raster.
- Gewinnen Sie das Interesse Ihrer Zuhörer durch einen guten Aufhänger am Anfang Ihres Vortrags.
- Beziehen Sie die Zuhörer, z. B. durch Fragen an sie, in Ihren Vortrag mit ein.

- Wird Kritik geäußert, bleiben Sie freundlich. Reagieren Sie auf keinen Fall aggressiv.
- Zeitvorgaben sollten unbedingt eingehalten werden. Wer seinen Vortrag abbrechen muss, weil die Zeit überschritten ist, hat ein Eigentor geschossen.

Auf welche Schlüsselqualifikationen kommt es den Beobachtern bei einer Präsentation an?

- Wurde das Thema logisch durchdacht und von verschiedenen Seiten beleuchtet?
- Spricht das Kommunikationsverhalten des Kandidaten die Zuhörer an?
- Besteht er auf seiner Meinung oder zeigt er Kompromissfähigkeit?
- Kann der Bewerber seine Zuhörer von seiner Meinung auch wirklich überzeugen?
- Ist er in der Lage, auch Kritik anzunehmen?

Assessment-Center	*Gruppendiskussionen*

Geht es um die Auswahl von Ausbildungsplatzbewerbern, so ist die Gruppendiskussion der Baustein eines Assessment-Centers, der am häufigsten zur Anwendung kommt. Zwei Arten von Diskussionen sind denkbar: die geleitete und die ungeleitete Gruppendiskussion. Bei Letzterer sind die Gruppenteilnehmer alle gleichberechtigt. Parallelen zu dieser Situation gibt es in vielfältiger Weise im betrieblichen Alltag. Auch hier sind bei Besprechungen zwischen gleichgestellten Mitarbeitern Probleme im Team unter Berücksichtigung verschiedener Interessen zu diskutieren und zu lösen.

Manchmal finden auch Gruppendiskussionen im Rahmen eines Assessment-Centers statt, bei der sich die Gruppenmitglieder erst auf ein Thema einigen müssen. Der Prozess der Themenauswahl wird dann von den Gutachtern mit Interesse verfolgt und das Verhalten des Einzelnen genau beobachtet.

Für die Bewerber um Ausbildungsplatzstellen sind die Themen meist so allgemein gehalten, dass eigentlich jeder etwas dazu sagen kann. Sie setzen kein spezielles Fachwissen voraus. Nur selten weichen die Betriebe von dieser Regel ab. In diesem Fall wird den Bewerbern aber zur Vorbereitung auf die Diskussion Informationsmaterial zur Verfügung gestellt. Dessen Inhalt in kurzer Zeit zu erfassen und in die Diskussion mit einzubauen ist dann eine weitere Leistung, die von den Bewerbern erwartet wird.

Arbeitsauftrag Gruppendiskussion

⇩

Sie sind Mitglied der Redaktionskonferenz einer überregionalen Tageszeitung. Als Journalist erhalten Sie von Ihrem Redakteur den Auftrag, einen Kommentar zur Todesstrafe zu verfassen. Aktueller Hintergrund: die seit einigen Monaten ständig wiederholte Forderung bestimmter Bevölkerungskreise, die Mörder von sexuell missbrauchten Kindern mit dem Tode zu bestrafen und damit in einer ähnlichen Weise zu verfahren, wie dies in den USA teilweise der Fall ist.

Zeitvorgabe:
Vorbereitungszeit 20 Min., Vortragsz
12 Min.

Was Sie tun sollen:

- Tragen Sie Vor- und Nachteile der Todesstrafe in der Gruppe zusammen.
- Einigen Sie sich auf eine eindeutige Stellungnahme.
- Formulieren Sie gemeinsam einen Kommentar, der am nächsten Tag in der Zeitung erscheinen könnte.

➡ **TIPP:**

- Warten Sie die Beiträge der anderen erst ab, bevor Sie sich selbst äußern.
- Berücksichtigen Sie die Beiträge der anderen bei der eigenen Meinungsbildung.
- Setzen Sie sich nicht rücksichtslos auf Kosten der anderen durch.
- Bleiben Sie auch dann sachlich, wenn Sie von anderen angegriffen werden.
- Versuchen Sie, Ihre Beiträge in einer ansprechenden Form und verständlichen Formulierung vorzutragen.
- Wenn die Diskussion sich verzettelt, ergreifen Sie die Initiative und versuchen Sie, die Gruppe zum Thema zurückzuführen.
- Sind die Beiträge der anderen interpretationsbedürftig, so stellen Sie Verständnisfragen zu deren Ausführungen.
- Üben Sie am Beispiel der vorstehenden Themenstellung zusammen mit Freunden eine Gruppendiskussion. Der vorstehende Tipp sollte dabei als Checkliste aufgefasst werden.

Auf welche Schlüsselqualifikationen kommt es den Beobachtern bei einer Gruppendiskussion an?

- Besitzt der Bewerber Überzeugungskraft?
- Ist er höflich im Umgang mit den anderen Diskussionsteilnehmern, und zwar auch dann, wenn er Kritik einstecken muss?
- Ist der Bewerber flexibel genug, um sich der ungewohnten Situation anzupassen?
- Ist sein Kommunikationsverhalten positiv?
- Versteht es der Bewerber, mit den anderen im Team zusammenzuarbeiten?
- Besitzt der Bewerber Talent, um den Gruppenprozess zu organisieren?

Assessment-Center	*Postkorbübung*

Eine Übung wird im Zusammenhang mit einem Assessment-Center häufig genannt: die Postkorbübung. Sie ist keine Gruppen-, sondern eine Einzelübung. Da man für diese Art von Test mehr als einen Tag benötigt, dürfte es unwahrscheinlich sein, dass sie bei der Besetzung von Ausbildungsplätzen eingesetzt wird. Sie soll hier nur kurz vorgestellt werden:

Als Postkorbübung wird eine Gruppe von Testsituationen bezeichnet, bei denen die Kandidaten innerhalb einer sehr knapp bemessenen Zeit eine Reihe beruflicher und privater Probleme »abzuarbeiten« haben. Sie müssen sie im wahrsten Sinne des Wortes »auf die Reihe« kriegen und dabei die jeweils richtigen Entscheidungen treffen.

Eine Übung dieser Art könnte z. B. von der Annahme ausgehen, dass man nach einer überstandenen Grippeerkrankung nur eine kurze Zeit an seinem Arbeitsplatz weilt, da man am gleichen Tag zu einer Fortbildungsveranstaltung abreisen muss. In den wenigen Stunden am Arbeitsplatz ist eine große Zahl von Vorgängen zu bearbeiten, so z. B. Briefe, Vorlagen, Aktennotizen, Anweisungen. Da die Zeit nicht reicht, sich um alles zu kümmern, müssen einige Vorgänge zurückgestellt und andere eventuell delegiert werden.

Für die Beobachter sind dabei folgende Schlüsselqualifikationen der Bewerber interessant:

- Risikoverhalten
- Konzentrationsfähigkeit
- Belastbarkeit
- Organisationstalent

Assessment-Center	*Weitere Tests*

Auch verschiedene Arten von Tests, wie sie in den vorhergehenden Kapiteln bereits dargestellt wurden, zählen zu den Bausteinen eines Assessment-Centers. Neben Eignungs- und Leistungstests können auch Persönlichkeitstests verwendet werden. Auch hierbei geht es den Betrieben vor allem darum, festzustellen, wie es mit den Schlüsselqualifikationen der Bewerber aussieht.

Zum Nachdenken: Gruppendiskussion im Assessment-Center

Leitung einer Diskussion

Die Teilnehmer des Meetings, wie der Vorsitzende sie sieht!

1. **Der Streitlustige**
   Bleibe ruhig, lasse dich nicht verwickeln.

2. **Der betont Positive**
   Von großem Nutzen bei Diskussionen, ziehe ihn öfter zu Rate.

3. **Der Alleswisser**
   Lass die Teilnehmer sich mit Theorien befassen.

4. **Der Geschwätzige**
   Unterbrich ihn mit Takt, schränke seine Sprechzeit ein.

5. **Der Scheue**
   Stelle einfache Fragen, steigere sein Selbstvertrauen, lobe ihn, wenn möglich.

6. **Der betont Ablehnende**
   Spiele auf seine Neigungen an. Verwende und erkenne seine Kenntnisse und Erfahrungen.

7. **Der dickfellige, uninteressierte Typ**
   Befrage ihn über seine Arbeit. Lasse ihn Beispiele der ihn interessierenden Arbeit anführen.

8. **Der Intellektuelle**
   Kritisiere ihn nicht. Benutze die »Ja-aber«-Technik.

9. **Der Immerfragende**
   Stellt dem Vorsitzenden gern eine Falle. Gib seine Fragen weiter an die Gruppe.

Quelle: Haupt, H., Rhetorik, Ein Leitfaden für erfolgreiches Reden, Diskutieren, Konferieren, Winklers Verlag, Darmstadt

V. Das Vorstellungsgespräch: die letzte Hürde

Auf diese Einladung hoffen Sie:
»... und laden Sie zu einem persönlichen Gespräch am xy. um xx Uhr ein. Es erwartet Sie ...« So oder ähnlich wird sie sein, Ihre sehnsüchtig erwartete Einladung. »Klasse«, werden Sie denken, doch dann kommt es, das gewisse Kribbeln.

Einladungen sind meist etwas Schönes, auf das man sich freut. Doch jetzt warten Sie auf eine ganz besondere, eine Einladung zu einem Vorstellungsgespräch. Man kann dieses auch als »mündlichen Test« bezeichnen.

Dieser Test – von dem so viel für Sie abhängt – bedeutet Stress, Anspannung, Angst, Nerven. Die Unsicherheit ist da, was sollen Sie jetzt machen????

Ganz einfach: Bleiben Sie ruhig und gehen Sie zielstrebig vor, dann haben Sie die größten Erfolgsaussichten.

Sie haben sie sich verdient: eine Belohnung
Haben Sie keine Angst, sondern freuen Sie sich – denn dazu haben Sie erst einmal allen Grund. Denn Sie sind eingeladen worden, viele Ihrer Mitbewerber haben dagegen eine Absage bekommen. Entweder war Ihre schriftliche Bewerbung besser als andere, oder Sie waren bei der telefonischen oder persönlichen Anfrage so überzeugend, dass Sie eingeladen wurden.

Das ist prima, darauf können Sie schon stolz sein und haben sich eine kleine Belohnung verdient. Gönnen Sie sich irgendetwas Schönes. Danach geht es aber ran ...

Zuallererst: Vergessen Sie nicht die Zusage!
Prüfen Sie den Termin der Einladung. Machen Sie ihn, wenn er besetzt ist, möglichst frei. Entschuldigen Sie sich in der Schule. Sollten Sie diesen Termin aus ganz wichtigem Grund schon belegt haben (z. B. durch ein anderes Vorstellungsgespräch oder einen Test), dann versuchen Sie, den Termin sofort telefonisch umzulegen. Nennen Sie aber auch einen wichtigen Grund für die Verschiebung (z. B. eine sehr wichtige Klassenarbeit, Klassenfahrt, lang terminierter Arztbesuch o. Ä.), damit Ihr Gesprächspartner aus der Verschiebung nicht auf ein Desinteresse an seiner Firma schließt.

Vergessen Sie auf keinen Fall, eine schriftliche Einladung zu bestätigen. Dies machen Sie am besten telefonisch. Das ist einfach und erleichtert es dem Betrieb, zu planen.

Gut vorbereitet ist halb gewonnen
Bleiben Sie gelassen – das heißt aber nicht, dass Sie den Test dem Zufall überlassen sollten. Gehen Sie stattdessen gezielt und strategisch vor.

Wir schlagen Ihnen die Acht-Phasen-Strategie vor:

1. Phase: Allgemeinbildung
Zeitpunkt: nachdem Sie die Bewerbungen abgeschickt haben bzw. nach den schriftlichen Tests

In vielen Berufen wünscht man sich Mitarbeiter/-innen, die für aktuelles Geschehen aufgeschlossen sind und in Gesprächen mit Kollegen, Vorgesetzten, besonders aber mit Kunden mitreden können. An Ihrem aktuellen Wissen kann man Ihr Interesse erkennen, ob Sie das aktuelle Geschehen verfolgen. So werden oftmals Themen aus den Bereichen Wirtschaft, Politik, Geografie usw. im Gespräch angeschnitten. Legen Sie mit diesem Buch die Grundlagen, auf deren Basis Sie sicherer diskutieren können – denn ohne Grundlagenwissen gibt es keine sachliche Diskussion.

Wenn Sie für die schriftlichen Tests dieses Buch schon durchgearbeitet haben, empfehlen wir unbedingt, die Bereiche »Wirtschaft und Soziales« und »Politik« nochmals intensiv zu wiederholen. Bereiten Sie sich nur auf den mündlichen Test, d. h. auf das Vorstellungsgespräch vor, dann empfehlen wir zusätzlich folgendes Buch: P.-J. Schneider, M. Zindel, Bewerbung um einen Ausbildungsplatz, Falken, Niedernhausen.

Ziel ist es, dass Sie aus diesen beiden Bereichen zentrale Begriffe kennen. Oftmals werden nämlich Gespräche geführt, die sich um diese Bereiche drehen. Man ist sicherer, verhält sich lockerer und argumentiert besser, wenn man sich in einem Bereich auskennt. Über etwas zu reden, von dem man nichts versteht, ist nur sehr schwer möglich und macht unsicher.

2. Phase: Informationen über den Beruf Ihrer Wahl
Zeitpunkt: möglichst vor oder nach Ihren schriftlichen Bewerbungen

Sie haben sich sicher schon bei Ihrer Berufswahl über den Ausbildungsberuf informiert, sonst hätten Sie diesen sicherlich gar nicht gewählt. Je mehr Sie aber über den Wunschberuf wissen, desto gezieltere Fragen können Sie stellen – das macht immer einen guten Eindruck. Natürlich können Sie auch bessere Antworten geben, wenn man Sie nach dem Grund für die Wahl dieses Berufs oder dieser Firma befragt – und damit müssen Sie in einem Vorstellungsgespräch rechnen (siehe hierzu auch 3. Phase).

Sammeln Sie Informationen aus Zeitungen, schneiden Sie sich alles Wichtige aus – auch Informationen aus Konkurrenzbetrieben. Befragen Sie Auszubildende oder Mitarbeiter des betreffenden Unternehmens oder Personen, die diesem Beruf in anderen Betrieben nachgehen.

Das sollten Sie wissen:

- Art der Beschäftigung;
- Anforderungen an den Azubi und den späteren Arbeitnehmer;
- Aufstiegsmöglichkeiten im Beruf und möglichst in der Firma;
- Verdienst.

3. Phase: Informationen über den Betrieb
Zeitpunkt: unmittelbar nach dem Erhalt der Einladung

Auch hier können Sie Berichte aus den Medien sammeln, Mitarbeiter oder andere Personen befragen.

Es ist aber auch möglich, im Betrieb anzurufen und sich über das Unternehmen zu erkundigen. Das macht in jedem Fall einen interessierten Eindruck.

Das sollten Sie wissen:

- Betriebsgröße;
- Filialen oder Zweigbetriebe;
- Rechtsform (AG, GmbH, OHG, KG, Einzelunternehmen oder Genossenschaft, GmbH & Co. KG o. a.) – siehe hierzu auch die Literaturhinweise auf S. 425f. für kaufmännische Berufe;
- Art der hergestellten oder angebotenen Produkte oder Dienstleistungen;
- Zahl der beschäftigten Mitarbeiter;
- Zukunftsaussichten des Betriebs;
- Aufstiegsmöglichkeiten.

4. Phase: Information über das Vorstellungsgespräch
Zeitpunkt: unmittelbar nach dem Erhalt der Einladung

Versuchen Sie möglichst verlässliche Informationen darüber zu erhalten, wie das Vorstellungsgespräch abläuft. Befragen Sie Azubis, die im vorigen Jahr diesen Test dort gemacht haben. Vielleicht gibt es ja auch schon Klassenkameraden oder Freunde bzw. Bekannte, die unmittelbar vor Ihnen dieses Gespräch führen mussten. So können Sie sich relativ gut auf Ihr Vorstellungsgespräch vorbereiten. Es gibt zwar keine Garantie, dass immer das Gleiche gefragt oder über die gleichen Themen gesprochen wird. Oftmals ist dies aber so, oder die Gespräche laufen recht ähnlich ab.

Wurden Persönlichkeitstests oder Assessment-Center durchgeführt, dann sollten Sie sich unbedingt auch darauf vorbereiten (siehe hierzu S. 427ff. und S. 440ff.).

5. Phase: Informationen über das aktuelle Tagesgeschehen
Zeitpunkt: die letzten Tage vor dem Vorstellungsgespräch

Informieren Sie sich in Ihrer regionalen Tageszeitung, einem politischen Magazin (*Focus* oder *Spiegel*), einer überregionalen Zeitung (z. B. *Die Woche*, *Frankfurter Rundschau*, *Frankfurter Allgemeine Zeitung*, *Die Zeit*, *Die Welt*, *Süddeutsche Zeitung* o. a.) über aktuelle Probleme aus Politik und Wirtschaft. Die o. g. Magazine und Zeitungen sind die meistgelesenen Ihrer Tester. Oft sprechen die Tester mit den Testpersonen über die Nachrichten, die sie gerade gelesen oder kürzlich im Fernsehen gesehen haben. Sie sollten im Fernsehen die »Tagesschau«, »heute« und/oder die »Tagesthemen«

oder eine vergleichbare Nachrichtensendung sehen. Dazu sind »WISO«, »Plusminus«, »auslandsjournal«, »Spiegel TV« oder andere politische bzw. wirtschaftliche Magazinsendungen und politische Talkshows kurz vor dem Vorstellungstag empfehlenswert. Natürlich können Sie nicht alles sehen oder lesen – Sie sollten aber über das aktuelle Geschehen Bescheid wissen. Dies gilt vor allem für Vorstellungsgespräche bei allen Firmen, deren Mitarbeiter laufend Kundenkontakt haben, wie z. B. alle Versicherungen, Banken und Sparkassen, Industrie- und Großhandelsbetriebe, große Einzelhandelsbetriebe, Behörden, aber auch Rechtsanwalts- und Steuerberaterkanzleien.

Ein besonderer Tipp: Wenn Sie sich bei einer Aktiengesellschaft bewerben, sollten Sie den ungefähren Kurs ihrer Aktien vom Vortage wissen.

6. Phase: Fragen und die passenden Antworten

Gerade in offenen Gesprächen verlaufen die Tests unterschiedlich, das hängt von Ihrem Gesprächspartner, aber auch von Ihnen ab. Dennoch laufen auch hier die Gespräche häufig nach einem bestimmten Muster ab. Bestimmte Fragen werden immer wieder gestellt, da man mit ihnen bestimmte Ziele verfolgt.

Sie sollten sich bei der Beantwortung von Fragen und im Gesprächsverlauf immer möglichst vorstellen, warum dieses gefragt oder jenes besprochen wird.

Nachfolgend einige Standardfragen, mit denen Sie rechnen müssen, und mögliche Gründe aus betrieblicher Sicht:

Standardfragen	Das kann der Grund sein …	siehe T PP Nr.
Warum bewerben Sie sich für diesen Beruf?	Haben Sie sich Gedanken gemacht? Haben Sie ein festes Ziel oder wollen Sie nur irgendeinen Beruf?	1, S. 467
Seit wann wollen Sie diesen Beruf ergreifen?	siehe oben	2, S. 467
Ist dieser Beruf Ihr Traumberuf?	siehe oben	3, S. 467
Woher stammen Ihre Kenntnisse über diesen Beruf?	siehe oben	4, S. 467
Warum haben Sie sich gerade bei unserem Unternehmen beworben?	Welche Kenntnisse über das Unternehmen liegen vor?	1–4, S. 467
Bei welchen Firmen haben Sie sich außerdem beworben?	Welche Rangstufe hat diese Firma bei Ihnen?	5, S. 467
Welche Erfahrungen haben Sie in Ihrem Praktikum gemacht?	Welches Interesse haben Sie für den Beruf bzw. die Firma? Welche Beobachtungsgabe haben Sie?	6, S. 467
Was hat Ihnen im Praktikum (oder auch bei einem Betriebsrundgang) besonders gefallen oder was ist Ihnen positiv bzw. negativ aufgefallen?	Wie schnell können Sie sich in betriebliche Vorgänge eindenken bzw. einfühlen?	6, S. 467
Glauben Sie, dass Sie den Anforderungen in diesem Beruf gewachsen sein werden?	Welches Selbstbewusstsein und welche Bereitschaft zum Lernen haben Sie?	7, 8, S. 467

Standardfragen	Das kann der Grund sein …	siehe TIPP Nr.
Wie stellen Sie sich Ihren späteren Berufsweg vor?	Welche Ziele haben Sie?	8, 9, S. 467
Warum haben Sie in dem Fach … keine bessere Note?	Sind Sie kritikfähig? Können Sie sich selbst einschätzen?	10, S. 468
Sind (waren) Sie mit Ihren schulischen Leistungen zufrieden?	Können Sie sich selbst beurteilen?	10, S. 468
Welche Sportart(en) betreiben Sie?	Frage nach Extremsportarten?	11, S. 468
Wo arbeiten Ihre Eltern (Geschwister) und welche Berufe haben sie?	Beeinflussung und Leistungsmotivation durch Eltern oder Geschwister?	12, S. 468
Helfen Sie Ihren Eltern bzw. anderen Personen im Haushalt, beim Einkaufen, Autowaschen, im Garten o. Ä.?	Sind Sie hilfsbereit oder haben Sie »null Bock«?	13, S. 468
Lesen Sie Zeitungen, Zeitschriften, Bücher? Wenn ja, welche bzw. welche Teile?	Welches Informationsbedürfnis haben Sie? Nehmen Sie am aktuellen Zeitgeschehen teil?	14, S. 468
Welche Sendungen sehen Sie im Fernsehen, hören Sie im Radio?	siehe vorhergehende Frage	14, S. 468
Sind Sie Mitglied eines Vereines, einer Gruppe oder Organisation?	Sind Sie ein Einzelgänger oder sind Sie teamfähig?	15, S. 468
Waren Sie Klassensprecher oder hatten bzw. haben Sie andere Ämter inne?	siehe vorhergehende Frage	16, S. 468
Was halten Sie von folgendem aktuellen Ereignis?	Nehmen Sie am aktuellen Zeitgeschehen teil?	17, S. 468

Beachten Sie folgende TIPPs:

Nummer	TIPP
1	Natürlich wird es gern gesehen, wenn Sie sich für diesen Beruf oder diese Firma interessieren. Schlecht ist, wenn Sie alle Berufe nehmen würden, die kommen. Dann sind Sie sicherlich nicht zielstrebig.
2	Je länger Sie sich Gedanken gemacht haben, sich informiert und evtl. Berufe und Firmen verglichen haben, desto zielstrebiger und bewusster erscheinen Sie.
3	Weisen Sie auf Ihre besonderen Interessen hin, z. B. handwerkliches Geschick, technische oder modische Vorlieben usw.
4	Schule, Praktikum, Ferienjob oder Bekannte klingen besser als das Arbeitsamt. Letzteres könnte den Anschein erwecken, dass Sie sich selbst nicht bemüht haben und man Sie zu einem Beruf überredet hat (= kein Eigeninteresse und wenig strebsam).
5	Seien Sie ehrlich. Wenn Sie sich woanders beworben haben und dies verschweigen, könnte das den Anschein erwecken, dass Sie sich nicht bemühen. Dann würde Ihnen die notwendige Zielstrebigkeit fehlen.
6	Kritisieren Sie nicht besserwisserisch. Achten Sie vor allem beim Betriebsrundgang auf markante Sachen, die Sie dann nennen können. Betriebliche Abläufe o. Ä. sollten Ihr Interesse geweckt haben. Am besten stellen Sie Fragen, das zeigt Ihr Interesse und ist leichter.
7	Sagen Sie, dass Sie fest entschlossen sind, es zu schaffen. Begründen Sie dies mit Ihren besonderen Neigungen und evtl. Fähigkeiten. Tragen Sie aber nicht zu sehr auf. Sie wollen ja noch lernen, und dies dürfen Sie ruhig betonen.
8	Zeigen Sie unbedingt, dass Sie lernwillig und Neuem gegenüber aufgeschlossen sind. Die Mitarbeiter von morgen müssen immer häufiger umlernen und viel Neues hinzulernen. Dies ist eine zentrale Forderung an die zukünftigen Auszubildenden.
9	Zeigen Sie, dass Sie zielstrebig sind und aufsteigen wollen.

Nummer	TIPP
10	Schieben Sie schlechte Schulnoten nicht auf die Lehrer. Sehen Sie Ihre Schwächen ein. Nennen Sie, wenn möglich, triftige Gründe (z. B. Scheidung der Eltern, längere Krankheit, Umzug o. a.). Natürlich können Sie auch darauf hinweisen, dass Sie auf anderen Gebieten besser sind und sich für ein Fach weniger interessieren. Daher haben Sie ja auch einen Berufswunsch, der Ihre Fähigkeiten und Kenntnisse berücksichtigt. Im schlimmsten Falle sind eine Einsicht der schlechten Leistung und ein Geloben von mehr Fleiß besser als Uneinsichtigkeit.
11	Sport ist gesund. Viele Sportarten zeigen auch, dass Sie teamfähig sind. Sportarten mit hohem Verletzungsrisiko hingegen werden nicht so gern gesehen (spätere Fehlzeiten).
12	Hier sollten Sie auch Konkurrenzbetriebe nennen. Man will nur erkennen können, ob Ihre Eltern bezüglich Pflichtbewusstsein und Leistungsbereitschaft evtl. einen positiven Einfluss auf Sie nehmen können und aus welcher sozialen Schicht Sie stammen.
13	Wenn Sie privat mit anpacken und hilfsbereit sind, dann werden Sie das wahrscheinlich auch im Betrieb sein. »Null-Bock-Typen« sind nicht gefragt.
14	Sagen Sie die Wahrheit. Wenn Sie Zeitungen oder Sendungen nennen, die Sie gar nicht kennen, könnte das zu unangenehmen Zwischenfragen führen. Dann würden Sie als unehrlich eingestuft, was ganz schlecht wäre. Informieren Sie sich vor dem Vorstellungsgespräch über bestimmte Sendungen oder bestimmte Zeitungen (siehe oben), damit Sie diese auch nennen können.
15	Auf Teamfähigkeit wird heute besonderen Wert gelegt.
16	Lassen Sie sich bestimmte Ämter, wie z. B. als Klassensprecher, in der Schülermitverwaltung o. Ä., bescheinigen. Bringen Sie diese Bescheinigungen sicherheitshalber mit. Auch soziales Engagement sollten Sie ruhig nennen. Vorsicht aber bei Mitgliedschaft in politischen Parteien – Ihr Gastgeber könnte mit der Konkurrenzpartei sympathisieren.
17	Informieren Sie sich vorher gut.

7. Phase: Auch Sie können Fragen stellen – bereiten Sie diese vor!

Wenn Sie selbst Fragen stellen, zeigen Sie vor allem Interesse – das macht einen guten Eindruck. Zudem können Ihnen in dieser Zeit keine unangenehmen Fragen gestellt werden. Dies ist der Teil des Vorstellungsgesprächs, den Sie am besten beeinflussen können.

Natürlich sind die Fragen auch wieder von der Art des Betriebes, dem Beruf und eventuell auch von dem Gesprächsverlauf abhängig. Doch sollten Sie sich für alle Fälle einige sinnvolle Fragen vorher überlegt haben. Nachfolgend finden Sie einige Beispiele. Sie sollten sich aber auch selbst noch weitere aufschreiben.

- Wie viele Filialen hat Ihr Unternehmen?
- Wie viele Mitarbeiter beschäftigen Sie?
- Wie viele Auszubildende haben Sie?
- Ist geplant, die Auszubildenden zu übernehmen?
- Welche Aufstiegsmöglichkeiten gibt es in Ihrem Betrieb?
- Wie hoch ist die Ausbildungsvergütung?
- Darf ich mir den Betrieb (oder in Großbetrieben: die Ausbildungsabteilung) einmal ansehen?
- Wie läuft die Ausbildung ab?
- Welche Produkte fertigen Sie?
- Wann beginnt und wann endet die Arbeits(Ausbildungs-)zeit?

Überlegen Sie sich weitere Fragen!

8. Phase: Simulieren Sie den Test!

Treten Sie in das Zimmer ein, grüßen Sie, stellen Sie sich vor, setzen Sie sich, stellen Sie sich selbst mögliche Fragen und beantworten Sie diese.

Natürlich ist es noch besser, wenn Sie dies mit Ihren

Eltern, Geschwistern oder Freunden üben. Diese können nicht nur die Rolle des Gesprächspartners übernehmen, sondern Sie auch gegebenenfalls korrigieren und Ihnen Tipps geben.

Je mehr Sie üben, desto sicherer sollten Sie eigentlich werden.

Kleider machen Leute.

Diese Redensart kennen Sie bestimmt. Sie gilt natürlich auch für Ihr Vorstellungsgespräch. Wie der Name schon sagt: Sie sollen sich vorstellen. Tun Sie das auf ganz natürliche Art und Weise. Jede Übertreibung wirkt negativ. So sollten Sie auf den schwarzen Anzug oder das tief ausgeschnittene Abendkleid genauso verzichten wie auf die ausgewaschene Jeans mit Löchern, auch wenn dies Ihr Lieblingskleidungsstück ist. Kommen Sie nicht in kurzer Hose, auch wenn es sehr warm ist. Kleiden Sie sich sportlich, jugendlich und schick, aber nicht zu poppig. Wählen Sie die Kleidung auch unter Berücksichtigung Ihres Gastgebers aus. Bei Banken, Behörden oder anderen kaufmännischen Betrieben empfehlen wir möglichst Hose, Jackett und Krawatte beziehungsweise ein Kleid oder Kostüm, Rock und ordentliche Bluse.

Bei einem Handwerksbetrieb müssen Sie nicht unbedingt so »elegant« erscheinen. Dennoch sollten Sie sich sportlich, sauber und adrett kleiden.

Was für die Kleidung gilt, gilt natürlich auch für Ihr gesamtes Erscheinungsbild. Mit einer nicht aus dem Rahmen fallenden Frisur und einem nicht übermäßigen Make-up kommen Sie besser an. Ausnahmen sind Vorstellungen für Berufe, die ein modisches Outfit verlangen, wie Friseurin, Verkäuferin in einer Modeboutique usw.

Der Abend vorher

- Erkundigen Sie sich genau, wie und wann Sie fahren müssen. Legen Sie evtl. eine Fahrtroute auf dem Stadtplan oder der Karte fest. So vermeiden Sie am nächsten Tag unnötige Aufregung. Am besten, Sie fahren mit öffentlichen Verkehrsmitteln.
- Packen Sie alle Sachen, die Sie mitnehmen wollen bzw. müssen. Dazu gehören Bescheinigungen über besondere Tätigkeiten, wie z. B. Lehrgänge in EDV, Schreibmaschine o. Ä., aber auch Belege, dass Sie Klassensprecher, Jugendtrainer o. Ä. waren oder sind. Mit Ersteren kann man seine besonderen Fähigkeiten nachweisen und seine Bereitschaft zeigen, Neues zu lernen. An Letzteren sieht man die Team- bzw. Gruppenfähigkeit des Bewerbers. Nachfolgende Checkliste soll Ihnen dabei helfen, nichts zu vergessen. Kreuzen Sie an, was Sie mitbringen sollen. Ergänzen Sie Fehlendes und tragen Sie Unterlagen, die Sie mitnehmen wollen, ein. Haken Sie in der letzten Spalte ab, was eingepackt ist:

Das soll ich mitbringen:	Wenn ja, ankreuzen	gepackt
letztes Zeugnis (falls es noch nicht vorliegt)		
andere Zeugnisse (falls sie noch nicht vorliegen)		
Lebenslauf (falls er noch nicht vorliegt)		
Einladung	X	

Das will ich mitnehmen:	Wenn ja, ankreuzen	gepackt
Stadtplan		
Fahrkarte		
Bescheinigungen über …		

- Lernen Sie am letzten Abend nichts Neues mehr. Lenken Sie sich irgendwie ab, gehen Sie ins Kino o. Ä. Regen Sie sich möglichst nicht mehr auf.
- Schauen Sie evtl. nochmals die »Tagesschau« (siehe oben).
- Gehen Sie vor dem Zu-Bett-Gehen möglichst an die frische Luft. Dann schlafen Sie besser.
- Gehen Sie nicht zu früh ins Bett, sonst liegen Sie lange wach und sind am Morgen erst richtig müde. Gehen Sie aber auch nicht zu spät schlafen.
- Nehmen Sie keine Beruhigungsmittel, sonst sind Sie am nächsten Morgen nicht leistungsfähig. Ein Gläschen Bier oder Wein kann eine gute Einschlafhilfe sein. Aber bitte nicht zu viel, denn dann klappt es am nächsten Morgen gar nicht.
- Stellen Sie zwei Wecker, rufen Sie den Weckdienst an und lassen Sie sich wecken oder sagen Sie den Eltern oder Nachbarn Bescheid. Sie dürfen nicht verschlafen. Stellen Sie den Wecker lieber etwas früher, denn es soll vor dem Test nicht schon hektisch werden.

- Wenn Sie sich gut vorbereitet haben, müssen Sie fest daran glauben, dass Sie es schaffen. Dadurch legen Sie die Nervosität ab und bekommen auch die notwendige Selbstsicherheit.

Jetzt geht's los.

- Stehen Sie nicht zu spät auf. Duschen Sie und machen Sie sich munter.
- Frühstücken Sie langsam und ruhig – am besten etwas Leitverdauliches. Gehen Sie aber nicht mit leerem Magen zum Test. Denken Sie daran: Alle Aufregung schlägt auf den Magen und kann auch von diesem ausgehen!
- Werfen Sie einen Blick auf die aktuellen Nachrichten in der Tageszeitung (Politik, Wirtschaft).
- Prüfen Sie Ihre Kleidung.
- Kontrollieren Sie, ob Sie alles eingepackt haben.
- Fahren Sie nicht zu spät los.

Pünktlichkeit ist sehr wichtig.
Seien Sie unbedingt pünktlich. Kommen Sie nicht abgehetzt und genervt zum Vorstellungsgespräch. Seien Sie lieber etwas früher da, dann können Sie sich noch einmal sammeln und konzentrieren.

So machen Sie einen guten Eindruck.
Ihr Vorstellungsgespräch ist ein wesentlicher Bestandteil Ihrer Bewerbung. Mit diesem werben Sie für sich. Berücksichtigen Sie dies auch bei Ihrem gesamten Auftreten. Sie wollen positiv erscheinen und sich als neuer Azubi empfehlen.

Generell sollten Sie möglichst natürlich auftreten und nicht schauspielern. Letzteres wird meist sowieso schnell erkannt, und außerdem verschwenden Sie zu viel Aufmerksamkeit auf sich und zu wenig auf Ihren Gesprächspartner und das Gespräch.

Dennoch gibt es einige Verhaltensweisen, die Sie berücksichtigen sollten:

- Melden Sie sich im Vorzimmer bei der Sekretärin an. Stellen Sie sich kurz mit Namen vor. Zeigen Sie gegebenenfalls die Einladung.
- Wenn Sie warten müssen, setzen Sie sich nicht einfach hin, sondern warten Sie, bis man Ihnen einen Stuhl angeboten hat.
- Rauchen Sie nicht.
- Verhalten Sie sich ruhig und konzentrieren Sie sich lieber, statt sofort ein Gespräch zu beginnen.
- Antworten Sie natürlich und höflich, wenn Sie gefragt werden.
- Versuchen Sie, nett und zuvorkommend zu sein (fällt z. B. etwas herunter, heben Sie es selbstverständlich auf – vielleicht war es ein erster Test).
- Denken Sie daran, dass man evtl. später auch die Vorzimmerdamen fragen könnte, für welchen Bewerber sie sich entscheiden würden.
- Wenn Sie zum Gespräch gebeten werden, lassen Sie gegebenenfalls der Dame den Vortritt.
- Grüßen Sie höflich. Warten Sie, bis Ihr Gegenüber Ihnen die Hand zum Gruß reicht.
- Setzen Sie sich auch hier wieder erst nach Aufforderung – für die Sie sich kurz und freundlich bedanken.
- Verschränken Sie nicht die Beine oder Arme.
- Sollte man Ihnen eine Zigarette anbieten, lehnen Sie höflich dankend ab.
- Wenn man Sie nach einem Getränk fragt, verlangen Sie natürlich nichts Alkoholisches.
- Ein freundliches Lächeln »bricht das Eis« und macht Sie sympathischer.

- Reden Sie Ihre Gesprächspartner mit Namen an.
- Sprechen Sie langsam, klar und deutlich.
- Hören Sie geduldig zu – bestätigen Sie gegebenenfalls das Gesagte durch kurzes, freundliches Nicken.
- Unterbrechen Sie Ihren Gesprächspartner nie. Auch wenn Sie etwas entgegnen wollen, lassen Sie ihn unbedingt ausreden.
- Seien Sie nicht besserwisserisch. Sie können wichtige Einwände bringen, indem Sie z. B. sagen: »Ich sehe das so …«
- Zeigen Sie unbedingtes Interesse.
- Bedanken Sie sich zum Schluss für das Gespräch.
- Sie können ruhig fragen, wie Ihr Gegenüber Ihre Chancen sieht und wann etwa mit einer Entscheidung zu rechnen sei.
- Auch wenn Sie das Gefühl haben, dass es nicht so toll gelaufen ist, verabschieden Sie sich höflich – noch ist nichts verloren.

Welche Arten von Vorstellungsgesprächen gibt es?

Meist findet das Gespräch in einem Büro statt. Es könnte aber auch mit einem Rundgang durch den Betrieb verbunden werden. Zeigen Sie hier besondere Aufmerksamkeit. Fragen Sie interessiert. Lassen Sie aber immer zuerst den Begleiter erzählen und erklären – unterbrechen Sie ihn nicht.

In kleinen Handwerksbetrieben kann ein Vorstellungsgespräch auch an einem oder mehreren Tagen im betrieblichen Alltag stattfinden. Dies findet man z. B. öfter in Friseursalons. Der Bewerber soll hier unbedingtes Interesse zeigen, nicht zu aufdringlich, höflich und zuvorkommend sein (z. B. kleine Handreichungen ohne Aufforderung machen). Seien Sie auch im Gespräch mit Kunden sehr höflich und trotzdem zurückhaltend. Denken Sie immer daran: Sie werden laufend unauffällig beobachtet.

In größeren Betrieben kann es auch vorkommen, dass Sie nicht allein, sondern mit mehreren Bewerbern zusammen ein Vorstellungsgespräch absolvieren müssen. Sie sollen hier natürlich der Beste sein. Das heißt aber nicht, dass Sie sich vorlaut und den anderen gegenüber unfair verhalten. Vielleicht testet man gerade, wie Sie in einer Gruppe arbeiten können.

Reden Sie nur dann, wenn man Ihnen das Wort erteilt. Fallen Sie weder den Testern noch Ihren Mitbewerbern ins Wort. Konzentrieren Sie sich aber voll auf die Beiträge der anderen. Wollen Sie eine Ergänzung oder Korrektur vornehmen, dann melden Sie sich und warten, bis man Ihnen das Wort erteilt. Bleiben Sie auch in Ihrer Kritik stets höflich und sachlich.

Ein möglicher Stolperstein: der Personalfragebogen
Besonders in Großbetrieben werden Sie gebeten, entweder zu Hause oder im Betrieb einen Personalfragebogen auszufüllen.

Der wichtigste Tipp hierfür ist, dass Sie die gleichen Angaben wie im Lebenslauf und im Vorstellungsgespräch machen.

In den Fragen könnte auch ein gewisser Persönlichkeitstest verborgen sein.

Gehen Sie also auch an diese Aufgabe mit höchster Konzentration.

Literatur für weitergehende Informationen:
☛ Schneider/Zindel/Lötzerich: Bewerbung für Ausbildungsplatzsuchende, Falken, Niedernhausen

Letzte Seite

Achtung, weitersagen:

- Hat Ihnen die Arbeit mit diesem Buch gefallen?
- Waren Sie erfolgreich im Test oder im Vorstellungsgespräch?
- Haben Sie mit diesem Buch etwas gelernt?
- Können Sie dieses Buch weiterempfehlen?

Wenn ja, dann tun Sie's doch ...

Und noch ein Hinweis zum Schluss:

Die Website www.top-bewerbung.de ist eine sehr große Hilfe. Viele Musterbewerbungen, wertvolle Tipps für Vorstellungsgespräche und Assessment-Center sind gerade für Ausbildungsplatzsuchende nützlich.

Wenn es mit Ihrer Ausbildungsstelle geklappt hat, finden Sie auf www.top-bewerbung.de viele Hinweise für den Start im Ausbildungsberuf, damit Sie nicht gleich in ein Fettnäpfchen treten, sondern ohne Probleme klarkommen.

Ein Besuch lohnt sich! Klicken Sie doch mal rein ...

Jörg Zittlau

Warum Robben kein Blau sehen und Elche ins Altersheim gehen

Pleiten und Pannen im Bauplan der Natur

ISBN 978-3-548-37222-8
www.ullstein-buchverlage.de

Wir leben keineswegs in der »besten aller Welten«, sondern in einer Welt voll unzulänglicher Wesen. Viele Tiergattungen haben skurrile Eigenarten entwickelt, die nicht gerade dazu dienen, ihr Überleben zu sichern. Da lieben Nattern Speisen, mit denen sie sich vergiften; Robben sind ausgerechnet für das Blau des Meeres farbenblind und Schwäne verlieben sich in Tretboote. Alle diese Arten sind trotz ihrer Handicaps der natürlichen Auslese entgangen und Jörg Zittlau erklärt uns, weshalb.

US309

ullstein

Günther Willen

Niveau ist keine Hautcreme

Gepflegte Sprüche für alle Lebenslagen

Originalausgabe

ISBN 978-3-548-37226-6
www.ullstein-buchverlage.de

Gehts noch? Ein Strauß fröhlicher Wendungen und Redensarten aus dem gemeinen Wortschatz der Deutschen in einem Buch – übersichtlich gegliedert und säuberlich geordnet. Da beißt die Maus keinen Faden ab: Dieser moderne Sprach- und Sprücheführer ist ein unentbehrlicher Begleiter auf dem Trampelpfad durch die wunderbare Welt der Phrasen, Kalauer und Floskeln – von der Wiege bis zur Bahre. Aber hallo!

»Dereinst wirst du dich für jeden Kalauer, den du dir verkniffen hast, vor deinem Schöpfer verantworten müssen.« *Harry Rowohlt*

US308

ullstein